EMYNAU FFYDD 2

100 O FYFYRDODAU AR RAI O EMYNAU ENWOCAF CYMRU

WAYNE HUGHES

CYHOEDDIADAU'R GAIR

Cyflwynir y gyfrol i'm gwraig, Hazel

*Cyd-fynd o hyd dan ganu 'mlaen,
cyd-ddioddef yn y dŵr a'r tân,
cydgario'r groes, cydlawenhau,
A chydgystuddio dan bob gwae.
(W. Williams)*

ⓗ Cyhoeddiadau'r Gair 2007

Testun gwreiddiol: Wayne Hughes

Dymuna'r cyhoeddwyr gydnabod cymorth
Adrannau Cyngor Llyfrau Cymru
a chydnabod Pwyllgor *Caneuon Ffydd* fel prif ffynhonell yr emynau
a geir yn y casgliad hwn.

Golygydd Cyffredinol: Aled Davies

ISBN 1 85994 567 8
Argraffwyd ym Mhrydain.

Cedwir pob hawl.
Ni chaniateir copïo unrhyw ran o'r deunydd hwn
mewn unrhyw ffordd oni cheir caniatâd y cyhoeddwyr.

**Cyhoeddwyd gan
Cyhoeddiadau'r Gair, Cyngor Ysgolion Sul Cymru,
Ysgol Addysg, PCB, Safle'r Normal,
Bangor, Gwynedd LL57 2PX.**

CYNNWYS

2.	Hwn yw y sanctaidd ddydd	10
4.	Mae'r nefoedd faith uwchben	12
8.	Dewch, bawb sy'n caru enw'r Oen	14
36.	Wel dyma hyfryd fan i droi at Dduw	16
38.	Cariad Tri yn Un	18
41.	Ymgrymwn ger dy fron	20
48.	Moliannwn ein Tad yn y nefoedd	22
76.	Mae Duw yn llond pob lle	24
83.	F'enaid, mola Dduw'r gogoniant	26
115.	Beth yw mesur glas y nen?	28
161.	Gras, O'r fath beraidd sain	30
163.	Cyduned Seion lân	32
168.	Mae gennyf ddigon yn y nef	34
179.	Dewch, hen ac ieuainc, dewch	36
181.	Drwy dy weision ddoe cyhoeddaist	38
187.	Arglwydd sanctaidd, dyrchafedig	40
198.	Dyma Feibil annwyl Iesu	42
200.	Enaid gwan, paham yr ofni?	44
222.	Tyrd atom ni, O Grewr pob goleuni	46
240.	Fry yn dy nefoedd clyw ein cri	48
260.	Fugail da, mae'r defaid eraill	50
283.	Rhyfeddu rwyf, O Dduw	52
287.	Mor beraidd i'r credadun gwan	54
300.	Mae cariad Crist uwchlaw pob dawn	56
310.	Y mae trysorau gras	58
313.	Gwn pa le mae'r cyfoeth gorau	60

324. Saif ein gobaith yn yr Iesu	62
341. Iesu hawddgar, rho dy feddwl	64
342. O Iesu, y ffordd ddigyfnewid	66
357. Wrth rodio gyda'r Iesu	68
369. Rwyn troi fy ŵyneb, Iesu da	70
389. Y Crist yw fy Ngwaredwr	72
417. Emanŵel, Emanŵel	74
439. Peraidd ganodd sêr y bore	76
453. O ddirgelwch mawr duwioldeb	78
483. Mi glywaf dyner lais	80
489. Does neb ond ef, fy Iesu hardd	82
500. Cof am y cyfiawn Iesu	84
503. Cofir mwy am Fethlem Jwda	86
521. Mi wela'r ffordd yn awr	88
534. O Iesu mawr, pwy ond tydi	90
540. Yng nghroes Crist y gorfoleddaf	92
543. Hwn ydyw'r dydd y cododd Crist	94
553. Yr Iesu atgyfododd	96
569. I'th Eglwys, Arglwydd, rho fwynhau	98
586. Duw y cariad nad yw'n oeri	100
590. Ysbryd Sanctaidd, dyro'r golau	102
602. Glanha dy eglwys, Iesu mawr	104
609. Am dy gysgod dros dy Eglwys	106
613. O Arglwydd Dduw ein tadau	108
623. Yn oriau tywyll ein hamheuon blin	110

633. Tydi, fu'n rhodio ffordd Emaus	112
638. Dewch, ffyddlon rai, nesewch mewn hedd	114
644. Rho dy ŵyneb gyda'th gennad	116
667. An hyder yn yr Iesu mawr	118
674. Fy nghalon, cred yn Nuw	120
683. Ar yrfa bywyd yn y byd	122
699. Pwy a'm dwg i'r ddinas gadarn	124
717. I dawel lwybrau gweddi	126
726. Dal fi'n agos at yr Iesu	128
736. Yn y dyfroedd mawr a'r tonnau	130
742. Arglwydd Iesu, gad im deimlo	132
748. Ymlaen af dros wastad a serth	134
753. O Iesu, maddau fod y drws ynghau	136
761. Dy garu di, O Dduw	138
772. Pan fwy'n cerdded drwy'r cysgodion	140
781. Yn y dwys ddistawrwydd	142
782. Dy olau di, fy Nuw	144
792. Am ffydd, nefol Dad, y deisyfwn	146
810. Tydi a wyddost, Iesu mawr	148
811. Am bawb fu'n wrol dros y gwir	150
837. Dwed, a flinaist ar y gormes	152
846. Cofia'r byd, O Feddyg da	154
859. Da yw ein byd, wrth lenwi'n hysguboriau	156
863. Pwy all blymio dyfnder gofid	158

MYFYRDODAU AR EMYNAU ERAILL

Mae'r iachawdwriaeth rad	160
Dy law sydd arnom, O! ein Duw	162
Arglwydd, gad i'n henaid deimlo	164
Pwy ddylai gael ei garu	166
Hwylia nghalon, O! fy Arglwydd	168
Pwy yw Hwn, yn ŵr gofidus	170
Gwêl, O! fy enaid gwan	172
Addewidion Duw i gyd	174
Y mae Un uwchlaw pawb eraill	176
Pan fo lleisiau'r byd yn galw	178
Hedd, perffaith hedd!	180
At bwy yr af yn nydd y ddrycin gref	182
Cais y colledig, Cod y syrthiedig	184
Rwy'n canu fel cana'r aderyn	186
Hoff yw'r Iesu o blant bychain	188
Dysg im weddïo'n iawn	190
Ym mywyd pur ein Iesu da	192
Mae arnaf eisiau'r Iesu	194
Feibl gwerthfawr, caiff dy eiriau	196
Na, nid fy ffordd fy hun	198
Er mor faith yw'r anial	200
Pwy sydd gennyf yn y nefoedd	202
Arglwydd, melys ydyw cerdded	204
O! Ryfeddol, ddwyfol gariad	206
Pwysaf arnat, addfwyn Iesu	208

RHAGAIR

Derbyniais wahoddiad i ysgrifennu'r gyfrol hon gan y Parchedig Aled Davies. Wrth estyn y gwahoddiad fe'm hysbyswyd mai llunio cyfrol ar hyd yr un llinellau â'r gyfrol gyntaf yn y gyfres a ddisgwylid gennyf. Ceisiais wneud fy ngorau i lynu at hynny. Mae'r gyfrol hon yn cynnwys cant o fyfyrdodau byr ar wahanol emynau. Mae'r mwyafrif o'r emynau a ddewiswyd gennyf i'w gweld yn y gyfrol *Caneuon Ffydd*. O'r cychwyn cefais ganiatâd gan y golygydd i gynnwys rhai emynau o ffynonellau eraill yn ogystal. Dewis cwbl bersonol sydd yma. Nid wyf wedi cynnwys yr un emyn o waith William Williams, Pantycelyn, nac Ann Griffiths, a hynny am fy mod yn awyddus i fynd ar ôl emynau o eiddo emynwyr llai adnabyddus. Mae cynnwys y myfyrdodau yn ddefosiynol yn hytrach nag yn hanesyddol. Hyderaf y byddant o wir gymorth i'r sawl sy'n awyddus i elwa'n ysbrydol ar y cyfoeth o brofiad Cristnogol sydd i'w gael yn ein hemynyddiaeth.

Daw'r holl ddyfyniadau Beiblaidd o *Y Beibl Cymraeg Newydd, Argraffiad Diwygiedig* (2004) oni nodir yn wahanol.

Carwn ddiolch yn fawr iawn i'r golygydd am ei amynedd, ac i'm gwraig am ei chefnogaeth ddiwyro, ac mae fy nyled yn enfawr i Mrs Heddus Williams am fod mor barod i ymgymryd â theipio'r cyfan. Ymddiheuraf am unrhyw ddiffyg sydd i'w weld yng nghynnwys y gyfrol. Fy ngobaith a'm gweddi yw y caiff y darllenydd yr un blas ar ddarllen y gyfrol hon ag a gefais innau wrth ei pharatoi. Carwn gloi'r rhagair hwn drwy ddyfynnu englyn o waith y diweddar Barchedig O. M. Lloyd ar y testun 'Emyn':

> Mae'n dod â diod awen – at enau
> Saint Iôn yn eu hangen;
> Y fawlgan hoff, fel gwin hen
> O nodd y Wir Winwydden.

A. Wayne Hughes

CYFLWYNIAD

Cyfrol werthfawr yw honno gan Huw Powell Davies, *Emynau Ffydd,* sy'n cynnwys myfyrdodau ar gant o emynau a gyhoeddwyd yn *Caneuon Ffydd.* Ymddangosodd yn 2004, ac yn sgil y gwerthu da a fu arni, dyma olynydd iddi yn y gyfrol hon.

Wayne Hughes yw'r awdur y tro hwn, ac y mae'n hyfrydwch ei gyflwyno i chi. Fe'i ganwyd yn Llundain, ond ym mhentref Gorseinon y magwyd ef a'i ddwy chwaer, gan i'w rieni ddychwelyd yno pan oedd yn faban bach. Eglwys yr Annibynwyr yn Ebeneser, Gorseinon, oedd eu cartref ysbrydol, ac yno y codwyd Wayne yn ymgeisydd i'r Weinidogaeth Gristnogol. Bu'n ddisgybl yn Ysgol Gymraeg Pontybrenin ac Ysgol Gyfun Gymraeg Ystalyfera, cyn mynd i Goleg Bala-Bangor. Fe'i hordeiniwyd yn 1982 yn weinidog eglwysi Annibynnol Jerwsalem a Bethania, Blaenau Ffestiniog, ac yno yr erys hyd yma. Ymgartrefodd yn ddigon siŵr yn nhref y llechi, ac y mae Hazel ei briod yn un o ferched y Blaenau, ac ers sawl blwyddyn bellach yn brifathrawes Ysgol Gynradd Tanygrisiau.

Ymddiddorodd Wayne mewn cerddoriaeth o'i blentyndod, ac yn arbennig felly yng nghaniadaeth y cysegr. Darganfu sawl un sy'n ei adnabod fod ei wybodaeth am emynyddiaeth Cymru yn ddigon o ryfeddod. Droeon, a minnau'n cofio llinell rhyw emyn ond yn fy myw yn methu cofio mwy na hynny, cawn yr emyn yn gyfan ar unwaith ganddo ef! A minnau'n chwilio am ryw emyn a heb ddod o hyd iddo yn y casgliadau yn fy ymyl, y tebygrwydd yw y gallai Wayne olrhain yr emyn i'w darddiad yn ddi-oed! Ond nid un i arddangos ei wybodaeth mohono. Gŵr mwyn a gostyngedig ydyw, yn cyflawni gwaith ei fywyd yn ffyddlon a thawel a diffwdan. Y mae gan bobl ei ofalaeth feddwl mawr ohono, ac yr wyf yn falch dros ben fod peth o ffrwyth ei ddefosiwn yng nghwmni ein hemynau yn cael ei rannu â ni yn y llyfr hwn.

Yn yr ail gyfrol hon, er fod mwyafrif yr emynau a gaiff sylw i'w gweld yn *Caneuon Ffydd,* ni chyfyngodd yr awdur ei hunan yn hollol i'r casgliad cydenwadol. Dug i'n sylw hefyd rai emynau eraill sydd wedi golygu llawer iddo yn ei bererindod ysbrydol, a diau y bydd llawer ohonom yn falch o gael myfyrio uwchben yr emynau hynny yn ogystal.

Derwyn Morris Jones

EMYNAU FFYDD

Hwn yw y sanctaidd ddydd

Caneuon Ffydd: Rhif 2

Hwn yw y sanctaidd ddydd,
   gorffwysodd Duw o'i waith;
a ninnau nawr, dan wenau Duw,
   gorffwyswn ar ein taith.

Hwn yw'r moliannus ddydd,
   cydganodd sêr y wawr;
mae heddiw lawnach testun cân,
   molianned pawb yn awr.

Hwn yw y dedwydd ddydd,
   daeth Crist o'i fedd yn fyw;
O codwn oll i fywyd gwell,
   i ryddid meibion Duw.

Hwn yw'r brenhinol ddydd,
   mae Crist i gael ei le;
O Dduw, rho heddiw weled drws
   yn agor yn y ne'.
             ELFED, 1860-1953

Ni all yr un ohonom ni sydd wedi ein magu yn sŵn y Dengair Deddf, neu'r Deg Gorchymyn fel y'i gelwir, anwybyddu'r alwad i gofio'r "dydd Saboth, i'w gadw'n gysegredig" (Ex. 20:8-11). Ond mae llawer un wedi gwrthryfela yn erbyn hyn, a gwelwn o hyd y dydd cysegredig hwn yn cael ei halogi a'i amharchu yn y modd mwyaf ofnadwy. Ni sydd ar ein colled o anwybyddu'r gorchymyn a wnaed er ein lles. Mor rhwydd y llwyddwn i anwybyddu geiriau'r Arglwydd Iesu Grist: 'Y Saboth a wnaethpwyd er mwyn dyn' (Mc. 2:27). Onid yw'r modd y mae person yn treulio oriau'r Sul yn dweud cyfrolau am ei berthynas â, â'i barch tuag at yr Un sy'n "arglwydd hyd yn oed ar y Saboth"?

    Mae'r emynydd ym mhennill cyntaf yr emyn hwn yn pwysleisio'r wedd lesol sydd i'r alwad i orffwyso ar "y sanctaidd ddydd", a hynny o "dan wenau Duw". Mae angen cyfnodau o orffwys ar bawb ohonom yng nghanol holl brysurdeb ein bywydau

EMYNAU FFYDD

beunyddiol. O na fanteisiem ar y cyfle i wneud hynny'n gyson ar ddechrau pob wythnos yng ngoleuni dilwgr gair yr Arglwydd!

Ni all yr un gwir grediniwr byth feddwl am ddydd ei Arglwydd heb ymdeimlo â'r awydd i foliannu ei Dduw am ei greu, ei gynnal a'i garu. Dyma rai o'r pethau, mae'n siŵr, sydd i'w cynnwys yn y "llawnach testun cân" sydd gan awdur yr emyn yn yr ail bennill.

Nid diwrnod trist a thywyll mo Dydd yr Arglwydd i wir berchen ffydd, eithr diwrnod llawen a "dedwydd". Ffynhonnell y fath ddedwyddwch bob amser yw'r wybodaeth ryfeddol a syfrdanol am atgyfodiad Crist – "daeth Crist o'i fedd yn fyw". Dyma'r nodyn cadarnhaol y'n galwyd ninnau, fel aelodau o'r wir eglwys, i'w daro yn gyson mewn hawddfyd ac adfyd bob tro y byddwn yn cwrdd â'n gilydd ar "awr ei sanctaidd ddydd". A'r unig ffordd y'n galluogir i wneud hyn yn iawn yw drwy adael i'r Crist "gael ei le". Ef yw canolbwynt pob dydd mewn gwirionedd, ac ef yw'r Un sydd i gael ei briod le uwchlaw pawb a phopeth arall ar ei "sanctaidd ddydd".

Dyfyniad o waith Rowland Hill:
"Lle bynnag y mae y dydd sanctaidd yn cael ei esgeuluso a'i halogi, y mae annuwioldeb o bob math yn ffynnu. Y mae torri'r Saboth yn arwain dynion i bob math o bechod."

Gweddi:
Derbyn ein diolch, drugarog Dad, am holl fendithion tymhorol ac ysbrydol Dydd yr Arglwydd. Cynorthwya ni i dreulio'r diwrnod arbennig hwn mewn modd a fydd o les i ni a phawb arall. Ond yn bennaf oll, tywys ni i dreulio oriau'r diwrnod mewn modd a fydd yn dwyn clod a gogoniant i ti yn Iesu Grist. AMEN.

> Rhag colli gras Sabothau'r nef,
>   Rhag sathru deddfau'r Tad,
> Gwna rymus waith mewn gwlad a thref
>   Ac achub Di ein gwlad.
>   (ELFED)

EMYNAU FFYDD

Mae'r nefoedd faith uwchben

Caneuon Ffydd: Rhif 4

Mae'r nefoedd faith uwchben
  yn datgan mawredd Duw,
mae'r haul a'r lloer a'r sêr i gyd
  yn dweud mai rhyfedd yw.

Fe draetha dydd i ddydd
  a nos i nos o hyd
ymhob rhyw iaith, ymhob rhyw le,
  am Grëwr doeth y byd.

Ond yn ei gyfraith lân
  fe'i dengys Duw ei hun
yn Dduw mewn cymod drwy ei Fab
  â gwael, golledig ddyn.

O boed fy ngeiriau oll
  a'm calon, O fy Nuw,
yn gymeradwy ger dy fron
  tra bwy'n y byd yn byw.
EVAN GRIFFITHS, 1795-1873

Sylfaenwyd yr emyn hwn ar brofiad y Salmydd yn Salm 19. Wrth fyfyrio ar neges y Salmydd, mae'r emynydd yn ein tywys i ategu'r hyn a ddylai fod yn brofiad i bawb o gywir ffydd a chred, sef rhyfeddod a mawredd y Crëwr a'i greadigaeth. Datgan ei fawredd ef a'i ryfeddod a wna'r "haul a'r lloer a'r sêr i gyd" i wir berchen ffydd. Yn union fel y tystia'r Salmydd mewn salm gyfarwydd arall, "Pan edrychaf ar y nefoedd, gwaith dy fysedd, y lloer a'r sêr, a roddaist yn eu lle, beth yw meidrolyn, iti ei gofio, a'r teulu dynol, iti ofalu amdano?" (Salm 8:3-4).

Glynu'n dynn at batrwm y Salmydd a wna'r emynydd o'r naill bennill i'r llall. Adleisio adnodau 2-4 a wna'r ail bennill yn sicr. Yna fe newidir y cywair ym mhennill tri wrth i'r emynydd sylweddoli yr un pryd â'r Salmydd nad oes cymod na bywyd i bechadur mewn na nefoedd faith na haul na lloer nac unrhyw seren dlos. Ofer hefyd

disgwyl am ymwared o gyfeiriad oriau'r dydd ac oriau'r nos. Mynegwyd hyn yn groyw gan y Pêr Ganiedydd yn un o'i emynau:
> Duw! er mor eang yw dy waith,
> Yn llanw'r holl greadigaeth faith,
> 'D oes dim drwy waith dy ddwylaw oll
> At gadw dyn fu gynt ar goll.

Ie, "Cyfraith yr Arglwydd" sy'n "adfywio'r enaid". "Tystiolaeth yr Arglwydd" sy'n "gwneud y syml yn ddoeth". "Deddfau'r Arglwydd" sy'n "llawenhau'r galon", a "Gorchymyn yr Arglwydd" sy'n "goleuo'r llygaid".

Canlyniad y fath ddatguddio ar wir natur y Duwdod yw gwneud y pechadur yn ymwybodol o'i bechadurusrwydd – "Glanha fi oddi wrth fy meiau cudd" yw ei gri, yn union fel y canodd Thomas William yntau:
> Glanha, glanha fi'n lân ddi-goll
> Oddi wrth fy meiau dirgel oll;
> Ac atal fi, tra byddo chwyth,
> Rhag pechu yn rhyfygus byth.

Ym mhennill olaf yr emyn mae Evan Griffiths yn aralleirio adnod olaf Salm 19, sef "Bydded geiriau fy ngenau'n dderbyniol gennyt, a myfyrdod fy nghalon yn gymeradwy i ti, O Arglwydd, fy nghraig a'm prynwr." Onid dyma'n wir yw dymuniad cyson pob sant "tra [bo'n] y byd yn byw"?

Gweddi:
> Y nef a ddatgan ei foliant tragwyddol
> A'i sain a daena'i glod ar led;
> Ymuna'r ddaear, a'r moroedd llifeiriol,
> Eu gair, O! ddyn, yn wylaidd cred!
> Cynhalia'r sêr yn y lasnen yn danbaid,
> Yr haul i'w archiad ufuddha:
> Mawrygwn ninnau ei enw bendigaid,
> Ein Duw, mor ddoeth, mor fawr, mor dda!

Ymgrymwn gerbron dy fawredd a diolchwn am ein gwneud ninnau, lwch y llawr, yn wrthrychau dy gariad a'th ras. AMEN.

EMYNAU FFYDD

Dewch, bawb sy'n caru enw'r Oen

Caneuon Ffydd: Rhif 8

Dewch, bawb sy'n caru enw'r Oen,
  deffrown alluoedd cân;
i Frenin calon saint rhown fawl,
  ymgrymwn oll o'i flaen.

Ein Brenin yw, a'n Ceidwad mawr,
  ein Priod mwyn, di-lyth;
gogoniant hwn a leinw'r nef,
  ei deyrnas bery byth.

Doed holl dafodau'r byd â chlod
  di-baid i'n Brenin glân,
pan fyddo Crist yn destun mawl
  pwy ddichon wrthod cân?
      1, 2 ANNE STEELE, 1717-78
      3 SAMUEL STENNETT, 1727-95
      efel. GOMER, 1773-1825

Galwad i ymateb yn egnïol ar gân i hawliau'r Brenin Iesu arnom ni yw'r emyn hwn. Dyma eiriau a dynnodd fy sylw yn ddiweddar: "It is wonderful to be a Christian! This is why Christianity is a singing religion … If we did not sing how on earth could we even begin to express what we feel?" Mae mynegi ein ffydd a'n cred a'n profiad ar gân yn rhan hollbwysig o'n haddoliad personol a chyhoeddus. Geilw'r emynydd ar y rhai "sy'n caru enw'r Oen" i ddeffro "galluoedd cân". Ymateb yn gadarnhaol a wna'r Cristion am ei fod, trwy ras, yn caru'r Oen a'i carodd â chariad mor fawr. Cariad at yr "Oen a laddwyd dros feiau dynol-ryw" sy'n peri bod person yn barod i ymgrymu o'i flaen mewn addoliad. Wedi'r cwbl, onid ef bellach yw "ein Brenin, a'n Ceidwad" a hyd yn oed "ein Priod mwyn"? Mae'r rhestr yn amlhau pan feddyliwn am wahanol agweddau yr Un sydd yn bopeth i'w saint. Mae ei ogoniant yn fwy na'r byd, a'i deyrnas yn dragwyddol. Yn wyneb hyn i gyd mae'n rhaid cael "holl dafodau'r byd" i seinio "clod di-baid i'n Brenin glân". Ys dywed Thomas Phillips:

EMYNAU FFYDD

"Rhaid cael tyrfa ddirifedi i glodfori'r dwyfol waed." Ni all yr emynydd ddeall sut y gall unrhyw un "wrthod" canu clodydd y Crist gogoneddus.

Yr un hefyd yw syndod David Jones, Treborth, yn ei emyn yntau o dan y pennawd "Galwad i ganmol Iesu":

> Bechadur! ai tewi'r wyt ti
>   Am sylfaen dy fywyd dy hun?
> A'r engyl am lawn drosom ni
>   Yn canu'n egnïol bob un:
> Er cymaint mae'r engyl di-fai
>   Yn synnu at angau mor ddrud,
> Nid ydyw eu syndod fawr llai
>   At ddyn sydd yn aros yn fud!
>
> O! deffro i ganmol yr Oen –
>   Pwy all fod mewn dyled mor fawr?
> A chân nes anghofio dy boen;
>   Nac oeda, ond dechrau yn awr;
> Mae moliant llu'r nef yn rhy wan
>   I ateb i gariad Duw'r Iôr:
> Dod gymorth, a chân di dy ran,
>   Chwanega at allu y côr.

Gweddi:

> Deffro 'nghalon, deffro 'nghân
>   i ddyrchafu
> clodydd pur yr Arglwydd glân,
>   f'annwyl Iesu;
> uno wnaf â llu y nef
>   â'm holl awydd
> i glodfori ei enw Ef
>   yn dragywydd.
>   (BENJAMIN FRANCIS)

AMEN.

Wel dyma hyfryd fan i droi at Dduw

Caneuon Ffydd: Rhif 36

Wel dyma hyfryd fan
  i droi at Dduw,
lle gall credadun gwan
  gael nerth i fyw:
fry at dy orsedd di
  rŷm yn dyrchafu'n cri;
O edrych arnom ni,
  a'n gweddi clyw!

Ddiddanydd Eglwys Dduw,
  ti Ysbryd Glân,
sy'n llanw'r galon friw
  â mawl a chân,
O disgyn yma nawr
  yn nerth dy allu mawr;
o'r nefoedd tyrd i lawr
  mewn dwyfol dân.

Iachawdwr mawr y byd,
  bywha dy waith;
a galw'r saint ynghyd
  drwy'r ddaear faith;
mae'n calon yn llesgáu,
O tyred i'n bywhau,
i'n harwain a'n cryfhau
  ar hyd y daith.

       FRANCES J. VAN ALSTYNE, 1820-1915
       efel. WATCYN WYN, 1844-1905

Ymddengys mai efelychiad o emyn Saesneg Frances J. Van Alstyne, 'Here from the world we turn' yw'r emyn syml ac effeithiol hwn o waith Watcyn Wyn. Llwydda'r emynydd i roi mynegiant i brofiad a dyhead pob gwir addolwr sy'n awyddus "i droi at Dduw" lle bynnag y bo. Unwaith y byddwn yn troi oddi wrth yr holl wrthrychau gau sy'n tueddu i ddod rhyngom a gwrthrych mawr ein ffydd, fe dderbyniwn yn gyson nid yn unig ffydd i gredu ond hefyd "nerth i fyw".

    Ac mae'n rhaid wrth y ddeubeth, y ffydd a'r nerth. Sylweddola'r emynydd mai "Diddanydd Eglwys Dduw" neu hyd yn oed "Gyfnerthwr" Eglwys Dduw (In. 14:16,26; 15:26 ac 16:7) sy'n estyn i deulu'r ffydd y gallu i gredu ac i weithredu yn unol â hynny. Felly, peth naturiol ydyw iddo ddeisyf yn daer
       "O disgyn yma nawr

yn nerth dy allu mawr".

Ofer yw ceisio cyflawni unrhyw beth yn ein nerth tybiedig ein hunain - rhaid dibynnu ar nerth yr Ysbryd Glân i drin ein briwiau ysbrydol ac emosiynol ac i'n llenwi â'r gallu a'r awydd i wasanaethu "Iachawdwr mawr y byd". Ef sy'n addo bywhau ei waith yng nghanol y blynyddoedd (Hab. 3:2 . Cyfieithiad yr Esgobion). Rhaid ymroi i ymbilio'n gyson am hyn, a hynny'n gyhoeddus ac yn ddirgel.
 Mor rhyfeddol yw'r Duw sy'n barod i'n bywhau, i'n harwain a'n cryfhau "nid dros dro, nawr ac yn y man, ond yn gyson ar hyd y daith".

Gweddi:
O Dad trugarog a graslon, yng nghanol ein llesgedd tyred atom i'n bywhau. Yng nghanol ein mynych grwydriadau, tyred atom i'n harwain. Yng nghanol ein gwendid, tyred atom i'n cryhau. AMEN.

EMYNAU FFYDD

Cariad Tri yn Un

Caneuon Ffydd: Rhif 38

Cariad Tri yn Un
at yr euog ddyn,
cariad heb ddechreuad arno,
cariad heb ddim diwedd iddo;
  cariad gaiff y clod
  tra bo'r nef yn bod.

Cariad Duw y Tad,
rhoes ei Fab yn rhad
a'i draddodi dros elynion
i'w gwneud iddo yn gyfeillion;
  cariad gaiff y clod
  tra bo'r nef yn bod.

Cariad Iesu mawr,
daeth o'r nef i lawr
i gyflawni hen amcanion
gras yn iachawdwriaeth dynion;
  cariad gaiff y clod
  tra bo'r nef yn bod.

Cariad Ysbryd Duw,
mawr, anfeidrol yw;
gwneuthur cartref iddo'i hunan
yn y galon euog, aflan;
  cariad gaiff y clod
  tra bo'r nef yn bod.

GWILYM HIRAETHOG, 1802-83

Mae sylfaen y ffydd Gristnogol i'w ganfod yn natur "yr unig wir a'r bywiol Dduw". Pwysleisia'r efengyl Gristnogol natur gariadus y Duwdod. Wrth i awdur yr emyn fyfyrio ar y Duw a'i creodd ac a'i carodd, fe ddaw i'r casgliad syfrdanol mai "cariad gaiff y clod tra bo'r nef yn bod".

    Pan eir ati i geisio dadansoddi cariad Duw fe sylweddolir yn fuan iawn mai "Dyma gariad sydd yn lletach / Na mesurau meddwl dyn" (Elfed). Yn wir, aeth yr Apostol Paul mor bell â chyhoeddi wrth saint eglwys Effesus fod cariad Duw yng Nghrist "uwchlaw gwybodaeth" (Eff. 3:19). Ond mae'r Apostol Paul, fel pawb arall a brofodd y fath gariad, yn awyddus i'w egluro a'i ddangos a'i gymell i eraill. Dyma gariad sy'n dragwyddol, fel y dengys pennill agoriadol yr emyn. Mae cariad y Drindod Fendigaid yn gariad "heb ddechreuad arno" na "diwedd iddo". Anodd iawn yw dirnad cariad o'r fath, sydd mor wahanol i'n cariad gwibiog, gwamal ninnau. Yn ôl un arall o'n hemynwyr, "Dyma'r cariad mwyaf rhyfedd fu erioed".

    Cariad ydyw a eglurwyd yn llawn ar groesbren Calfaria fwyn, fel y dengys yr ail bennill pan sonnir am Dduw y Tad yn rhoi ei Fab er mwyn gwneud pobl fel ni, sy'n elynion i Dduw wrth natur, yn

EMYNAU FFYDD

gyfeillion mynwesol. Yr "Iesu mawr" a ddygodd y fath gariad o fewn cyrraedd i rai gwael ac anghenus fel ni. Cofier mai ef, ac ef yn unig, a gyflawnodd o'i wirfodd "hen amcanion gras yn iachawdwriaeth dynion". Ond ofer fyddai'r cyfan oni bai am waith cariadus "Ysbryd Duw" yn gwneud "cartref iddo'i hunan yn y galon euog, aflan". Diolch am waith y Drindod Fendigaid yn dyfeisio'r fath waredigaeth i bechadur - oherwydd hyn rhaid ailbwysleisio byrdwn Hiraethog yn yr emyn hwn: "cariad gaiff y clod / tra bo'r nef yn bod".

Gweddi:

Trwy ras 'rwyf, Arglwydd, ger dy fron
Yn rhoi fy nghalon iti;
Ti'm ceraist i, er maint fy mai –
Ni allaf lai na'th garu.

Mi haeddais fod yn awr â'm nyth
Yn uffern byth yn poeni;
Rwyt wrthyf wedi trugarhau –
Ni allaf lai na'th garu.

Caf ddyfod i'r gogoniant maith,
I ben fy nhaith at Iesu;
Caf fyned draw i'r man lle mae –
Ni allaf lai na'i garu.

I'r Tad, i'r Mab, a'r Ysbryd Glân,
Rhof glod ar dân heb dewi;
Y Tri yn Un, a'r Un yn Dri,
Mae f'enaid i'n ei garu.
               (JOHN JONES)
AMEN.

EMYNAU FFYDD

Ymgrymwn ger dy fron

Caneuon Ffydd: Rhif 41

Ymgrymwn ger dy fron,
  ti Dduw ein tadau;
O llanw'r oedfa hon
  â'th ddylanwadau:
o blith teganau ffôl
i wres dy gynnes gôl
O galw ni yn ôl
  o'n holl grwydriadau.

Allorau fwy na mwy
  gaed ar ein llwybrau,
a rhoesom arnynt hwy
  ein hebyrth gorau:
ond trodd addoli'r byd
yn golled drom i gyd;
siomedig iawn a drud
  yw'r eilun dduwiau.

O Dduw, tosturia nawr,
  a maddau'r camwedd;
er mwyn dy enw mawr
  dod in ymgeledd;
â'th Ysbryd cadw ni
o flaen dy allor di,
gan gofio Calfarî
  nes delo'r diwedd.

J. J. WILLIAMS, 1869-1954

'Gadael yr eilunod' oedd y pennawd a roddwyd uwchben yr emyn hwn gan olygyddion *Y Caniedydd* gynt - pennawd sy'n gweddu i'r dim i thema a byrdwn yr emyn. Bu'r hen genedl Iddewig yn barod iawn i droi at eilunod o bob math yn gynnar iawn yn ei hanes. O droi at Exodus 20, sy'n cofnodi'r Deg Gorchymyn, fe ddarllenwn y geiriau cyfarwydd: "Myfi yw'r Arglwydd dy Dduw, a'th arweiniodd allan o wlad yr Aifft, o dŷ caethiwed. Na chymer dduwiau eraill ar wahân i mi. Na wna iti ddelw gerfiedig ar ffurf dim sydd yn y nefoedd uchod na'r ddaear isod nac yn y dŵr dan y ddaear; nac ymgryma iddynt na'u gwasanaethu ..." Dro ar ôl tro o'r naill gyfnod i'r llall yn eu hanes fe welwyd y genedl yn anufuddhau ac yn troi at dduwiau estron o bob math. A'r un fu ein hanes ninnau bob un.

    Mae'r emynydd yn dilyn esiampl llawer o broffwydi'r Hen Destament drwy gydnabod y camwedd sy'n ei flino yntau a gweddill

EMYNAU FFYDD

ei genhedlaeth. Ni all wneud dim ond ymgrymu gerbron Duw ac ymbil arno i alw ei bobl o blith "eu teganau ffôl" yn ôl o'u "holl grwydriadau". Fe welir yr "allorau" yn amlhau o hyd ac o hyd wrth i ni roi ein teyrngarwch i dduwiau estron. Ceir digon o dystiolaeth o hyn ar Ddydd yr Arglwydd wrth i bobl dyrru i'r archfarchnadoedd, i'r sêl cist car a'r meysydd chwarae. Ond clywch:

> ... trodd addoli'r byd
> yn golled drom i gyd;
> siomedig iawn a drud
> yw'r eilun dduwiau.

Gwyn yw byd pawb sy'n sylweddoli hynny mewn pryd.

Mae'r pennill olaf yn llwyddo i gyfleu difrifoldeb, dwyster a chonsýrn gwirioneddol yr emynydd am eneidiau ei gyd-fforddolion. Ymbilia ar i Dduw i dosturio "nawr" – sylwch ar y brys – a "maddau'r camwedd". Dim ond Duw all wneud hynny. Ei Ysbryd ef sy'n ein galw'n effeithiol at yr unig Un sy'n barod i ymgeleddu rhai o'n bath. Unig ymateb teilwng y dychweledigion yw ymroi i "gofio Calfarî nes delo'r diwedd".

Gweddi:

> Iesu addfwyn tyner,
>   Mab yr uchel Dduw,
> Geidwad mwyn tosturiol,
>   Llef dy blant, O! clyw.
>
> Maddau ein camweddau,
>   Rho ein rhwymau'n rhydd;
> Bwrw i lawr bob eilun
>   Yn ein rhwystro sydd.
>
>   (G. R. PRYNNE
>   *cyf.* EBENEZER REES)

AMEN.

EMYNAU FFYDD

Moliannwn ein Tad yn y nefoedd

Caneuon Ffydd: Rhif 48

Moliannwn ein Tad yn y nefoedd,
  cynlluniwr y cread i gyd,
Creawdwr y sêr a'u niferoedd,
  Cynhaliwr holl fywyd y byd;
ei enw sydd fawr drwy'r nefoedd a'r llawr,
ymuned plant dynion i'w foli yn awr.

Mawrygwn y Mab, ein Gwaredwr
  a ddaeth yn y cnawd atom ni,
a rodiodd yn isel ei gyflwr
  a marw ar groes Calfarî;
rhown fawl iddo ef yn uchel ein llef
am ddwyn i ni ddynion ymwared o'r nef.

Clodforwn yr Ysbryd tragwyddol
  a roddwyd o'r nef i'n bywhau,
gan rannu'r egnïon anfeidrol
  sydd heddiw a byth yn parhau;
doed pawb o un fryd i ganmol ynghyd
yr Ysbryd sy'n gweithio drwy'r Eglwys a'r byd.

Gogoniant i'r Drindod fendigaid,
  tragwyddol gymdeithas ein Duw,
y sanctaidd na welir â llygaid,
  y cariad achubol a byw;
ymuned pob un mewn mawl yn gytûn
i'r Drindod sy'n Undod o'i hanfod ei hun.

                GWILYM R. TILSLEY, 1911-97

Caiff llawer o bobl yn ein heglwysi drafferth wrth iddynt geisio deall athrawiaeth y Drindod. Er nad yw'r gair "trindod" yn ymddangos o gwbl ar dudalennau'r ysgrythur, credwn yn ddiysgog yn y Tad, y Mab a'r Ysbryd Glân: "Yn un tragwyddol Dduw i fod, Yn hynod Dri Phersonau". Cadarnheir y gwirionedd hwn gennym yn gyson pan gyhoeddir y Fendith Apostolaidd ar ddiwedd ein hoedfaon: "Gras ein Harglwydd Iesu Grist, a chariad Duw, a chymdeithas yr Ysbryd Glân fyddo gyda chwi oll!" (2 Cor. 13:13).

EMYNAU FFYDD

Mae'r emyn hwn o waith y diweddar Barchedig Gwilym R. Tilsley yn un o'r emynau newydd a ddaeth i amlygrwydd yn sgil cyhoeddi *Caneuon Ffydd*. Llwydda'r emynydd i ganu mawl i'r "Drindod fendigaid" gan ein hatgoffa am yr hyn a wnaeth ac a wna'r Tad, y Mab a'r Ysbryd Glân.

Cyhoedda'r pennill cyntaf fawl i'r "Tad yn y nefoedd" am ei waith yn cynllunio, yn creu ac yn cynnal "holl fywyd y byd". Gweddus yw myfyrio'n gyson ar waith y Crëwr yn creu'r fath fydysawd, a'r ddaear yn gartref dros dro i feibion a merched. Ffrwyth myfyrio o'r fath yw creu yng nghalonnau "plant dynion" yr awydd "i'w foli yn awr" ac yn barhaus.

Cyhoeddi gwyrth yr Ymgnawdoliad a wneir yn yr ail bennill. Mawrygir "y Mab, ein Gwaredwr a ddaeth yn y cnawd atom ni". Onid dyma'r rhyfeddod pennaf? Duw, trwy ei Fab, yn uniaethu ei Hun â ninnau, lwch y llawr. Wrth feddwl am "groes Calfarî", a'r Un a drengodd yno yn ein lle, rhaid ei foliannu "yn uchel ein llef" am ddwyn i'n cyrraedd waredigaeth mor ddrud.

Clodfori'r "Ysbryd tragwyddol" a wneir yn y trydydd pennill. Dyma'r grym a'r gallu rhyfeddol sy'n rhannu "egnïon anfeidrol" y Duwdod â phechaduriaid yn eu hangen a'u tlodi naturiol. Wrth feddwl am ystyr ac arwyddocâd hyn, fe'n gelwir drachefn yn hytrach na chwyno a thuchan "i ganmol ynghyd yr Ysbryd sy'n gweithio drwy'r Eglwys a'r byd".

I'm tyb innau mae'r pennill olaf yn gampwaith sy'n mynegi moliant "i'r Drindod fendigaid". Cawn ein tywys i feddwl am y gymdeithas hynod o Dri Pherson sydd yn y Duwdod ei hun. Cyhoeddir hefyd natur sanctaidd ac anweledig "yr unig wir a'r bywiol Dduw" sydd wedi dewis ei amlygu ei Hun mewn "cariad achubol". Yr un yw'r alwad eto ar derfyn yr emyn – sef yr alwad i foliannu yn gytûn y "Drindod sy'n Undod o'i hanfod ei hun".

Gweddi:
O! Ysbryd Sanctaidd,
Dysg in adnabod y Duw Dad,
 Y gwir Fab Rhad a Thithau;
Yn un tragwyddol Dduw i fod,
 Yn hynod Dri Phersonau.
(O'r Lladin, cyf. ROWLAND FYCHAN)

AMEN.

EMYNAU FFYDD

Mae Duw yn llond pob lle

Caneuon Ffydd: Rhif 76

Mae Duw yn llond pob lle,
　presennol ymhob man;
y nesaf yw efe
　o bawb at enaid gwan;
wrth law o hyd i wrando cri:
"Nesáu at Dduw sy dda i mi."

Yr Arglwydd sydd yr un
　er maint derfysga'r byd;
er anwadalwch dyn
　yr un yw ef o hyd;
y graig ni syfl ym merw'r lli:
"Nesáu at Dduw sy dda i mi."

Yr hollgyfoethog Dduw,
　ei olud ni leiha,
diwalla bob peth byw
　o hyd â'i wyllys da;
un dafn o'i fôr sy'n fôr i ni:
"Nesáu at Dduw sy dda i mi."

　　　　　　DAVID JONES, 1805-68

Mae'r emyn poblogaidd hwn yn rhan o emyn saith pennill a gyfansoddwyd gan y diweddar Barchedig David Jones, Treborth. Hanai'r emynydd o deulu nodedig o bregethwyr yr efengyl, ac roedd yntau hefyd yn bregethwr grymus. Gwelir cofgolofn hardd i'r teulu yn ymyl y ffordd sy'n arwain o bentref Dolwyddelan i Flaenau Ffestiniog, nid nepell o'r tŷ fu'n gartref i'r teulu yn Nhanycastell.
　　　Gwelodd yr emyn gwreiddiol olau dydd yn rhifyn Awst 1848 o'r *Drysorfa* ychydig fisoedd ar ôl i Ann, merch yr emynydd, farw yn 13 oed. O ganol hiraeth dwfn am ei blentyn y daeth yr emyn cadarn, hyderus hwn sy'n parhau i ddwyn nerth a chysur i filoedd. O fyfyrio ar eiriau'r emyn fe welwn ei fod yn emyn ysgrythurol ei sylfaen. Mae pob pennill yn cloi gyda geiriau'r Salmydd yn adnod olaf Salm 73, "Nesáu at Dduw sydd dda i mi" (Cyfieithiad yr Esgobion).

EMYNAU FFYDD

Egyr yr emyn gyda datganiad pendant ynglŷn â hollbresenoldeb Duw – ef yw'r Un sy'n "llond pob lle", ac yn "bresennol ymhob man". Ofer felly yw ceisio ffoi oddi wrtho. Yn hytrach, "Nesáu at Dduw sy dda i mi". Pwysleisia'r ail bennill fod Duw yn ddigyfnewid. Mewn cyfnod o ansicrwydd a therfysg, ac "anwadalwch dyn" yn amlycach beunydd, cawn le i werthfawrogi'r ffaith mai'r "un yw ef o hyd". Daw'r pennill olaf â ni wyneb yn wyneb â'r ffaith fod Duw yn "hollgyfoethog". Ceir adlais o brofiad y Salmydd yn Salm 145: 15-16 (Cyfrol yr Esgobion) yn y llinellau "diwalla bob peth byw o hyd â'i 'wyllys da". Mae meddwl bod Duw yn awyddus i gael perthynas â rhai meidrol fel ni yn symbyliad i ymostwng o'i flaen ymhob amgylchiad a dagan, "Nesáu at Dduw sy dda i mi".

Gweddi:
O Dad nefol, fe ddarllenwn yn dy Air y geiriau cysurlon: "Neséwch at Dduw, ac fe nesâ e atoch chwi".

> Mi nesaf atat eto'n nes,
> Pa les im ddigalonni?
> Mae sôn amdanat Ti 'mhob man
> Yn codi'r gwan i fyny.
> (W. WILLIAMS)

Gwna hynny o'r newydd heddiw yn ein hanes ninnau. Ein clod a gogoniant i'th enw dy hun. AMEN.

F'enaid, mola Dduw'r gogoniant

Caneuon Ffydd: Rhif 83

F'enaid, mola Dduw'r gogoniant,
   dwg dy drysor at ei draed;
ti a brofodd ei faddeuant,
   ti a olchwyd yn y gwaed,
     moliant, moliant
   dyro mwy i'r gorau gaed.

Mola ef, a'i rad drugaredd
   lifodd at ein tadau'n lli;
mola ef, ei faith amynedd
   a'i dosturi atat ti;
     moliant, moliant,
   am ei ddoniau rhad, di-ri'.

A thynerwch Tad y'n cadwodd,
   edwyn ef ein defnydd brau;
ar ei ddwylo mwyn y'n dygodd
   a'n gwaredu o'n holl wae;
     moliant, moliant,
   ei drugaredd sy'n parhau.

Yn y gân, angylion, unwch,
   chwi a'i gwelwch yn ddi-len;
haul a lloer o'i flaen ymgrymwch,
   a holl luoedd nef uwchben;
     moliant, moliant,
   fo i Dduw pob gras, Amen.

H. F. LYTE, 1793-1847 *cyf.* G. WYNNE GRIFFITH, 1883-1967

Dilyn esiampl ddiogel y Salmydd a wna'r emynydd yn y tri phennill cyntaf o'r emyn hwn, siarad â'i enaid ei hun a'i annog i foliannu'r Arglwydd. Ceir enghreifftiau o hyn yn adnodau agoriadol Salm 103 a 104. Peth hollbwysig ym mhrofiad pob credinwr yw'r arfer o gynnal sgwrs â'i enaid, neu'r arfer o'i holi ei hunan.

    "Bydded i bob un ei holi ei hunan" oedd cyngor yr Apostol Paul gynt i aelodau eglwys Corinth, wrth iddo geisio'u cyfarwyddo

EMYNAU FFYDD

ynglŷn â'r ffordd orau o ddathlu'r ordinhad o Swper yr Arglwydd (o 1 Cor. 11:28). O ddilyn esiampl y Salmydd a chyngor yr Apostol fe'n cedwir rhag ymgolli yn allanolion crefydd, ac fe'n galluogir i anwybyddu'r "dyn oddi mewn" a defnyddio un arall o ymadroddion yr Apostol Paul (2 Cor. 4: 16, hen gyfieithiad).

Wrth i'r emynydd annog yr addolwr unigol i foli "Duw'r gogoniant" caiff hyd i ddigonedd o ddoniau i'w foli o'i galon amdanynt. Ni all y gwir addolwr byth anghofio'r maddeuant sy'n eiddo iddo ar ôl gofyn i'r Arglwydd ei olchi yn ei waed. O sefyll ar y tir cadarn, cysurlon hwn caiff yr addolwr ei gymell ymhellach i foli'r Duwdod am ei "rad drugaredd", "ei faith amynedd" a'i "dosturi". A dim ond rhai o "ddoniau rhad, di-ri'" y Duw gogoneddus yw'r rhain!

Onid dyma'r Duw sydd wedi dewis datguddio'i hun yn Dad i'r sawl sy'n ymddiried yn ei Fab? Dyma'r Un sy'n gwybod yn iawn am "ein defnydd brau", ac sy'n ein cynnal a'n cysgodi yn ei ddwylo diogel gan ein "gwaredu o'n holl wae". Er hyn i gyd, mae trugaredd a chariad mor fawr yn deilwng o fawl llawer iawn mwy nag y gall un enaid unigol ei roi. Geilw'r emynydd yn y pennill olaf ar i'r "angylion", yr "haul a['r] lloer", a "holl luoedd nef" ymuno yn y moliant "i Dduw pob gras". Dyma'r unig Un sy'n deilwng o fawl y greadigaeth oll. Ceisiwn ei ras, felly, i roi'r mawl sy'n ddyledus iddo.

Gweddi:

>Nef a daear, tir a môr
>Sydd yn datgan mawl ein Iôr:
>Fynni dithau, f'enaid, fod
>Yn y canol heb roi clod?
>   (J. NEANDER, *cyf.* ELFED)

Cynorthwya fi, O Arglwydd tirion, i roi i ti bob awr y mawl a'r clod sy'n ddyledus i ti. Yn enw Iesu Grist. AMEN.

EMYNAU FFYDD

Beth yw mesur glas y nen?

Caneuon Ffydd: Rhif 115

Beth yw mesur glas y nen?
Beth yw maint y sêr uwchben?
Dweud mae'r bydoedd yn dy glyw,
blentyn bach, mor fawr yw Duw.

Beth yw iaith y blodau fyrdd
wena yn y meysydd gwyrdd?
Dweud mae'r blodau teg eu lliw,
blentyn bach, mor hardd yw Duw.

Beth yw iaith y meysydd ŷd,
coed yr ardd a'r llysiau i gyd?
Dweud mae'r ffrwythau o bob rhyw,
blentyn bach, mor hael yw Duw.

Beth yw neges Iesu Grist,
cyfaill gorau'r galon drist?
Dweud o hyd mae'r hanes gwiw,
blentyn bach, mor dda yw Duw.

NANTLAIS, 1874-1959

Amcan yr emyn hwn o waith Nantlais yw cynorthwyo plentyn bach i fyfyrio'n werthfawrogol ar bedwar o briodoleddau'r Duwdod mawr.

Mawredd Duw sy'n cael y sylw yn y pennill cyntaf. "Your God is too small", meddai un o ddiwinyddion yr ugeinfed ganrif wrthym. Ar ôl clywed y fath gerydd a chondemniad, tybed a yw'n Duw ni yn *fwy* yn ein golwg ar ôl croesi'r trothwy i'r unfed ganrif ar hugain? Pe baem ond yn medru dilyn esiampl y plentyn, a synnu a rhyfeddu at fawredd Duw wrth geisio "mesur glas y nen" a "maint y sêr". Ar ryw wedd mae tasg y plentyn yn un amhosibl, oherwydd cyhoeddi "mor fawr yw Duw" a wna'r "bydoedd" yn gwbl eglur i glyw plentyn ac oedolyn fel ei gilydd.

Harddwch Duw a gaiff y sylw yn yr ail bennill. Mae llygaid pawb ohonom, beth bynnag fo'n hoed, yn pefrio pan welwn amrywiaeth lliw a llun "y blodau fyrdd" sy'n tyfu mewn perthi, caeau a gerddi. I'r sawl sy'n credu, mae'r pethau hyn i gyd yn datguddio rhyw gyfran o natur a chymeriad yr Un a'u creodd. Wrth graffu ar flodau "teg eu lliw", pwy yn wir a all wadu'r ffaith rhyfeddol mai "hardd yw Duw"?

EMYNAU FFYDD

Haelioni Duw a bwysleisir yn y trydydd pennill, wrth i'r emynydd geisio tywys y plentyn bach i sylwi ar ddigonedd "y meysydd ŷd, coed yr ardd a'r llysiau" heb anghofio hefyd amlder y "ffrwythau" sy'n tyfu mewn gwahanol rannau o'r byd. Onid dyma'r pethau y byddwn ni yng ngwledydd cyfoethog y Gorllewin yn eu cymryd yn gwbl ganiataol, heb feddwl o gwbl am y Duw haelionus sy'n darparu'r cyfan er ein lles? Ie, "Dweud mae'r ffrwythau o bob rhyw, blentyn bach, mor hael yw Duw".

Daioni Duw yw canolbwynt y pennill olaf. Mae'r daioni dwyfol yn cyrraedd ei uchafbwynt yng ngwyrth yr Ymgnawdoliad, sef "Iesu Grist, cyfaill gorau'r galon drist". Yng nghanol mawredd dirgel y bydysawd, harddwch y blodau a llawnder y cnydau mae'r galon ddynol wrth natur yn drist, ac yn dyheu am rywun y gall ddibynnu arno i'w garu doed a ddelo. Diolch am neges berthnasol efengyl Iesu Grist, oherwydd "Dweud o hyd mae'r hanes gwiw, blentyn bach, mor dda yw Duw".

Gweddi:

> Wrth graffu ar ehangder y nefoedd
> a cheisio cyfrif maint y sêr,
> rhyfeddwn at dy fawredd, O Dduw.
>
> Wrth syllu ar harddwch amryliw
> holl flodau'r ddaear,
> rhyfeddwn at dy harddwch, O Dduw.
>
> Wrth dderbyn mor gyson o gyfoeth
> y cynhaeaf ŷd a'r llysiau a'r ffrwythau amrywiol,
> rhyfeddwn at dy haelioni, O Dduw.
>
> Wrth i ti ein hatgoffa am yr hyn
> a wnaethost drosom yn dy uniganedig Fab,
> rhyfeddwn at, a diolchwn am dy
> ddaioni mawr, O Dduw.
>
> AMEN.

EMYNAU FFYDD

Gras, O'r fath beraidd sain

Caneuon Ffydd: Rhif 161

Gras, O'r fath beraidd sain,
i'm clust hyfrydlais yw:
gwna hwn i'r nef ddatseinio byth,
a'r ddaear oll a glyw.

Gras gynt a drefnodd ffordd
i gadw euog fyd;
llaw gras a welir ymhob rhan
o'r ddyfais hon i gyd.

Gras ddaeth â'm traed yn ôl
i lwybrau'r nefoedd lân;
rhydd gymorth newydd im bob awr
i fyned yn y blaen.

Gras a gorona'r gwaith
draw mewn anfarwol fyd;
a chaiff y clod a'r moliant byth
gan luoedd nef ynghyd.

PHILIP DODDRIDGE, 1702-51 *cyf.* GOMER, 1773-1825

Wrth inni fyfyrio ar gynnwys a neges yr emyn hwn, down wyneb yn wyneb ag un o eiriau allweddol y ffydd Gristnogol, sef "gras". Mae'r iachawdwriaeth yng Nghrist yn seiliedig ar waith grasol Duw, ac nid ar unrhyw weithred nac ymdrech o eiddo'r un ohonom ni, bechaduriaid. Gwnaeth yr Apostol Paul y ffaith ddiymwad hon yn eglur i'r saint yn ninas Effesus gynt: "Trwy ras yr ydych wedi eich achub, trwy ffydd. Nid eich gwaith chwi yw hyn; rhodd Duw ydyw; nid yw'n dibynnu ar weithredoedd, ac felly ni all neb ymffrostio" (Eff. 2: 8-9). Cyn gynted ag y gwawria'r gwirionedd hwn ym meddwl a chalon y pechadur edifeiriol, caiff ei lenwi â gorfoledd a syndod sy'n peri iddo ddatgan mewn llawenydd, "Gras, O'r fath beraidd sain, i'm clust hyfrydlais yw."

EMYNAU FFYDD

Wrth geisio darganfod tarddiad y profiad ysbrydol newydd, eirias sy'n eiddo iddo, fe wêl yr emynydd fod y cyfan yn y pen draw i'w briodoli i un peth, sef gras. Yn ôl i'r fan honno mae'n rhaid dod o hyd ac o hyd. Wrth fentro meddwl yn hir ac yn ddwys am drefn yr iachawdwriaeth, mae'r emynydd yn llygad ei le pan ddatgan mai "llaw gras a welir ymhob rhan / o'r ddyfais hon i gyd". Pan ddaw i ran y Cristion amrywiol demtasiynau a phrofedigaethau'r byd darfodedig hwn, caiff gysur o gofio mai o'r Un ffynhonnell fawr rasol y daw'r cymorth newydd "i fyned yn y blaen" neu "i ddwyn y daith i ben".

Pererin yw'r Cristion yn teithio trwy'r byd hwn "i fyd sydd well i fyw". Yno, fe ddaw diwedd ar bob temtasiwn, siom a loes, a bydd y ffaith fod pechaduriaid yno o gwbl i'w phriodoli'n llwyr i effeithiolrwydd rhodd anhaeddiannol Duw i'r fath rai.

> Rhad ras
> Yw'r newydd gân bereiddia'i blas
> Fu 'rioed ar wyneb daear las;
> Hi ddeil ei blas pan losgo'r byd,
> A berwi o'r môr, a'i donnau'n dân:
> Y nefol gân fydd gras i gyd.
> (GRAWNSYPIAU CANAAN, 1805)

Gweddi:
Diolch i ti, O Dduw, am ryfedd waith dy ras. Oni bai amdanat "yn trefnu ffordd i'n gwared o rwymau pechod cas", ni fyddai inni unrhyw obaith am iachawdwriaeth. Maddau ein rhyfyg yn meddwl y gallwn ryngu dy fodd ar bwys unrhyw weithred o'n heiddom ein hunain. Dyro inni yn hytrach y ffydd a'n gwna yn ddigon gwylaidd bob awr i bwyso ar drefn dy ras. Deisyfwn hyn yn enw'r Iesu. AMEN.

EMYNAU FFYDD

Cyduned Seion lân

Caneuon Ffydd: Rhif 163

Cyduned Seion lân
mewn cân bereiddia'i blas
o fawl am drugareddau'r Iôn,
ei roddion ef a'i ras.

Ble gwelir cariad fel
ei ryfedd gariad ef?
Ble bu cyffelyb iddo erioed?
Rhyfeddod nef y nef!

Fe'n carodd cyn ein bod,
a'i briod Fab a roes,
yn ôl amodau hen y llw,
i farw ar y groes.

Gwnaeth Iesu berffaith Iawn
brynhawn ar Galfarî:
yn ei gyfiawnder pur di-lyth
mae noddfa byth i ni.

IAGO TRICHRUG, 1779-1844

Dyma emyn campus sy'n moli Duw am amlder ei ddoniau tymhorol ac ysbrydol. Nid yw'n iawn canolbwyntio wrth addoli ar un agwedd yn unig o ymwneud Duw â dynion. Rhaid ceisio cadw'r darlun cyfan yn ein cof wrth ddod ger ei fron mewn addoliad. Perthnasol iawn, felly, yw canu ym mhennill cyntaf yr emyn am "ei roddion ef a'i ras". Rhaid wrth y ddeubeth os ydym i'w addoli'n iawn. Ond wedi dweud hyn, oeraidd a mecanyddol braidd fyddai ein mawl a'n haddoliad oni bai am gariad mawr Duw tuag atom. Dyma sy'n ennyn ynom ryfeddod sy'n esgor ar addoliad o'r iawn ryw. O brofi hyn rhaid gofyn,

"Ble gwelir cariad fel
ei ryfedd gariad ef?
Ble bu cyffelyb iddo erioed?"

EMYNAU FFYDD

ac yna'r ateb, "Rhyfeddod nef y nef!"

Yng Nghrist Iesu y datguddir y fath gariad yn llawn, a hynny wrth iddo farw o'i wirfodd ar groesbren Calfaria. Dyma uchafbwynt y datguddiad Cristnogol. Dim byd llai na "Duw yng Nghrist yn cymodi'r byd ag ef ei hun, heb ddal neb yn gyfrifol am ei droseddau" (2 Cor. 5: 19). Atgas yng ngolwg pob Cristion yw'r mawl a'r addoliad pobl-ganolog sy'n gwbl ddibynnol ar yr allanolion ac sydd, o'r herwydd, yn ddibris o "aberth glân y groes" a'r Un a drengodd arni. Mae'n rhaid cyhoeddi'n gyson yr hyn a gyhoedda Iago Trichrug ym mhennill olaf yr emyn hwn:

> Gwnaeth Iesu berffaith Iawn
>   brynhawn ar Galfarî;
> yn ei gyfiawnder pur di-lyth
>   mae noddfa byth i ni.

Gweddi:
Derbyn ein diolch, O Dduw, am aberth croesbren Calfaria. Yn hwn y saif ein gobaith a'n hyder, oherwydd "yn haeddiant yr aberth mi gredaf caf fyw". Bywiocâ di ein mawl wrth i ti roi i bawb ohonom olwg eglurach ar ystyr ac arwyddocâd dy gariad achubol. Ac yn wir, O Dad,

> O fewn y noddfa caffer ni,
> Agorwyd gynt ar Galfarî,
> Cyn delo dydd dialedd.

Deisyfwn hyn yn enw'r Iesu. AMEN.

EMYNAU FFYDD

Mae gennyf ddigon yn y nef

Caneuon Ffydd: Rhif 168

Mae gennyf ddigon yn y nef
  ar gyfer f'eisiau i gyd;
oddi yno mae y tlawd a'r gwael
  yn cael yn hael o hyd.

O law fy Nuw fe ddaw'n ddi-feth
  fy mywyd i a'm nerth,
fy iechyd, synnwyr, a phob peth,
  fy moddion oll, a'u gwerth.

O law fy Nuw y daw, mi wn,
  bob cymorth heb nacáu:
holl drugareddau'r bywyd hwn
  a'r gallu i'w mwynhau.

Y Duw a roes im nawdd o'r nen
  mewn llawer bwlch a fu,
efe yw'r Duw a ddeil fy mhen
  yn yr Iorddonen ddu.

Ymhob cyfyngder, digon Duw:
  fy eisiau, ef a'i gwêl;
efe, i farw ac i fyw,
  a fynnaf, doed a ddêl.

EBEN FARDD, 1802-63

Cofiaf ymweld â chartref gweinidog oedd yn fedrus iawn â'i ddwylo. Un o'i ddoniau amrywiol oedd y gallu i drin a cherfio pren yn hynod o gelfydd. Ar ôl croesi'r trothwy sylwais yn syth ar ddarn o bren â'r geiriau canlynol wedi'u cerfio arno: "Heb Dduw, heb ddim – Duw a digon." Dyna'r geiriau sy'n mynnu dod i'r cof wrth fyfyrio ar emyn cyfoethog Eben Fardd, "Mae gennyf ddigon yn y nef".

Sylweddola'r awdur yn y pennill agoriadol mai'r rhai sy'n ymwybodol o'u tlodi a'u hangen ysbrydol ar daith bywyd sydd fwyaf tebygol o werthfawrogi'n llawn haelioni gras y nef. Caf fy hun yn dyfynnu'r ail bennill yn aml wrth annerch gorsedd gras. Mewn oes debyg i'n hoes ninnau, sy'n mynnu gwadu bodolaeth y Duwdod hyd yn oed, mae'n hawdd iawn colli golwg ar yr Un sy'n rhoi ac yn cynnal bywyd y ddynoliaeth oll. Mor gwbl ganiataol y cymerwn bethau sylfaenol megis "iechyd" a "synnwyr", heb gofio o ble y deuant.

Rhydd yr oes bresennol gryn bwyslais ar "drugareddau'r bywyd hwn". Wrth wylio'r teledu'n feunyddiol gwelwn drugareddau lu yn cael eu hysbysebu; y nod, wrth gwrs, yw ceisio ein

EMYNAU FFYDD

hargyhoeddi ni'r gwylwyr fod ein bywydau yn llwm ac anghyflawn heb y nwyddau a hysbysebir. Eithr cofiwn mai un peth yw meddu "holl drugareddau'r bywyd hwn", peth arall yw meddu'r "gallu i'w mwynhau". I mi, dyma un o drasiedïau pennaf yr oes faterol, foethus yr ydym yn rhan ohoni, sef bod pobl yn llenwi'u tai â'r teclynnau mwyaf soffistigedig – switsys a botymau i gyflawni pob math o orchwylion – tra eu bod yn gwbl amddifad "o'r gallu i'w mwynhau" yn iawn. Gan Dduw y ceir y gallu hollbwysig o fedru mwynhau trugareddau'r bywyd hwn heb gymorth nac alcohol na baco na chyffur o unrhyw fath.

Â'r emynydd yn ei flaen i'n hatgoffa mai o gyfeiriad Duw y nefoedd y daw'r gallu i wynebu'r "hen Iorddonen ddu sy'n rhedeg rhwng dau fyd". Gwyn yn wir yw byd y sawl a ddysg mewn ffydd i ymddiried amgylchiadau amrywiol ei fywyd i'r Duw sy'n gweld "ei eisiau i gyd". Tystiolaeth gyson person o'r fath yw hyn: "Heb Dduw heb ddim, Duw a digon".

> Ymhob cyfyngder, digon Duw:
> fy eisiau, ef a'i gwêl;
> efe, i farw ac i fyw
> a fynnaf, doed a ddêl.

Gweddi:
O Dduw, "Pwy sydd gennyf yn y nefoedd ond ti? Ac nid wyf yn dymuno ond tydi ar y ddaear" (Salm 73: 25).

> Neb ond Ti, Waredwr f'enaid,
> Dygaist Ti yn llwyr fy mryd;
> Pwy sydd gennyf yn y nefoedd,
> Pwy a'm harwain yn y byd? ...
> Neb ond Ti, ni fynnaf arall –
> Rwyt yn fwy na'r oll i mi, ...
> Neb ond Ti,
> Dyner Geidwad, neb ond Ti.

AMEN.

Dewch, hen ac ieuainc, dewch

Caneuon Ffydd: Rhif 179

Dewch, hen ac ieuainc, dewch
   at Iesu, mae'n llawn bryd;
rhyfedd amynedd Duw
   ddisgwyliodd wrthym cyd:
aeth yn brynhawn, mae yn hwyrhau;
mae drws trugaredd heb ei gau.

Dewch, hen wrthgilwyr trist,
   at Iesu Grist yn ôl;
mae'i freichiau nawr ar led,
   fe'ch derbyn yn ei gôl:
mae Duw yn rhoddi eto'n hael
drugaredd i droseddwyr gwael.

MORGAN RHYS, 1716-79

'Gwahoddiad yr Efengyl' neu 'Galwad yr Efengyl' oedd y penawdau a roddwyd uwchben y penillion hyn o eiddo Morgan Rhys mewn casgliadau emynau cynharaf. Dywed y diweddar Barchedig John Thickens wrthym yn ei gyfrol *Emynau a'u Hawduriaid* (1961): "Nid oes un o'n hemynwyr wedi dioddef mwy trwy glytwaith neu gynullwaith na Morgan Rhys. Nid yw'r doreth o'i emynau a genir gennym namyn penillion a gasglwyd oddi yma ac oddi draw o'i emynau cyhoeddedig; ac eraill ohonynt wedi eu gwasgar." Yn ei gyfrol hylaw o rai o emynau gorau'r Gymraeg, *Trysorau Gras*, mae E. Wyn James yn cynnwys pedwar pennill lle mae golygyddion *Caneuon Ffydd* ond yn cynnwys dau. Dyma'r ddau bennill a hepgorwyd:

    Hilogaeth Adda, dewch
      I foli Iesu mawr,
    Mae drws y bywyd heb
      Ei gaead hyd yn awr;
    Trugaredd rad i ddynol-ryw
    Sy'n cael ei chynnig in gan Dduw.

    Dewch, bechaduriaid mawr,
      Y duaf yn y byd,
    Trugaredd sy gan Dduw
      I chwi, er oedi cyd;
    Ni chofia Ef eich mynych fai,
    Gall gwaed y groes eich llwyr lanhau.

O graffu ar eiriau'r pedwar pennill, fe welir bod un gair hollbwysig yn gyffredin iddynt, sef "trugaredd". Dyma un o eiriau allweddol yr efengyl, gair sy'n ymddangos yn aml ar dudalennau'r Hen Destament a'r Newydd fel ei gilydd. "Achub fi er mwyn dy drugaredd" yw cri'r Salmydd (Salm 31:16 Cyfrol yr Esgobion). Ac onid dyna gri'r pechadur edifeiriol ymhob oes?

Wrth bwyso ar drugaredd ei Dduw caiff brofi o flas ei faddeuant. Mor gysurlon yw geiriau'r proffwyd Eseia wrth iddo yntau gyhoeddi galwad Duw i bechaduriaid ei ddydd: "Gadawed y drygionus ei ffordd, a'r un ofer ei fwriadau, a dychwelyd at yr Arglwydd, iddo drugarhau wrtho, ac at ein Duw ni, oherwydd fe faddau'n helaeth" (Eseia 55:7).

Canmol trugaredd Duw tuag ato a wna'r Apostol Paul hefyd wrth adrodd ei brofiad wrth ei gyfaill ifanc Timotheus. Dyma'i eiriau: "Gorlifodd gras ein Harglwydd arnaf, ynghyd â'r ffydd a'r cariad sy'n eiddo i ni yng Nghrist Iesu. A dyma air i'w gredu, sy'n teilyngu derbyniad llwyr: 'Daeth Crist Iesu i'r byd i achub pechaduriaid'. A minnau yw'r blaenaf ohonynt" (1 Tim. 1:14-15). Yna fe â yn ei flaen i ailadrodd yr hyn y mae eisoes wedi'i ddatgan yn adnod 13: "ond cefais drugaredd".

Dyma'r trugaredd, yn ôl Morgan Rhys, a gynigir i bawb o "hiliogaeth Adda"; boed hwy'n "bechaduriaid mawr", yn "wrthgilwyr trist" neu'n "hen" neu'n "ieuanc" yr un yw'r alwad, "Dewch", a'r un yw'r ddarpariaeth, "trugaredd".

> Trugaredd rad i ddynol-ryw
> Sy'n cael ei chynnig in gan Dduw ...
> Trugaredd sy gan Dduw
> I chwi, er oedi cyd ...
> Mae Duw yn rhoddi eto'n hael
> Drugaredd i droseddwyr gwael ....
> Aeth yn brynhawn, mae yn hwyrhau;
> Mae drws trugaredd heb ei gau.

Gweddi:
"Trugarha wrthyf, O Dduw, yn ôl dy drugarowgrwydd, dilëa fy anwireddau." Diolch i ti, O Dad trugarog, fod dy drugaredd di yr un mor hael heddiw ag a fu erioed.

> Trugaredd sy'n galw y gelyn
> Ystyfnig a chyndyn a chas,
> At orsedd y nefoedd i blygu,
> A chanu i'r Iesu a'i ras.
> 　　　　　　　(EBEN FARDD)

AMEN.

Drwy dy weision ddoe cyhoeddaist

Caneuon Ffydd: Rhif 181

Drwy dy weision ddoe cyhoeddaist
  ar ein daear air y ne',
cerydd barn, rhyddhad trugaredd,
  yn cytseinio mewn un lle:
    croes Calfaria
fu'r uchafbwynt mawr erioed.

Arglwydd, danfon dystion heddiw
  gyda'u calon yn dy waith
i gyhoeddi'r hen wirionedd
  eto'n newydd yn ein hiaith;
    er pob newid
'r un o hyd yw sail ein ffydd.

  Arwain ni drwy bob yfory
    sydd ar ôl o hanes byd
  nes dychwelo'r gair tragwyddol
    i alw teulu Duw ynghyd:
      Iesu, Iesu
  heddiw, ddoe, yfory'r un.

        SIÔN ALED

Pe bawn yn gorfod dewis adnod o'r Ysgrythur i'w osod fel pennawd ar gyfer yr emyn hwn, buaswn yn troi yn syth at y Testament Newydd, a'r epistol at yr Hebreaid. Yno, ym mhennod 13, fe ddarllenwn y geiriau hyn: "Cadwch mewn cof eich arweinwyr, y rhai a lefarodd air Duw wrthych; myfyriwch ar ganlyniad eu buchedd, ac efelychwch eu ffydd. Iesu Grist, yr un ydyw ddoe a heddiw ac am byth" (Heb. 13: 7-8). Mor rhwydd y llwyddwn i anghofio'r arweinwyr ysbrydol hynny a fu'n pregethu'r gair "boed yn gyfleus neu'n anghyfleus" (2 Tim. 4:2). Roedd hynny'n golygu bod rheidrwydd arnynt i bwysleisio'n gyson "gerydd barn" ynghyd â "rhyddhad trugaredd" a hynny heb roi gormod o bwyslais ar y naill na'r llall am fod barn a thrugaredd yn cydgyfarfod ym marwolaeth Iesu Grist ar groesbren Calfaria. Dyna "fu'r uchafbwynt mawr erioed". Tystiolaeth pob un o weision ffyddlon Duw ymhob oes yw hyn: "dewisais beidio â gwybod dim yn eich plith ond Iesu Grist, ac yntau wedi ei groeshoelio" (1 Cor. 2:2). Yn ogystal â chofio'n werthfawrogol am "y rhai a lefarodd air Duw" wrthynt, anogir y Cristnogion Hebreig eu tras i efelychu "eu ffydd". Ac wrth gwrs, fel y dywedodd yr Apostol Paul wrth y saint yn Rhufain gynt, "o'r hyn a glywir y daw ffydd, a

daw'r clywed trwy air Crist" (Rhuf. 10:17).
Rhaid cael tystion brwdfrydig ymhob oes sydd â'u "calon yn dy waith i gyhoeddi'r hen wirionedd eto'n newydd yn ein hiaith". Dyna fyrdwn yr emynydd yn ail bennill ei emyn cyfoethog. Mewn oes debyg i'n hoes ninnau tueddir i wfftio'r "hen wirionedd" a'r "hen lwybrau" (Jeremeia 6:16). Pwysig iawn, felly, yw cofio mai "'r un o hyd yw sail ein ffydd" er gwaethaf pob newid, boed fewnol, allanol, bydol, cymdeithasol, neu grefyddol. Mae'r pennill olaf yn cyrraedd ei uchafbwynt pan hoelier ein sylw ar yr Iesu digyfnewid. Ef yw Arglwydd hanes, ef yw'r Un sydd i ddychwelyd i'r ddaear yn bersonol ryw ddydd a'i holl "elynion yn droedfainc i'w draed" (Heb. 10:13). Brawddeg gofiadwy oedd honno a glywais mewn pregeth Saesneg flynyddoedd yn ôl. Wrth sôn am yr Ailddyfodiad cyhoeddodd y pregethwr gydag angerdd: "History will not end in catastrophe, history will end in harmony." Iesu yw'r "gobaith gwynfydedig" (Tit. 2:13) sy'n cynnal teulu'r ffydd; ef yw'r Un a ddaeth, yr Un sy'n dod, a'r Un a ddaw.

Gweddi:

    Arwain ni drwy bob yfory
        sydd ar ôl o hanes byd
    nes dychwelo'r gair tragwyddol
        i alw teulu Duw ynghyd:
            Iesu, Iesu
        heddiw, ddoe, yfory'r un.
            (SIÔN ALED)

AMEN.

Arglwydd sanctaidd, dyrchafedig

Caneuon Ffydd: Rhif 187

Arglwydd sanctaidd, dyrchafedig,
wrth dy odre plygaf fi,
ni ryfyga llygaid ofnus
edrych ar d'ogoniant di.
Halogedig o wefusau
ydwyf fi, fe ŵyr fy Nuw,
ymysg pobol halogedig
o wefusau 'rwyf yn byw.

Estyn yn dy law farworyn
oddi ar yr allor lân,
cyffwrdd â'm gwefusau anwir,
pura 'mhechod yn y tân.
Galw fi i'm hanfon drosot,
mi atebaf heb nacáu,
cei fy mywyd fel y mynni
am it wrthyf drugarhau.

O. M. LLOYD, 1910-80

Er mwyn gwerthfawrogi'n llawn neges gyfoethog yr emyn hwn o eiddo'r diweddar Barchedig Owen Morgan Lloyd, un o blant eglwys Annibynnol Jerusalem, Blaenau Ffestiniog, mae'n rhaid troi at y chweched bennod o broffwydoliaeth Eseia. Yno cofnoda'r proffwyd gyda chryn fanylder union amgylchiadau ei alw gan Dduw i'r gwaith o broffwydo yn ei enw. Roedd yn ddigwyddiad hanesyddol "yn y flwyddyn y bu farw'r Brenin Usseia" (ad. 2). Gwelodd "yr Arglwydd ... yn eistedd ar orsedd uchel, ddyrchafedig, a godre'i wisg yn llenwi'r deml". Cafodd y proffwyd gipolwg bythgofiadwy ar fawredd a sancteiddrwydd yr Un sydd â'i "lygaid yn rhy bur i edrych ar ddrwg" (Hab. 2:13). Dyma sydd ar goll ym mywyd crefyddol cyfoes ein cenedl. Rydym wedi colli golwg ar natur sanctaidd a phur y Duw sy'n "dân yn ysu" (Heb. 12:29). Canlyniad anochel hyn yw bod "parch ac ofn duwiol" (Heb. 12:28) yn diflannu o'n plith.

Wrth i Eseia gael golwg ar wir natur y Duwdod daeth yn ymwybodol o'i bechod ei hun ac o gyflwr pechadurus ei gyd-ddynion.

EMYNAU FFYDD

Rhydd fynegiant i hyn wrth gyffesu'n ebrwydd, "Gwae fi! Y mae wedi darfod amdanaf! Dyn a'i wefusau'n aflan ydwyf, ac ymysg pobl a'u gwefusau'n aflan yr wyf yn byw; ac eto, yr wyf â'm llygaid fy hun wedi edrych ar y brenin, Arglwydd y Lluoedd" (Eseia 6:5).

Yna fe rydd Eseia ddarlun cofiadwy, hynod bersonol o'r modd y bu iddo dderbyn trugaredd pan ddaeth yr Arglwydd ato yng nghyflawnder ei dosturi gan gyhoeddi'n eglur, "symudwyd dy ddrygioni, a maddeuwyd dy bechod" (ad. 7). Onid dyna'n union a wna'r Gwaredwr ym mhrofiad y sawl sy'n troi ato'n edifeiriol? Ofer mentro i waith teyrnas Dduw heb brofiad byw o realiti maddeuant pechodau. Ar ôl hyn i gyd clywodd Eseia lais "yr Arglwydd yn dweud 'Pwy a anfonaf? Pwy a â drosom ni?'" Yna fe gofnodir yn syml a diwastraff ei ymateb diffuant: "Atebais innau, 'Dyma fi, anfon fi'" (ad. 8). Ailadroddir hyn wrth i feibion a merched o bob gwlad ac iaith ymateb i alwad y Meistr i'w wasanaethu'n ffyddlon. Gelwir amryw i fentro i wledydd pell "i ddweud wrth eraill" am "werth y groes". Eithr gelwir y mwyafrif i ddychwelyd "adref ac adrodd gymaint y mae Duw wedi ei wneud" drostynt (Luc 8:39). Gartref neu oddi cartref, yr un yw'r ymateb bob amser: "Cei fy mywyd fel y mynni am it wrthyf drugarhau".

Gweddi:
"Sanct, Sanct, Sanct yw Arglwydd y Lluoedd; y mae'r holl ddaear yn llawn o'th ogoniant." Wrth ymgrymu gerbron dy burdeb, gwna fi'n fwyfwy ymwybodol o'm hangen i gael fy mhuro. Derbyn fy niolch am i ti yn dy drugaredd drefnu ffordd i'm puro a'm glanhau trwy aberth gwaedlyd dy Fab, Iesu, yn fy lle ar Galfaria. Estyn di i mi y gallu i ddwyn tystiolaeth effeithiol o hyn ymhlith fy nghyfeillion a'm cymdogion, a chynorthwya fi, bob dydd, i ddweud wrthyt o waelod calon, "Dyma fi, anfon fi." Gofynnaf hyn yn enw'r Iesu. AMEN.

EMYNAU FFYDD

Dyma Feibil annwyl Iesu

Caneuon Ffydd: Rhif 198

Dyma Feibil annwyl Iesu,
   dyma rodd deheulaw Duw;
dengys hwn y ffordd i farw,
   dengys hwn y ffordd i fyw;
dengys hwn y golled erchyll
   gafwyd draw yn Eden drist,
dengys hwn y ffordd i'r bywyd
   drwy adnabod Iesu Grist.

CASGLIAD T. OWEN, 1820
priodolir i RICHARD DAVIES, 1793-1826

I'r rhai sy'n perthyn i'r eglwysi Protestannaidd, yr Ysgrythur Lân yw'r unig reol o ran ffydd a buchedd. Rhwng cloriau'r Beibl cawn hyd i air "y digelwyddog Dduw" (Tit. 1:2). Ymosodwyd yn ddidrugaredd ar gynnwys a neges y gyfrol sanctaidd ymhob cyfnod. Er hynny, pery'r gyfrol yn *best-seller* wrth i'r newyddion da sydd ynddi gael ei gyhoeddi mewn nerth o wlad i wlad. Yma, yng Nghymru, tlawd iawn fyddai ein llenyddiaeth, yn farddoniaeth a rhyddiaith, oni bai am ddylanwad "Llyfr y Llyfrau". Wrth i'r Cymry mewn oes a fu ddod fwyfwy o dan ddylanwad y "genadwri hyfryd o enau Duw ei hun", fe welwyd trawsnewidiad mawr ym mywyd y gymdeithas gan i egwyddorion "efengyl ogoneddus y Duw gwynfydedig" (1 Tim. 1:11) effeithio mewn modd cadarnhaol ar bob rhan ohoni. Cibddall yw'r rheiny sy'n gwadu dylanwad llesol y Beibl ar fywyd ein cenedl yn y dyddiau a fu.

    Canu clodydd y gyfrol sanctaidd a wna awdur yr emyn un-pennill uchod. Bu'n ffefryn gan ddisgyblion yr Ysgol Sul ers llawer dydd, ac o'r herwydd bu ar gof a chadw gan filoedd. Os dymunir byw yn iawn rhaid dilyn cyngor a chyfarwyddyd y Beibl. Rhaid derbyn yn ogystal ei ddiagnosis ar gyflwr y ddynoliaeth bechadurus oddi ar y cwymp yng ngardd Eden gynt: "Ie, pawb yn ddiwahaniaeth, oherwydd y maent oll wedi pechu, ac yn amddifad o ogoniant Duw"

(Rhuf. 3:23). Cyn gynted ag y sylweddolir bod hyn yn wir amdanom fel unigolion a chenhedloedd, dengys y Beibl "y ffordd i'r bywyd drwy adnabod Iesu Grist". Dyma neges ganolog y Beibl. Dyma'r unig neges sy'n cynnig gwir waredigaeth i fyd anghenus, ac mae'n gyfrifoldeb gwir fawr ar bawb i'w hystyried o ddifrif. O'i hystyried a'i derbyn, mae'r rhagolygon yn hynod o olau. Ond o'i hystyried a'i gwrthod, mae'r rhagolygon yn boenus o dywyll. Awn ati o ddifrif i agor ein Beiblau a'n Testamentau nid yn unig er ein lles ein hunain, ond er lles ein heglwysi a'n cenedl a'n byd, gan gofio bob amser mai'r ysgrythurau sanctaidd "sydd yn abl i'th wneud yn ddoeth a'th ddwyn i iachawdwriaeth trwy ffydd yng Nghrist Iesu" (2 Tim. 3:15).

Gweddi:

> Dysg i ninnau, annwyl Iesu,
> Chwilio'r Gair amdanat Ti;
> Drwy bob hanes, drwy bob adnod
> Dangos Di dy Hun i mi;
> Mil mwy melys fydd ei ddarllen
> Os dy gwmni Di a gawn;
> A chawn help i farw'n dawel,
> Wedi dysgu byw yn iawn.
>
> (ELFED)

"Yr edym yn erfyn, Arglwydd, achub ni; yr ydym yn erfyn, Arglwydd, rho lwyddiant." Trugarha wrthym, O Dduw, yng nghanol ein methiant. Ti a wyddost pa mor ddwfn yw ein hiraeth am brofi o'r llwyddiant nad oes neb ond ti yn medru ei roi. Edrych heibio i'n beiau cuddiedig a dirgel a "dychwel â'th hen Drugareddau er mwyn dy ogoniant dy Hun". AMEN.

Enaid gwan, paham yr ofni?

Caneuon Ffydd: Rhif 200

Enaid gwan, paham yr ofni?
　Cariad yw
　meddwl Duw,
cofia'i holl ddaioni.

Pam yr ofni'r cwmwl weithian?
　Mae efe
　yn ei le
yn rheoli'r cyfan.

Os yw'n gwisgo y blodeuyn
　wywa'n llwyr
　gyda'r hwyr,
oni chofia'i blentyn?

Duw a ŵyr dy holl bryderon:
　agos yw
　dynol-ryw
beunydd at ei galon.

Er dy fwyn ei Fab a roddodd:
　cofia'r groes
　ddyddiau d'oes:
"Canys felly carodd."

Bellach rho dy ofnau heibio;
　cariad yw
　meddwl Duw:
llawenycha ynddo.

　　　　ELFED, 1860-1953

Wrth fyfyrio ar gynnwys yr emyn hwn, buddiol yw dwyn i gof eiriau'r Arglwydd Iesu Grist yn y Bregeth ar y Mynydd sy'n ymdrin â Gofal a Phryder (Mth, 6:25-34). Gŵyr pob aelod o'r teulu dynol am y profiad o bryderu. Treuliwn gryn amser ar lwybr troellog bywyd yn poeni am bethau megis arian, gwaith, bwyd a dillad. O na fyddem yn medru cofio'n amlach eiriau ein Harglwydd: "P'run ohonoch a all ychwanegu un funud at ei oes trwy bryderu?" Synnwn i ddim nad oes rhyw waith ymchwil gan rywrai yn rhywle wedi profi mai byrhau einioes dyn a wna'r duedd i bryderu, ac yn arbennig y duedd sydd yng nghyfansoddiad llawer ohonom i orbryderu.

　　Delia'r emyn hwn, felly, â theimladau sy'n rhan o brofiad y mwyafrif ohonom, sef ofn a phryder. Cyfarch ei enaid pryderus ac ofnus ei hun a wna'r awdur ymhob pennill, a'i nod yw ei dywys i bwyso mewn ffydd ar gadernid cariad Duw. "Cariad yw meddwl Duw, cofia'i holl ddaioni" yw ei gyngor yn y pennill cyntaf. Yn yr ail bennill fe gyhoeddir yn hyderus fod Duw "yn ei le yn rheoli'r cyfan". Mor aml, wrth ofidio, yr anghofiwn y ffaith ddiymwad hon: "Rheolir pob byd gan air cadarn Iôr, Diogel o hyd yw daear a môr."

EMYNAU FFYDD

Dysgeidiaeth yr Arglwydd Iesu ar bryderu am ddillad a adleisir ym mhennill tri: "Os yw Duw yn dilladu felly laswellt y maes ... onid llawer mwy y dillada chwi, chwi o ychydig ffydd?" (Mth. 6:30). Wrth i'r emynydd ddal ati i ymresymu â'i enaid cawn yr argraff, wrth i'w ddadl gryfhau ar sail yr hyn a ŵyr eisoes am natur ei Dduw, fod ei enaid ofnus yn dechrau ildio a gorffwys yng ngofal ei Dad nefol. Sylweddola ym mhennill pedwar pa mor gyson agos y mae'r ddynoliaeth at galon y Creawdwr, ac wrth fyfyrio ar waith prynedigol Duw ym mherson ei unig Fab ar Galfaria, dechreua'r môr o ofnau dawelu'n llwyr.

> Y cof am Galfaria, ac aberth y groes,
> Yn hyfryd lonydda fôr tonnog fy oes.

Erbyn y pennill olaf mae'r fuddugoliaeth wedi'i hennill a'r emynydd yn profi o'r hyn a ddywed yr Apostol Ioan yn ei lythyr cyntaf: "Nid oes ofn mewn cariad, ond y mae cariad perffaith yn bwrw allan ofn; y mae a wnelo ofn â chosb, ac nid yw'r sawl sy'n ofni wedi ei berffeithio mewn cariad" (1 In. 4:18).

> Enaid gwan, paham yr ofni?
> Bellach rho dy ofnau heibio;
>   cariad yw
>   meddwl Duw:
> llawenycha ynddo.

Gweddi:
Diolch i ti, O Dduw, am dy gariad mawr tuag atom. Maddau inni ein hofnau a'n hamheuon yn wyneb cariad mor fawr. Yng nghanol yr ofnau amrywiol sy'n ein blino ar daith bywyd, dyro inni'r ffydd i gredu'n wastadol dy fod ti yn dy le yn rheoli'r cyfan. Yng nghanol ein pryderon bach a mawr, helpa ni i gofio mai "agos yw dynol-ryw beunydd at [dy] galon". Wrth weled arwyddion o'th ddaioni tymhorol ac ysbrydol, cynorthwya ni i lawenhau ynot. Hyn a ddeisyfwn yn enw dy Fab. AMEN.

EMYNAU FFYDD

Tyrd atom ni, O Grëwr pob goleuni

Caneuon Ffydd: Rhif 222

Tyrd atom ni, O Grëwr pob goleuni,
   tro di ein nos yn ddydd;
pâr inni weld holl lwybrau'r daith yn gloywi
   dan lewyrch gras a ffydd.

Tyrd atom ni, O Luniwr pob rhyw harddwch,
   rho inni'r doniau glân;
tyn ni yn ôl i afael dy hyfrydwch
   lle mae'r dragwyddol gân.

Tyrd atom ni, Arweinydd pererinion,
   dwg ni i ffordd llesâd;
tydi dy hun sy'n tywys drwy'r treialon,
   O derbyn ein mawrhad.

Tyrd atom ni, O Dad ein Harglwydd Iesu,
   i'n harwain ato ef;
canmolwn fyth yr hwn sydd yn gwaredu,
   bendigaid Fab y nef.
             W. RHYS NICHOLAS, 1914-96

Deisyfiad cyson a chanolog yr emyn prydferth hwn o waith y diweddar Barchedig W. Rhys Nicholas yw "Tyrd atom ni". O gofio ein cyflwr gwyrgam a llygredig, mae'n destun syndod a rhyfeddod parhaus fod Duw y nefoedd yn awyddus i ddod atom o gwbl. Ond fe ddaw o hyd ac o hyd at y rhai sy'n ei geisio o lwyrfryd calon; dyna fu ei hanes ar hyd canrifoedd cred. Mae gennym bob hyder i gredu mai ei ddymuniad pennaf yw gweld a chlywed pobloedd daear yn troi ato gan weiddi mewn ffydd "Tyrd atom ni!" Onid ef yw'r Un sydd eisoes wedi ei ddatguddio'i hun yn "Grëwr pob goleuni", yn "Lluniwr pob rhyw harddwch", yn "Arweinydd pererinion", ac yn "Dad ein Harglwydd Iesu"?

    Pwy ond "Crëwr pob goleuni" a fedd y gallu aruthrol i droi "ein nos yn ddydd"? O fyw yn llewyrch ei ras, ei gariad, ei Air a'i Berson diflanna gysgodion tywyll pechod, hunanoldeb, twyll a chelwydd. Yn eu lle daw goleuni treiddgar gras, ffydd, gobaith a chariad.

Mewn byd sy'n tueddu i ddyrchafu'r hyll a'r brwnt ar draul yr hyn sy'n dda a phrydferth mae arnom angen cwmnïaeth a dylanwad "Lluniwr pob rhyw harddwch". Tueddir i anwybyddu'r harddwch a berthyn i natur sanctaidd y Duw sydd wedi ein caru â chariad mor fawr. Â William Williams, Pantycelyn, mor bell â haeru:

> Does dim yn hyfryd ond fy Nuw ...
> Fy Nuw ei Hun sy'n hardd, sy'n fawr,
> Ac oll yn oll mewn nef a llawr.

Dyma'r Un sy'n hardd yn ei holl briodoleddau, yr Un sy'n awyddus i ddod atom yng nghanol ein hylltod balch a'n pechadurusrwydd ac estyn i ni o ddoniau glân ei gariad a'n tynnu ni yn ôl at ei hyfrydwch, gan ein bod yn gwbl analluog i'n hachub ein hunain.

Pan sylweddolwn mai pererinion ydym, ac nad oes inni yn y byd hwn "ddinas barhaus" (Heb. 13:14), fe gwyd ynom yr awydd i gael ein harwain o ganol pydewau hunanol di-les y byd "i ffordd llesâd", sef ffordd Duw. Wrth rodio'r ffordd sy'n unol â'i ewyllys ef, sylweddolwn mai ef yw'r Un sy'n ein nerthu ac yn ein "tywys drwy'r treialon", ac sydd o'r herwydd yn haeddu ein mawl ac yn deilwng o'n mawrhad.

Sylweddola'r emynydd mai'r peth mwyaf y gall yr Hollalluog ei wneud yn hanes yr un ohonom yw ein harwain at ei Fab. Ef yw'r unig Un "sydd yn gwaredu" pechaduriaid rhag cosb pechod, ac ef, wrth gwrs, yw "bendigaid Fab y Nef". Yng ngoleuni hyn, pwy all beidio â deisyf yn gyson "Tyrd atom ni"?

Gweddi:

Ti, "Grëwr pob goleuni", tyrd atom ni.
Ti, "Luniwr pob rhyw harddwch", tyrd atom ni.
Ti, "Arweinydd pererinion", tyrd atom ni.
Ti, "Dad ein Harglwydd Iesu", tyrd atom ni.
AMEN.

EMYNAU FFYDD

Fry yn dy nefoedd clyw ein cri

Caneuon Ffydd: Rhif 240

Fry yn dy nefoedd clyw ein cri,
pob gras a dawn sydd ynot ti;
nac oeda'n hwy dy deyrnas fawr,
O Dduw ein Iôr, pâr lwydd yn awr.

Nid aeth o'n cof dy wyrthiau gynt,
y sanctaidd dân a'r bywiol wynt;
gwyn fyd na ddeuent eto i lawr,
O Dduw ein Iôr, pâr lwydd yn awr.

Gwêl a oes ynom bechod cudd
a maddau ein hychydig ffydd;
mwy yw dy ras na'n beiau mawr:
O Dduw ein Iôr, pâr lwydd yn awr.

Gad inni weld dy wedd a byw,
gad wybod mai tydi sy Dduw;
gwisg wisgoedd dy ogoniant mawr,
O Dduw ein Iôr, pâr lwydd yn awr.

EIFION WYN, 1867-1926

Gweddi daer am weld llwyddiant i'r efengyl yw'r emyn hwn. Mae pob pennill yn cloi gyda'r un ymbiliad, "O Dduw ein Iôr, pâr lwydd yn awr", sy'n adleisio geiriau'r Salmydd yn Salm 118:25: "Yr ydym yn erfyn, Arglwydd, rho lwyddiant". Ond tasg amhosibl yw mesur gwir lwyddiant ym myd yr efengyl a'r pethau a berthyn i deyrnas Dduw. Eto i gyd, mae pawb sydd ynglŷn â'r Gwaith yn awyddus i weld llwyddiant. Mewn cyfnod o drai ar wir grefydd mae'n demtasiwn real iawn i fynd i gredu mai ein ffyddlondeb a'n diwydrwydd ni, fel unigolion ac eglwysi, sy'n mynd i ddod â'r llwyddiant a geisiwn. Ni fuaswn am funud yn mentro dibrisio ffyddlondeb personol ac eglwysig, ond deuaf yn fwy argyhoeddedig bob awr fod y "llwyddiant" a geisiwn yn nwylo'r "Hwn sydd biau'r Gwaith" ac yn ei ddwylo ef yn unig. Wrth barhau yn ffyddlon ac yn ddiwyd ynglŷn â phethau teyrnas nefoedd, ni ddylid colli golwg ar yr alwad i weddïo'n gyson ar ran y Gwaith a'r gweithwyr. Yng ngeiriau agoriadol yr emyn hwn, "Fry yn dy nefoedd clyw ein cri, pob gras a dawn sydd ynot ti."

Wrth fwrw trem yn ôl ar hanes twf yr efengyl yng Nghymru, gwelwn mai mewn cyfnodau o fendith neilltuol y cafwyd y llwyddiant mwyaf. Priodol iawn, felly, ydyw fod saint Cymru heddiw yn cyffesu, "Nid aeth o'n cof dy wyrthiau gynt, y sanctaidd dân a'r bywiol wynt."

Ofer, serch hynny, yw ymfodloni ar wybodaeth niwlog, aillaw, o'r hyn a wnaeth Duw ym mywydau ein cyndadau. Rhaid mynd un cam bach ymhellach, a gweddïo o waelod calon "na ddeuent eto i lawr" heddiw, yn ein dyddiau ni.

Wrth ymbil am lwyddiant ym myd yr Ysbryd rhaid wrth ddidwylledd. Dim ond gweddïwr gwir ddidwyll sy'n fodlon sôn gerbron Duw am "bechod cudd". Mae cynifer ohonom yn medru rhestru'n huawdl bechodau'r byd, y gymdeithas a hyd yn oed yr eglwys, ond amharod ydym yn aml i gyfaddef yn onest y pechod cudd na ŵyr neb amdano heblaw'r unigolyn a Duw. Cyn profi llwyddiant ym mhethau'r Deyrnas rhaid profi o boen edifeirwch, oherwydd "yn guddiedig neu yn gyhoeddus mae rhyw bechod yn parhau".

Yn ogystal â phechod cudd, sonia'r emynydd am "ychydig ffydd" neu anghrediniaeth. Dyma elyn pennaf llwyddiant ysbrydol ymhob cyfnod, ac fe ŵyr pawb mor gryf yw'r gelyn hwn yn y Gymru sydd ohoni. Er maint y pechod cudd a'r anghrediniaeth, hyder yr emynydd yw grym gras Duw sy'n drech na phob gelyn – "mwy yw dy ras na'n beiau mawr" – a rhaid diolch am hyn. Wrth fyfyrio ar gynnwys y pennill olaf gwelwn mai'r hyn sy'n cymell yr emynydd i weddïo am "lwyddiant" yw gogoniant ac anrhydedd Duw ei hun. Mae unrhyw gymhelliad arall yn gwbl annheilwng, ac o'r herwydd yn siŵr o fethu. Mae'r llinell "gwisg wisgoedd dy ogoniant mawr" yn adleisio geiriau Eseia'r proffwyd yn adnod agoriadol pennod 52 o'i broffwydoliaeth. Wrth ddyfalbarhau i weddïo am lwyddiant i efengyl Iesu yn ein gwlad a'n byd, ceisiwn ein gorau i sicrhau mai'r hyn sy'n ein cymell ac yn ein gyrru ymlaen yw consýrn am ogoniant ac anrhydedd yr unig wir a'r bywiol Dduw.

EMYNAU FFYDD

Fugail da, mae'r defaid eraill

Caneuon Ffydd: Rhif 260

Fugail da, mae'r defaid eraill
　eto 'mhell o'r gorlan glyd,
crwydro'n glwyfus ar ddisberod
　maent yn nrysni'r tywyll fyd:
danfon allan dy fugeiliaid,
　â'u calonnau yn y gwaith,
er mwyn cyrchu'r rhai crwydredig
　o bellterau'r anial maith.

Hiraeth cyrchu'r defaid eraill
　ynom ninnau elo'n fwy;
dylanwadau d'Ysbryd gerddo
　ymhob eglwys drostynt hwy:
yma, yn ein gwlad ein hunain,
　gwna ni'n llais dy gariad di,
a sŵn achub myrdd myrddiynau
　fyddo draw dros donnau'r lli.

Maent i ddod, medd addewidion,
　o bob ardal dan y nen;
dwedaist tithau, "Rhaid eu cyrchu,"
　trengaist drostynt ar y pren.
O er mwyn yr einioes roddwyd
　ac er mwyn yr eiriol drud,
dwg i mewn y defaid eraill,
　Fugail da, i'th gorlan glyd.
　　　　　ELFED, 1860-1953

Yn y degfed bennod o'r Efengyl yn ôl Ioan fe gofnodir Dameg Corlan y Defaid, ac yna yn dilyn yn syth ceir esboniad yr Iesu ei hun ar y ddameg am ei fod yn ymwybodol nad oedd ei wrandawyr yn "deall ystyr yr hyn yr oedd yn ei lefaru wrthynt" (In. 10:6). Wrth egluro'r ystyr i'r rhai oedd yn gwrando arno fe ddywed yr Iesu'n gwbl eglur mai ef ac ef yn unig "yw drws y defaid" (In. 10:7), ac yna yn adnod 11 fe ddarllenwn y geiriau gwefreiddiol, "Myfi yw'r Bugail Da".

EMYNAU FFYDD

Cynnal sgwrs â'r "Bugail Da" a wneir yn yr emyn hwn. Mae'n amlwg fod yr awdur wedi bod yn myfyrio'n hir ac yn ddwys ar arwyddocâd y ffaith fod yr Iesu wedi sôn, yn adnod 16, fod ganddo "ddefaid eraill hefyd, nad ydynt yn perthyn i'r gorlan hon". Dyma'r bobl, ymhob oes a gwlad, sy'n "crwydro'n glwyfus ar ddisberod … yn nrysni'r tywyll fyd". Gofynna'r emynydd i'r "Pen Bugail" ei hun alw a danfon gweithwyr selog a brwdfrydig "â'u calonnau yn y gwaith" o gyrchu'r "rhai crwydredig o bellterau'r anial maith". Nid oes rhaid i'r "anial maith" hwnnw fod ym mhellafoedd byd bob amser. Gwyddom o brofiad mai anial ysbrydol yw ein cymunedau ein hunain erbyn hyn. Tanlinellir hyn yn ail ran yr ail bennill wrth i'r emynydd ymbil o waelod calon: "yma, yn ein gwlad ein hunain, gwna ni'n llais dy gariad Di". Cawsom ein twyllo i feddwl, yn llawer rhy hir, mai ond yng ngwledydd pellennig y byd y trigai'r "defaid eraill". O'r herwydd, aeth yr "hiraeth" i gyrchu'r rhai sydd yn ein hymyl yn beth dieithr iawn. Dim ond "dylanwadau'r ysbryd" a all ddeffro'r fath hiraeth cenhadol yng nghalonnau unigolion ac eglwysi. Wrth feddwl am anferthedd y dasg sy'n wynebu'r eglwys fawr Gristnogol ymhob gwlad, yn hytrach na digalonni rhaid pwyso ar yr addewidion: "Maent i ddod, medd addewidion, o bob ardal dan y nen." A hyd yn oed yn fwy na hynny, fe fu'r Iesu farw drostynt ar groesbren Calfaria. Ni ddylid peidio â gweddïo'n gyson ar ran y "defaid eraill".

> O er mwyn yr einioes roddwyd
> ac er mwyn yr eiriol drud,
> dwg i mewn y defaid eraill,
> Fugail da, i'th gorlan glyd.

Gweddi:

> O Fugail Da, a'n ceraist i'r diwedd,
> Gad in dy ganlyn, ddydd ein hoes.

Cynorthwya ni yn ein holl ymdrechion i geisio cyrchu'r "defaid eraill" i glydwch dy gorlan. Maddau i ni ein mynych ddibristod ohonynt, a llanw ni â'th gariad a'th dosturi fel y gallwn eu cynorthwyo i glywed dy lais. Gofynnwn hyn yn enw'r Bugail Da ei hun. AMEN.

EMYNAU FFYDD

Rhyfeddu 'rwyf, O Dduw

Caneuon Ffydd: Rhif 283

Rhyfeddu 'rwyf, O Dduw,
dy ddyfod yn y cnawd,
rhyfeddod heb ddim diwedd yw
fod Iesu imi'n Frawd.

Dwfn yw dirgelwch cudd
yr iachawdwriaeth fawr,
a'r cariad na fyn golli'r un
o euog blant y llawr.

Ni welodd llygad sant,
ni ddaeth i galon dyn
yr anchwiliadwy olud pell
yn arfaeth Duw ei hun.

Yn wylaidd wrth y groes
myfyriaf fyth ar hyn
yng ngolau y datguddiad mawr
ar ben Calfaria fryn.

DYFNALLT 1873-1956

Mynegi'r rhyfeddod sy'n ei lorio wrth iddo ystyried gwyrth a dirgelwch yr Ymgnawdoliad a wna Dyfnallt yn yr emyn hwn. Rhydd yr Apostol Paul fynegiant i'r un peth wrth ysgrifennu at Timotheus: "A rhaid inni'n unfryd gyffesu mai mawr yw dirgelwch ein crefydd: 'Ei amlygu ef mewn cnawd'" (I Tim. 3:16). Yn bersonol, mae geiriau'r hen gyfieithiad wedi hen ennill eu lle yn y cof: "Mawr yw dirgelwch duwioldeb; Duw a ymddangosodd yn y cnawd". Dyma'r ffaith ryfeddol sy'n sylfaen i ffydd a chred pob Cristion, ac wrth gwrs mae hyn yn ennyn chwilfrydedd a rhyfeddod wrth geisio dirnad y fath beth. Mae angen bod yn wyliadwrus o'r crefyddwyr hynny sydd wedi colli'r ddawn i ryfeddu at waith Duw yn nhrefn rasol ei iachawdwriaeth. Yn yr un modd, dylid gwylio'n gyson y rheiny sydd mor awyddus i esbonio pob "iod a thipyn" o'r iachawdwriaeth yng

EMYNAU FFYDD

Nghrist heb adael lle o gwbl yn eu profiad i ddwfn "ddirgelwch cudd yr iachawdwriaeth fawr". Mae'r trydydd pennill, wrth sôn am y pethau na welodd llygad sant ac na ddaeth i galon dyn, yn adleisio bron yn llythrennol eiriau'r Apostol Paul at y Corinthiaid: "Eithr fel y mae yn ysgrifenedig, Ni welodd llygad, ac ni chlywodd clust, ac ni ddaeth i galon dyn, y pethau a ddarparodd Duw i'r rhai a'i carant ef" (1 Cor. 2:9, hen gyfieithiad). Wrth ddod wyneb yn wyneb â'r hyn a wnaeth Duw ym mherson ei uniganedig Fab, mae angen gwir wyleidd-dra. Mor briodol yw'r ymateb yn y pennill olaf:

> Yn wylaidd wrth y groes
> myfyriaf fyth ar hyn
> yng ngolau y datguddiad mawr
> ar ben Calfaria fryn.

Anghyflawn yw pob rhyfeddu hyd nes y down i blygu'n isel wrth droed y groes. Yno y cawn hyd i'r allwedd sy'n datgloi mwy o drysorau cuddiedig ein hiachawdwriaeth. A'r mwyaf a welwn, a ddysgwn ac a brofwn, mwyaf eto fydd ein rhyfeddod. Mor addas oedd pennawd yr emyn hwn yn *Y Caniedydd* gynt – un gair yn unig ydoedd yn cyfleu'r cyfan oll am wyrth yr Ymgnawdoliad: "Rhyfeddol!"

Gweddi:
Wrth ddod ger dy fron, O Arglwydd, paid â gadael i mi golli'r ddawn o ryfeddu at dy ddyfodiad i'r byd mewn gwisg o gnawd. Er fy chwilfrydedd yn dy gylch gad ddigon o le i'r dirgelwch mawr sydd y tu ôl i'th ffydd ym myd rhagluniaeth fel ym myd gras. Plyg fi'n isel, beunydd, wrth dy groes heb chwennych cael fy nghodi uwchlaw'r man lle y gwelaist yn dda, mewn modd rhyfeddol, i ddatguddio "uchder a dyfnder, a hyd a lled" y cariad sydd "uwchlaw gwybodaeth". Erfyniaf am hyn yn enw'r Iesu. AMEN.

EMYNAU FFYDD

Mor beraidd i'r credadun gwan

Caneuon Ffydd: Rhif 287

Mor beraidd i'r credadun gwan
  yw hyfryd enw Crist:
mae'n llaesu'i boen, yn gwella'i glwy',
  yn lladd ei ofnau trist.

I'r ysbryd clwyfus rhydd iachâd,
  hedd i'r drallodus fron;
mae'n fanna i'r newynog ddyn,
  i'r blin, gorffwysfa lon.

Hoff enw! fy ymguddfa mwy,
  fy nghraig a'm tarian yw;
trysorfa ddiball yw o ras
  i mi y gwaela'n fyw.

Iesu, fy Mhroffwyd i a'm Pen,
  f'Offeiriad mawr a'm Brawd,
fy mywyd i, fy ffordd, fy nod,
  derbyn fy moliant tlawd.

JOHN NEWTON, 1725-1807
cyf. DAVID CHARLES, 1803-80

Mae'n anodd iawn ar brydiau cyfleu yr hyn a olyga enw'r Iesu i'r rhai sy'n credu ynddo. I berchen ffydd nid oes ond rhaid enwi'r Iesu ac fe lenwir ei enaid â theimladau gwresog wrth fyfyrio ar yr hyn a wnaeth yr Un a wisgodd yr enw sydd i dderbyn pob parch a bri gan ddynion. Testun gofid a phoen i ddilynwyr ffyddlon Iesu yw clywed ei enw'n cael ei ddefnyddio fel rheg. Mae clywed y fath beth o enau plant ifainc, hyd yn oed, yn dangos mor bell y crwydrasom o sŵn a dylanwad ei efengyl.

Mae David Charles (yr ieuengaf), wrth gyfieithu emyn enwog John Newton, "How sweet the name of Jesus sounds", yn llwyddo i gyfleu rhai o'r bendithion sy'n eiddo i'r sawl sydd trwy ras yn anwylo enw unig Waredwr y byd: "mae'n llaesu'i boen, yn gwella'i glwy', yn lladd ei ofnau trist."

EMYNAU FFYDD

Wrth natur mae eneidiau pobl yn llawn poen, yn glwyfus ac yn ofnus. Ond yn enw'r Iesu ceir y nerth a'r grym i drawsnewid y cwbl. O ddod ynghyd mewn seiat i geisio rhestru'r hyn a wnaeth yr Iesu drosom, mae'n siŵr gen i y byddai'r rhestr yn un hynod faith. Buasem, o bosibl, yn medru sôn am yr "iachâd" a gawsom i'n hysbrydoedd "clwyfus" ac am yr "hedd" a lifodd drosom mewn cyfnodau o drallod wrth bwyso ar yr Enw. Dyma'r Un sy'n cynnig "manna" ysbrydol bob dydd i'r sawl sy'n newynu mewn awyrgylch materol. Dyma'r Un sy'n rhoi "gorffwysfa lon" i'r sawl "sy'n llwythog ac yn flinderog" ar daith bywyd. Ie, dyma'r "hoff enw" sy'n "ymguddfa" rhag sawl gelyn cyfrwys, yn "graig" yng nghanol stormydd ac yn "darian" yn erbyn cynllwynion y diafol. Mae'r Iesu a fu farw ac a atgyfododd yn "drysorfa ddiball o ras i'r gwaelaf o blant dynion.

Yn y pennill olaf ceir nifer o deitlau gwahanol ar ein Hanwylyd, Iesu Grist. Mae'n "Broffwyd", "Pen", "Offeiriad", a "Brawd". Teitlau hynod o arwyddocaol bob un. Dyma'r Un sydd hefyd yn "fywyd", yn "ffordd" ac yn "nod" i'r sawl sy'n ei adnabod yn iawn. O ystyried hyn, onid yw'n drueni mawr fod cynifer yn dewis ei wfftio a'i anwybyddu? Beth, tybed, yw eich ymateb chi i'r Iesu?

Gweddi:
    Y mae swyn yn enw Iesu
      A ddiddana f'enaid gwan;
    Nerth sydd ynddo i'm gwaredu,
      Trwyddo mi gaf Dduw yn rhan;
        Bendigedig
      Yn oes oesoedd fyddo Ef.

    Ymhlith enwau mawr y ddaear,
      Ymhlith enwau glân y nef,
    'Does all gadw enaid euog
      Ond ei enw annwyl Ef;
        Dyma'r enw
      Sydd yn drech na'r cread oll.

Estyn i mi ras, O Dad, i fedru pwyso'n llwyr ar Enw dy anwylaf Fab, Iesu, fel unig Waredwr fy enaid bob amser. AMEN.

EMYNAU FFYDD

Mae cariad Crist uwchlaw pob dawn

Caneuon Ffydd: Rhif 300

Mae cariad Crist uwchlaw pob dawn,
pwy ŵyr ei lawn derfynau?
Ni chenfydd llygad cerwb craff
na seraff ei fesurau.

Mae hyd a lled ei gariad ef
uwch nef y nef yn llifo,
a dyfnach yw na llygredd dyn,
heb drai na therfyn arno.

Mae'r hyd a'r lled a'r dyfnder maith
mewn perffaith gydweithrediad
i'w gweld yn amlwg ar y bryn,
a'r gwaed yn llyn o gariad.

ROBERT AP GWILYM DDU, 1766-1850

O dan y pennawd "Gwybod Cariad Crist" yn llythyr yr Apostol Paul at yr Effesiaid, fe geir y geiriau canlynol: "Boed i chwi, sydd â chariad yn wreiddyn a sylfaen eich bywyd, gael eich galluogi i amgyffred ynghyd â'r holl saint beth yw lled a hyd ac uchder a dyfnder cariad Crist, a gwybod am y cariad hwnnw, er ei fod uwchlaw gwybodaeth. Felly dygir chwi i gyflawnder, hyd at holl gyflawnder Duw" (Eff. 3:18-19). Yng nghyd-destun y dyfyniad hwn y mae deall ystyr ac arwyddocâd geiriau Robert ap Gwilym Ddu yn yr emyn hwn.

    Cyfeddyf yr emynydd yn y pennill cyntaf fod "cariad Crist uwchlaw pob dawn". Mae ei gariad yn anfesuradwy, ac yn wir, "pwy ŵyr ei lawn derfynau?" Mae pobl grefyddol, waeth beth fo'u lliwiau diwinyddol, wedi tueddu erioed i osod terfynau ar gariad Crist. Pe byddem yn gwbl onest, mae'n siŵr ein bod i gyd, i ryw raddau, yn euog o hynny. Ond ofer fyddai i ni geisio mesur yr anfesuradwy; mae mesurau'r cariad dwyfol hyd yn oed y tu hwnt i grebwyll y bodau nefol, sef y "cerwb craff" a'r "seraff".

EMYNAU FFYDD

Yn yr ail bennill tanlinella'r emynydd drachefn anfesuroldeb y cariad dwyfol. Mae ei uchder uwchlaw "nef y nef", a'i ddyfnder yn is "na llygredd dyn". O ddod at y pennill olaf, fe gawn yr emynydd yn cyhoeddi pa mor berffaith yw darpariaeth yr efengyl Gristnogol wrth iddo ein hatgoffa bod yr "hyd a'r lled a'r dyfnder maith mewn perffaith gydweithrediad".

Gwelir gogoniant y fath gydweithio pan edrychir i gyfeiriad bryn Calfaria lle mae'r "gwaed yn llyn o gariad". Cariad Duw yng Nghrist a ddarparodd y cyfan. Ystyriwn mor ddifrifol yw penderfynu cefnu ar gariad mor fawr.

Gweddi:
Dyro i mi, O Dad trugarog, olwg newydd ac eglurach ar "hyd a lled" ac "uchder a dyfnder" dy gariad achubol yng Nghrist. AMEN.

EMYNAU FFYDD

Y mae trysorau gras

Caneuon Ffydd: Rhif 310

Y mae trysorau gras
  yn llifo fel y môr,
mae yn fy annwyl Frawd
  ryw gyfoeth mawr yn stôr:
ymlaen yr af er dued wyf,
mae digon yn ei farwol glwyf.

Ni chollodd neb mo'r dydd
  a fentrodd arno ef,
mae'n gwrando cwyn y gwan
  o ganol nef y nef:
ac am fod Iesu'n eiriol fry
caiff Seion fyw er gwaetha'r llu.

WILLIAM LEWIS, *m.* 1794

Mae'n rhaid cyfaddef mai'r emynau sy'n dwyn y fendith fwyaf i'm henaid innau yw'r rhai sy'n canmol y cariad a'r gras sydd i'w cael yng Nghrist i bechaduriaid euog a thlawd. Dyna, yn sicr, a wna William Lewis yn yr emyn hwn. Er ei fod yn ymwybodol iawn o'i gyflwr pechadurus, fe ŵyr fod "trysorau gras" dihysbydd ar gael iddo yn yr Un y mae'n dewis ei alw'n "annwyl Frawd". Dyma "Frawd" sy'n meddu ar "gyfoeth mawr". Nid cyfoeth materol mo'r cyfoeth hwn, ond cyfoeth o ras a ddatgelir ym marwolaeth y groes. Oes, "mae digon yn ei farwol glwyf". Cyn gynted ag y caiff y pechadur aflan brawf personol o drysorau gras yr efengyl, bydd ei hyder yn Nuw yn cynyddu a chryfhau. "Ni chollodd neb mo'r dydd a fentrodd arno ef" yw ei broffes syml. Ac yng nghanol problemau a gelynion lu, gŵyr mai Brawd ydyw sy'n eiriol ar ei ran ac yn gwrando'n astud ar ei gwynion di-rif. Yng nghwpled olaf yr emyn ceir cysur cryf nid yn unig i'r Cristion unigol ond hefyd i'r wir eglwys, sef "Seion". Mae hyder a gobaith eglwys Crist wedi'u gwreiddio'n ddwfn a chadarn yn y ffaith fod Crist ei hun wedi trechu pob gelyn. Dyna paham y gallwn gyhoeddi'n hyderus, hyd yn oed mewn cyfnod o drai ar grefydd, "am fod Iesu'n eiriol fry caiff Seion fyw er gwaetha'r llu."

EMYNAU FFYDD

Chwifio mae banerau Seion,
  Heddiw, yn yr awel rydd;
Ac er amled y gelynion,
  Ni raid ofni colli'r dydd:
    Buddugoliaeth
  Ddaw i Seion yn y man.

(DAVID LEWIS)

Gweddi:
Derbyn ein diolch heddiw eto am y "trysorau gras" sy'n eiddo i'th saint. Cynorthwya ninnau wrth inni geisio rhannu'r trysorau hyn ag eraill yn eu gwaith o ddydd i ddydd. Pan ddigalonnwn am fod cynifer yn gwrthod y trysorau sydd ynot, helpa ni i gofio y daw buddugoliaeth i Seion yn y man. Deisyfwn hyn yn enw'r Iesu. AMEN.

EMYNAU FFYDD

Gwn pa le mae'r cyfoeth gorau

Caneuon Ffydd: Rhif 313

Gwn pa le mae'r cyfoeth gorau,
  gwn pa le mae'r trysor mawr;
profais flas y bywyd newydd,
    O fendigaid, fwynaf awr:
      grym y cariad
a'm henillodd innau'n llwyr.

Gwn pwy yw yr hwn a'm carodd,
  gwn pwy yw y rhoddwr rhad,
gwynfydedig Fab y nefoedd
  ar wael lwch yn rhoi mawrhad;
      O ryfeddod:
nerth ein Duw ym mherson dyn.

Gwn pa fodd y prynodd f'enaid,
  gwn pa fodd y gwnaeth fi'n rhydd,
dwyn y penyd arno'i hunan,
  marw drosof, cario'r dydd:
      clod a moliant
fydd yn llanw 'mywyd mwy.

W. RHYS NICHOLAS, 1914-96

Roeddwn yn gyfarwydd pan oeddwn yn blentyn â'r geiriau "canys mi a wn i bwy y credais" (2 Tim. 1:12, hen gyfieithiad), a hynny am eu bod i'w gweld ar garreg fedd fy hen fam-gu a thad-cu ym Mynwent Pontybrenin, nid nepell o Gorseinon. Yn ôl pob sôn, roeddent yn feddiannol, trwy ras, ar sicrwydd cred a lywiai bob rhan o'u bywydau. Ar ôl dod yn Gristion deuthum innau hefyd i'r un sicrwydd grasol, sicrwydd sy'n tyfu o'r argyhoeddiad mai unig Waredwr pechaduriaid yw Iesu Grist, Mab Duw. Mae pendantrwydd llinellau agoriadol pob pennill o'r emyn yn apelio ataf yn fawr. Mewn cyfnod sy'n tueddu i barchu amheuaeth grefyddol yn hytrach na sicrwydd cred, mae cadernid yr emyn hwn yn falm i'r enaid.

    Gwyn yw byd y sawl a all ddweud â'r un sicrwydd â'r Parchedig W. Rhys Nicholas, "Gwn pa le mae'r cyfoeth gorau, gwn pa le mae'r trysor mawr ..." Mewn byd sy'n llawn cyfoeth a thrysorau o bob math, fe ŵyr pob Cristion fod yna gyfoeth gwell a thrysor mwy. Derbynnir y bendithion hyn wrth brofi'n bersonol o "flas y bywyd newydd" yng Nghrist. Mae'n amlwg fod yr emynydd yn llwyr gredu ei bod hi'n bosibl i rywrai gofio'r "fendigaid, fwynaf awr" y cawsant wir afael ar y pethau hyn. Nid trwy ymdrech a chwys y ceir hyd i'r fath drysor, ond trwy ildio i "rym y cariad" dwyfol sy'n llosgi'n anniffodd yng nghalon y Duwdod.

Mae'r ail bennill yn sôn am berson Crist, sef "yr Hwn a'm carodd ... y rhoddwr rhad". Nid person dychmygol ac annelwig mo'r Un sy'n ennill calonnau ei ddilynwyr yn llwyr. Dyma'r Un a ddisgrifir yma fel "gwynfydedig Fab y nefoedd". Mae meddwl bod hwn, o bawb, "ar wael lwch yn rhoi mawrhad" yn esgor ar ryfeddod pur yn hytrach na rhyw gwestiynu di-amcan. Rhaid i ddynion meidrol fod yn ddigon gostyngedig ar daith bywyd i ryfeddu at "nerth ein Duw ym mherson dyn".

Wedi datgan yr hyn a ŵyr am berson Crist, â'r emynydd rhagddo ym mhennill olaf yr emyn i ddatgan yr hyn sy'n hysbys iddo am waith prynedigol ei Arglwydd. Gwaith cwbl orffenedig Crist ar groesbren Calfaria sy'n prynu'r enaid colledig yn ôl o feddiant Satan, ac yn ei ryddhau o hualau a gormes pechod yn ei fywyd. Crist ei Hun a ddygodd ein "penyd arno'i hunan"; bu farw yn ein lle, gan ennill buddugoliaeth derfynol ar holl bwerau'r un drwg. I'r sawl sy'n llwyr gredu hyn, yr unig ymateb priodol yw rhoi "clod a moliant" i'r hwn a fu farw ac sydd eto'n fyw. Efallai fod rhai ohonoch sy'n darllen y geiriau hyn yn simsan eich ffydd. Ceisiwch ras i'ch symud o dir ansicrwydd i gadernid y sicrwydd grasol sy'n peri bod pobl bechadurus eu natur yn medru dweud "mewn amser ac allan o amser": "mi a wn i bwy y credais."

Gweddi:
Diolch am sicrwydd cred sy'n drech na'r amheuon sych a diflas sy'n ein blino o awr i awr. Diolch am yr Un sy'n ein gwahodd ninnau, bechaduriaid, i gredu ynddo. Cadarnha ein cred trwy gyfrwng dy Air a'th Ysbryd, yn Iesu Grist. AMEN.

Saif ein gobaith yn yr Iesu

Caneuon Ffydd: Rhif 324

Saif ein gobaith yn yr Iesu,
   Brenin nef, goleuni'r byd;
ei ddoethineb a'i ddaioni
   a ffrwythlona'n gwaith i gyd;
llawenhawn, drwyddo cawn
holl adnoddau Duw yn llawn.

Addurniadau'r oes, darfyddant;
   rhith duwioldeb heb ei grym,
balchder dyn a'i wag ogoniant,
   nerthoedd byd, nid ydynt ddim:
gair y ffydd, para bydd,
disglair fel y seren ddydd.

Arglwydd, aros ar yr adwy
   gyda'th weision, er pob braw,
i gyhoeddi anchwiliadwy
   olud Crist i'r oesoedd ddaw;
clyw ein cri, gwneler ni
fyth yn dystion gwir i ti.

       J. D. VERNON LEWIS, 1879-1970

Pobl obeithiol fu dilynwyr Crist erioed, a rhoi mynegiant i'r gobaith ynddo ef a wneir yn yr emyn hwn. Gan mai'r Iesu yw "Brenin nef" a "goleuni'r byd" mae holl adnoddau'r Duwdod i'w cael ynddo. Braint teulu'r ffydd, felly, yw llawenhau wrth obeithio ynddo. Mae'r gobaith Cristnogol yn obaith bywiol, cryf a chadarn sy'n bwrw holl ffug obeithion y byd i'r cysgod. Ie, darfod a wna "addurniadau'r oes" ddrwg bresennol a'r "nerthoedd" sy'n seiliedig ar "falchder dyn a'i wag ogoniant". Darfod hefyd a wna'r math o grefydd sydd ond yn poeni am yr allanolion. Dyma'r "rhith duwioldeb" sydd i ddod yn fwyfwy amlwg "yn y dyddiau diwethaf" (2 Tim. 3:1-9). Sonia'r Apostol Paul am bobl sy'n bodloni ar gadw "ffurf allanol crefydd" yn unig, ac sy'n "gwadu ei grym hi" yn eu bywydau beunyddiol. Mae Paul yn gorchymyn i Timotheus "gadw draw oddi wrth y rhain". Gŵyr y rhai sy'n meddu ar wir grefydd mai'r unig beth a bery'n fythol ir yw "gair y ffydd". Ond mae'n rhaid cael pobl wrol i "sefyll yn y bwlch" (Salm 106:23) a "chyhoeddi anchwiliadwy olud Crist i'r oesoedd ddaw". Deisyf ar ran y rhain a wna'r emynydd yn y pennill olaf. Ymbil ar i'r Arglwydd fod gyda'i weision wrth iddynt ymdeimlo â maint yr her anferth sy'n eu hwynebu. Pennaf cais y rhain i gyd yw bod "yn dystion gwir" i'w Harglwydd.

Gweddi:
Paid â gadael inni fod yn dystion gau i'th Fab mewn oes sy'n llawn o dwyll a chelwydd. Yn hytrach, gwna ni trwy dy ras yn dystion gwir, yn wrol, dewr a llawen â'n gobaith a'n hyder ynot ti a'th Air.

> Yn Isräeliad gwir
> Gwna fi, heb dwyll na brad;
> A'm prif hyfrydwch yn fy Nuw,
> A'm cân am gariad rhad.

AMEN.

Iesu hawddgar, rho dy feddwl

Caneuon Ffydd: Rhif 341

Iesu hawddgar, rho dy feddwl
  anhunanol ynof fi,
fel y parchaf eiddo eraill
  megis ag y gwnaethost ti:
gostyngedig fuost beunydd
  ac yn ddibris buost fyw;
dyrchafedig wyt ym mhobman
  am ymwadu â ffurf Duw.

Gwn dy wneuthur ar lun dynion;
  ar ffurf gwas y treuliaist d'oes
a'th ddarostwng di dy hunan,
  ufuddhau hyd angau'r groes:
ti biau'r enw uwch pob enw,
  iti plyg pob glin drwy'r wlad;
fe'th gyffeswn di yn Arglwydd
  er gogoniant Duw ein Tad.

          O. M. LLOYD, 1910-80

Mae i'r emyn hwn o waith y diweddar Barchedig O. M. Lloyd sylfaen ysgrythurol gadarn. Yn wir, gellid dadlau ei fod yn aralleiriad hynod grefftus o'r darn yn yr ail bennod o epistol Paul at y Philipiaid sy'n dwyn y pennawd "Gostyngeiddrwydd Cristnogol a Gostyngeiddrwydd Crist". Ni ddylai'r un Cristion, medd Paul, "wneud dim o gymhellion hunanol nac o ymffrost gwag" (Phil. 2:3). Mor briodol, felly, yw deisyfiad agoriadol yr emyn, "Iesu hawddgar, rho dy feddwl anhunanol ynof fi."

    Â Paul ymlaen i gyfarwyddo saint Philipi i fod â gofal cyson "am fuddiannau pobl eraill" (ad. 4). Ond wrth apelio arnynt i fod yn ostyngedig mae'n tynnu sylw at esiampl lachar yr Arglwydd Iesu ei hun: "Amlygwch yn eich plith eich hunain yr agwedd meddwl oedd hefyd yng Nghrist Iesu" (Phil. 2:5). Ef yw'r Un a welodd yn dda "i ymwadu â ffurf Duw" gan ddymuno "cymryd ffurf caethwas a dyfod ar wedd dynion" (ad. 7). Ni welwyd erioed y fath ddarostyngiad.

EMYNAU FFYDD

Dyma'r ffaith ganolog sy'n gwbl unigryw i'r ffydd Gristnogol – "Duw mewn cnawd". Wrth ddewis ymwacáu o bopeth heblaw cariad ("emptied Himself of all but love" fel y dywed Charles Wesley yn emyn 925 *Caneuon Ffydd*), fe welodd yn dda i "fod yn ufudd hyd angau, ie, angau ar groes" (ad. 8). O'r herwydd, "tra-dyrchafodd Duw ef, a rhoi iddo'r enw sydd goruwch pob enw" (ad. 9-11). A defnyddio union eiriad "O.M.":

>ti biau'r enw uwch pob enw,
>>iti plyg pob glin drwy'r wlad;
>
>fe'th gyffeswn di yn Arglwydd
>>er gogoniant Duw ein Tad.

Onid ennyn addoliad a wna pob myfyrio ar ymddarostyngiad y Gwaredwr? Pe byddem ond yn myfyrio'n amlach ar hyn fe brofem yn fwy cyson o'r wefr sy'n dod o gredu yn Iesu Grist.

Gweddi:
Maddau i ni, O Dduw, ein natur hunanol. Maddau i ni am yr holl droeon y buom yn ddibris o anghenion eraill. Tor i lawr bob balchder sy'n ein twyllo i feddwl ein bod yn well nag yr ydym mewn gwirionedd. Llanw ni â'r "agwedd meddwl oedd hefyd yng Nghrist Iesu".

>Boed hunan balch ein calon
>Yn gwywo'n d'ymyl Di,
>A'n bywyd yn egluro
>Marwolaeth Calfari.

Deisyfwn hyn yn enw'r Iesu. AMEN.

O Iesu, y ffordd ddigyfnewid

Caneuon Ffydd: Rhif 342

O Iesu, y ffordd ddigyfnewid
   a gobaith pererin di-hedd,
O tyn ni yn gadarn hyd atat
   i ymyl diogelwch dy wedd;
dilea ein serch at y llwybrau
   a'n gwnaeth yn siomedig a blin,
ac arwain ein henaid i'th geisio,
   y ffordd anghymharol ei rhin.

O Iesu'r gwirionedd anfeidrol,
   tydi sydd yn haeddu mawrhad,
O gwared ni'n llwyr o'r anwiredd
   sy'n gosod ar fywyd sarhad;
lladd ynom y blas at y geiriau
   sy'n twyllo'r daearol ei fryd,
a derbyn ein moliant am olud
   gwirionedd sy'n achub y byd.

O Iesu, y bywyd tragwyddol,
   ffynhonnell y nerth sy'n parhau,
rho inni dy weld yn dy allu
   yn gwneud i eneidiau fywhau;
mae ynot ddiderfyn rasusau
   sy'n drech na gelyniaeth y byd:
moliannwn wrth gofio am fywyd
   sy'n ras a thrugaredd i gyd.

           W. RHYS NICHOLAS, 1914-96

Un o'r adnodau a fu'n ganolog i'm dealltwriaeth innau o'r ffydd Gristnogol erioed yw'r adnod gyfarwydd: "Dywedodd Iesu wrtho, 'Myfi yw'r ffordd a'r gwirionedd a'r bywyd. Nid yw neb yn dod at y Tad ond trwof fi'" (In 14:6). Llefarwyd y geiriau cyfoethog hyn gan yr Arglwydd Iesu Grist wrth iddo sgwrsio â Thomas yn ystod un o'r Ymddiddanion Ffarwél a gofnodir yn y bedwaredd efengyl. Ffrwyth myfyrio ar un o'r ymadroddion mwyaf pell-gyrhaeddol ei arwyddocâd a lefarodd yr Iesu erioed yw'r emyn dan sylw.

    Cyfarch "Iesu, y ffordd ddigyfnewid" a wneir yn y pennill cyntaf. Mewn cyfnod o gynnydd aruthrol yn nifer y ceir a'r lorïau sydd ar ein ffyrdd nid peth dieithr bellach yn ein trefi a'n dinasoedd yw darganfod bod hen ffyrdd wedi'u cau a rhai newydd wedi'u hagor. Canlyniad hyn i gyd yw ei bod yn hawdd iawn mynd ar goll. Pan ddeuwn, trwy ffydd, i sylweddoli mai'r Iesu yw'r unig ffordd at Dduw, ni raid poeni am fynd ar goll. Oherwydd nid yw'n arfer gan uniganedig fab Duw i dwyllo na dweud celwydd. Ef yw'r "ffordd anghymharol ei rhin".

Mae'r ail bennill yn cyfeirio at "Iesu'r gwirionedd anfeidrol". Chwilio am wirionedd y mae pob meidrolyn ystyriol. Blina ar lwybrau gwyrgam twyll a chelwydd yn y pen draw. Ceir ym myd crefydd yn enwedig lawer o syniadau gwag, gwamal a chyfeiliornus sy'n cael eu pedlera fel pe baent yn wir. Dyma'r "geiriau sy'n twyllo'r daearol ei fryd". Gwell gan y disgybl ffyddlon yw'r "gwirionedd sy'n achub y byd", sef yr Arglwydd Iesu Grist.

O gyrraedd y pennill olaf cawn ein dwyn i gysylltiad â'r Iesu, "y bywyd tragwyddol" sy'n barhaus ei effaith a'i ddylanwad. Grym bywyd Crist sy'n bywhau eneidiau sy'n "feirw mewn camweddau a phechodau", ac sydd bob amser yn "drech na gelyniaeth y byd" ym mhrofiad pawb sydd trwy ras yn brofiadol ohono. Rhaid moliannu, felly, "wrth gofio am fywyd sy'n ras a thrugaredd i gyd".

Gweddi:
Yng nghanol holl ddryswch amrywiol ffyrdd y byd, arwain fi at yr Un a ddatguddiodd ei hun fel yr unig ffordd at Dduw. Yng nghanol yr amrywiol leisiau celwyddog sy'n mynnu mai ganddynt hwy y mae'r gwir, arwain fi at yr Un sy'n wirionedd absoliwt.

> Dyro afael ar y bywyd,
> Bywyd yw fy nghri o hyd;
> N'ad im gario lamp neu enw
> Heb yr olew gwerthfawr drud;
> Adeilad gref – y graig yn sylfaen,
> Arglwydd, dyro imi'n awr;
> Llanw f'enaid i â'th gariad
> Tra fwy'n teithio daear lawr.

AMEN.

Wrth rodio gyda'r Iesu

Caneuon Ffydd: Rhif 357

Wrth rodio gyda'r Iesu
   ar y daith,
mae'r ofnau yn diflannu
   ar y daith;
mae gras ei dyner eiriau,
a golau'r ysgrythurau,
a hedd ei ddioddefiadau
   ar y daith,
yn nefoedd i'n heneidiau
   ar y daith.

Wrth rodio gyda'r Iesu
   ar y daith,
ein calon sy'n cynhesu
   ar y daith:
cawn wres ei gydymdeimlad,
a'n cymell gan ei gariad
a grym ei atgyfodiad
   ar y daith:
O diolch byth am Geidwad
   ar y daith.
       BEN DAVIES, 1864-1937

Bendith amhrisiadwy ar lwybr bywyd yw cael hyd i gydymaith y gellir dibynnu arno. Caiff gwir aelodau teulu'r ffydd yr uchel fraint o rodio bob eiliad yng nghwmni'r Cyfaill anweledig sydd wedi addo'i bresenoldeb gyda'i bobl hyd ddiwedd amser: "Ac yn awr, yr wyf fi gyda chwi yn wastad hyd ddiwedd amser" (Mth. 28:20).

    Gorfoleddu yn realiti cwmnïaeth o'r fath a wna'r diweddar Barchedig Ben Davies yn yr emyn cynnes hwn. O fyfyrio ar eiriau'r ddau bennill, gwelir bod agosrwydd y berthynas rhwng yr emynydd a'i Waredwr yn pefrio ymhob llinell. Am mai creaduriaid meidrol a phechadurus ydym wrth natur, mae'n naturiol fod llawer iawn o ofnau yn llechu o'n mewn. Gall ofnau o'r fath ein parlysu a'n rhwystro

EMYNAU FFYDD

rhag symud ymlaen "ar y daith". Ond y peth cyntaf a brofa'r crediniwr wrth "rodio gyda'r Iesu" yw bod yr holl "ofnau yn diflannu". Yn eu lle caiff brofi o gysur a nerth "tyner eiriau ei Waredwr", o rym adnewyddol a chadwedigol "golau'r ysgrythurau", ac o "hedd ei ddioddefiadau". A'r cwbl yn troi'n "nefoedd i'w [enaid] ar y daith".

Nid ffrwyth dychymyg ffansïol bardd sydd yn yr emyn hwn. Mae'r hyn a genir yn brofiad gwirioneddol i'r rhai sy'n credu yn yr Arglwydd Iesu Grist, a'r cyfan wedi'i wreiddio yng ngwirionedd un o hanesion prydferthaf y Testament Newydd, sef hwnnw am y ddau yn cerdded i Emaus (Luc 24:13-35). Hanesyn yw hwn a ailadroddir drosodd a thro ym mywydau Cristnogion cywir eu ffydd a'u cred. Gwyn ein byd os ydym yn ymwybodol o'r ffaith ryfeddol fod "ein calon yn cynhesu" wrth i'r Iesu byw "siarad â ni ar y ffordd". A'r un modd bob tro y profwn o "wres ei gydymdeimlad" ac y'n cynhelir "gan ei gariad" i dystio i "rym ei atgyfodiad". Pan brofwn yn gyson y pethau hyn, rhaid ymuno'n llawen â'r emynydd sy'n datgan wrth ddwyn ei emyn i ben: "O! diolch byth am Geidwad ar y daith."

Gweddi:
Derbyn ein diolch, O Arglwydd tirion, am dy gwmnïaeth hyfryd ar hyd taith bywyd. Beth bynnag a ddaw i'n rhan yn ystod oriau'r diwrnod hwn, cynorthwya ni i gofio nad wyt ti byth yn ein gadael yn amddifad. Derbyn ein diolch yn enw ac yn haeddiant dy Fab Iesu. AMEN.

EMYNAU FFYDD

'Rwy'n troi fy ŵyneb, Iesu da

Caneuon Ffydd: Rhif 369

'Rwy'n troi fy ŵyneb, Iesu da,
  o bobman atat ti,
ym merw blin y byd a'i bla
  dy wedd sy'n hedd i mi;
ni chefais, naddo, mewn un man
  un balm i'm calon drist
nac enw swyna f'enaid gwan
  ond enw Iesu Grist.

'Rwyt ti i mi yn gadarn dŵr
  ym merw mawr y byd;
cyfnewid mae meddyliau gŵr,
  tydi sy'r un o hyd;
dan bwysau cynyrfiadau'r oes
  fe sudda f'egwan ffydd,
ond yng nghadernid Crist a'i groes
  fy iachawdwriaeth sydd.

J. TYWI JONES, 1870-1948

O droi at bennod 45 o broffwydoliaeth Eseia fe ddarllenwn y geiriau canlynol yn adnod 22: "Trowch eich wynebau ataf fi, holl gyrrau y ddaear, fel y'ch achuber; canys myfi wyf Dduw, ac nid neb arall." Tystia awdur yr emyn hwn ei fod yn "troi ei wyneb o bobman" at yr Arglwydd Iesu Grist. Ei dystiolaeth gyson yw bod gwedd y Crist byw yn dwyn hedd a chysur iddo ym mha amgylchiad bynnag y mae'n dewis troi ei olwg tuag ato. Yng nghanol "berw blin y byd a'i bla" try ei olwg i gyfeiriad ei Waredwr. Ef yw'r unig Un sy'n medru cynnig balm i dristwch calon ac ysbryd, ac i berchen ffydd ni fedd unrhyw enw arall y fath swyn ag a geir yn "enw Iesu Grist".

    Yn ail bennill yr emyn ymhelaethir ar y gwahanol sefyllfaoedd a all lethu ysbryd plant Duw ar daith bywyd. Mae'r byd yn ferw o demtasiynau, a'r Iesu yw'r Un sy'n ei brofi ei hun "yn gadarn dŵr". Gwibiog, gwamal a chyfnewidiol yw meddyliau a syniadau dynion a merched di-ffydd. Hawdd iawn ydyw i'r Cristion ddrysu yng nghanol pethau sy'n newid o awr i awr. Dyna'n sicr fyddai ei hanes heblaw am yr Iesu "sy'r un o hyd". Yng nghanol twrf y bobloedd a'r holl wasgfeuon cymdeithasol a pholiticaidd sy'n peri bod pawb ym mhobman yn dechrau cynhyrfu, hawdd iawn teimlo bod yr ychydig ffydd sy'n eiddo i saint Duw yn lleihau o hyd. "Ond," medd yr emynydd yn llawn hyder, "yng nghadernid Crist a'i groes fy iachawdwriaeth sydd."

Gweddi:
Atat ti, O Dduw, y trof fy wyneb. Ti yw fy nerth a'm cysur a'm cân. Yng nghanol holl leisiau cras, afrywiog byd o amser, bydd di'n gymorth cadarn i mi fedru clywed ac adnabod tôn dy lais yn llaesu pob tyndra o'm mewn ac o'm cwmpas. Cadwa fy egwan ffydd rhag suddo'n is. Tyn fi'n agosach at dy fab annwyl, Iesu; ynddo ef y mae fy iachawdwriaeth bob amser. AMEN.

Y Crist yw fy Ngwaredwr

Caneuon Ffydd: Rhif 389

Y Crist yw fy Ngwaredwr,
   mae'n Frenin nef a llawr;
beth bynnag ddywed dynion
   mae Crist yn fyw yn awr:
caf yn ei lais fy nghysur,
   a'i ras sydd ar bob llaw,
a phan fo'n gyfyng arnaf
   efe a ddaw.

Cytgan:
Mae'n fyw, mae'n fyw,
   mae Crist yn fyw yn awr;
ei gwmni gaf a'i glywed wnaf
   ar ddyrys daith y llawr:
mae'n fyw, mae'n fyw
   i achub torf ddi-ri';
os gofyn 'rwyt, "Sut gwyddost ti?"
   Mae'n fyw'n fy nghalon i.

'Rwy'n gweld ei ofal tyner
   o'm cwmpas yn ddi-lyth,
ac er im fynych flino
   ni ddigalonnaf byth:
mi wn mai ef sy'n arwain
   drwy'r stormydd geirwon oll,
a dydd ei ymddangosiad
   a ddaw'n ddi-goll.

Rho glod, rho glod, O Gristion,
   O cân, O cân yn awr
dragwyddol Halelwia
   i Grist y Brenin mawr:
i'r neb a'i cais mae'n obaith,
   yn nerth i'r neb sy'n cael:
'does neb fel Crist, mor rasol,
   mor dda, mor hael.

ALFRED H. ACKLEY, 1887-1960
cyf. E. H. GRIFFITHS

Un peth sy'n werth ei nodi ynglŷn â'r emyn hwn yw mai ei awdur hefyd yw cyfansoddwr y dôn "Mae'n fyw", a briodir ag ef yn *Caneuon Ffydd*. Daeth yr emyn a'r dôn i glyw addolwyr Ynysoedd Prydain am y tro cyntaf yn ystod rhai o ymgyrchoedd efengylu Billy Graham yn ystod 40au a 50au yr ugeinfed ganrif. Mae'r dôn yn llawn asbri a hoen sy'n gweddu i'r dim i orfoledd a phendantrwydd y geiriau. Mae'r emyn yn syml ei fynegiant, a chyhoeddir ynddo wirionedd digamsyniol atgyfodiad yr Arglwydd Iesu Grist o'r bedd, a'r ffaith ei fod yn fyw yng nghalonnau'r sawl sy'n ei garu.

    Sonia'r pennill cyntaf am y Crist sy'n Waredwr personol ac yn "Frenin nef a llawr". Er bod llawer yn mynnu mai lol yw hyn, argyhoeddiad cadarn, cyson yr awdur yw bod "Crist yn fyw yn awr". Mae'r Crist atgyfodedig a byw yn dwyn cysur a gras i'w blant, ac fe ddaw i waredu ymhob cyfyngder.

EMYNAU FFYDD

Cawn gipolwg ar ofal ac arweiniad y Crist yn yr ail bennill. Gofal tyner cyson yw ei ofal yntau, sy'n peri nad oes raid digalonni yng nghanol yr holl flinderau a ddaw i ran pob Cristion yn hyn o fyd. Crist yw'r Un "sy'n arwain drwy'r stormydd geirwon oll".

Ac yn unol â dysgeidiaeth yr efengyl, "Crist a ymddengys yr ail waith" ryw ddydd er cysur mawr i'r rhai sy'n disgwyl yn eiddgar amdano.

Mae'r pennill olaf yn galw ar bob Cristion i roi clod "i Grist y Brenin Mawr", sy'n obaith i'r sawl sy'n ei geisio ac yn nerth i'r sawl sy'n ei gael. Dyma'r Crist digymar sydd "mor rasol", "mor dda" ac "mor hael".

Mae'r cytgan yn crisialu tystiolaeth seml a gloyw pob aelod o'r wir eglwys. Cyhoeddir bod "Crist yn fyw yn awr". Caiff y Cristion y fraint o'i gwmni cysurlon, ynghyd â'r fraint gyfriniol o'i glywed yn siarad ag ef "ar ddyrys daith y llawr". Mae'r Crist byw yn awyddus i amlygu ei waith achubol ym mhrofiadau "torf ddi-ri'". Ac yn y llinell olaf fe ddatgelir cyfrinach y profiad: "Mae'n fyw'n fy nghalon i."

Gweddi:

O'r fath newid rhyfeddol a wnaed ynof fi,
    daeth Iesu i'm calon i fyw;
torrodd gwawr ar fy enaid, atebwyd fy nghri,
    daeth Iesu i'm calon i fyw.

O'm holl lwybrau afradlon dychwelwyd fy nhraed,
    daeth Iesu i'm calon i fyw;
ac fe olchwyd fy meiau di-rif yn ei waed,
    daeth Iesu i'm calon i fyw.
        (R.H. McDANIEL, *cyf.* NANTLAIS)

Trig o fewn ein calon,
    Frenin nef a llawr;
Derbyn waith ein dwylo,
    Derbyn ninnau'n awr.
        (ELFED)

AMEN.

Emanŵel, Emanŵel

Caneuon Ffydd: Rhif 417

Emanŵel, Emanŵel,
ei enw yw Emanŵel,
Duw gyda ni, Duw ynom ni,
ei enw yw Emanŵel.

Y Bugail da, y Bugail da,
ei enw yw y Bugail da,
Duw gyda ni, Duw ynom ni,
ei enw yw y Bugail da.

Goleuni'r byd, Goleuni'r byd,
ei enw yw Goleuni'r byd,
Duw gyda ni, Duw ynom ni,
ei enw yw Goleuni'r byd.

Meseia Duw, Meseia Duw,
ei enw yw Meseia Duw,
Duw gyda ni, Duw ynom ni,
ei enw yw Meseia Duw.

BOB MCGEE *cyf.* NEST IFANS

Wrth gofnodi'n fanwl union amgylchiadau genedigaeth Iesu Grist mae Mathew yn cyfeirio darllenwyr ei Efengyl at broffwydoliaeth o eiddo Eseia: "Wele ferch ifanc yn feichiog, a phan esgor ar fab, fe'i geilw'n Immanuel" (Eseia 7:14). Wrth i Mathew ddyfynnu'r proffwyd fe ychwanega air neu ddau sy'n egluro ystyr enw'r plentyn a anwyd ym Methlehem: "hynny yw, o'i gyfieithu, 'Y mae Duw gyda ni'" (Mth. 1:23). Bu'r enw a'r ystyr sydd ymhlyg ynddo yn gysur mawr i genedlaethau o gredinwyr o dan bob math o amgylchiadau. Plygu mewn addoliad o flaen yr Emanŵel a wna'r emynydd ym mhennill cyntaf yr emyn hwn.

Ioan yn y bedwaredd efengyl sy'n cofnodi'r geiriau cyfarwydd o eiddo'r Iesu, "Myfi yw'r bugail da" (In. 10:11). Ar ôl gwneud y fath gyhoeddiad ysgytwol fe eglura'r Iesu, "Y mae'r bugail da yn rhoi ei einioes dros y defaid". Yna, yn ddiweddarach yn yr un bennod, cyhoedda drachefn mai ef yw'r "bugail da" (In 6:14), gan ychwanegu, "yr wyf yn adnabod fy nefaid, a'm defaid yn f'adnabod i, yn union fel y mae'r Tad yn f'adnabod i, a minnau'n adnabod y Tad. Ac yr wyf yn rhoi fy einioes dros y defaid." Gorfoleddu yn y ffaith fod yr Un sy'n "Dduw gyda ni" hefyd yn "fugail da" a wna'r emynydd y tro hwn.

EMYNAU FFYDD

Ioan, awdur y bedwaredd efengyl, sy'n rhoi sylfaen i'r hyn a fynegir yn glir ac yn syml ym mhennill tri: "Yna llefarodd Iesu wrthynt eto. 'Myfi yw goleuni'r byd,' meddai. 'Ni bydd neb sy'n fy nghanlyn i byth yn rhodio yn y tywyllwch, ond bydd ganddo oleuni'r bywyd'" (In. 8:12). Mor sobr o dywyll fyddai'r rhagolygon i'r ddynoliaeth syrthiedig oni bai am yr Un sy'n "Oleuni'r byd".

Mae'r emyn syml hwn yn cyrraedd ei binacl wrth i'r emynydd blygu mewn addoliad o flaen "Meseia Duw", sef "Eneiniog Duw". Mae'r pedwar teitl ysgrythurol a ddefnyddir yn yr emyn yn cyhoeddi gwahanol rinweddau'r unig gyfryngwr "rhwng Duw a dynion, y dyn Crist Iesu". Mae'n weddus, felly, ein bod ninnau wrth fyfyrio ar amrywiol rinweddau ei berson a'i waith yn ymgrymu o'i flaen mewn addoliad teilwng.

Gweddi:

Ti'r Emanŵel unigryw ac anghymharol,
plygwn o'th flaen mewn addoliad.
Ti'r Bugail da a roddaist dy einioes drosom,
ymgrymwn ger dy fron.
Ti'r hwn sy'n Oleuni'r byd,
ymguddiwn rhag dy ysblander.
Ti, Feseia Duw – yr Eneiniog –
tyred yn nes atom ac amlyga i ni dy ogoniant.
Hyn a ddeisyfwn yn dy Enw.
AMEN.

Peraidd ganodd sêr y bore

Caneuon Ffydd: Rhif 439

Peraidd ganodd sêr y bore
  ar enedigaeth Brenin nef;
doethion a bugeiliaid hwythau
  deithient i'w addoli ef:
    gwerthfawr drysor,
  yn y preseb Iesu gaed.

Dyma Geidwad i'r colledig,
  Meddyg i'r gwywedig rai;
dyma un sy'n caru maddau
  i bechaduriaid mawr eu bai;
    diolch iddo
  byth am gofio llwch y llawr.

Brenin tragwyddoldeb ydyw,
  Llywodraethwr daer a ne';
byth ni wêl tylwythau'r ddaear
  Geidwad arall ond efe;
    mae e'n ddigon,
  y tragwyddol fywyd yw.

MORGAN RHYS, 1716-79

Daw'r tri phennill sy'n ffurfio'r emyn cyfarwydd hwn o waith Morgan Rhys yn wreiddiol o emyn llawer hwy sy'n cynnwys cynifer â naw o benillion. Dyma bennill agoriadol yr emyn gwreiddiol:

Deuwch holl hiliogaeth Adda
I glodfori'r Ceidwad mawr,
Gwisgodd natur wael pechadur,
Rhyfeddod nef a daear lawr;
  Dyma'r Alffa,
A'r Omega mawr yn ddyn.

Fel hyn y mae E. Wyn James yn crynhoi cynnwys yr emyn gwreiddiol: "Yn wir, un o'r pethau sy'n clymu'r emyn yn gyfanwaith yw'r lliaws teitlau a ddefnyddir drwyddo ar gyfer yr Iesu – Alffa ac Omega, Trysor, Cyfaill, Creawdwr, Cynhaliwr, Hollalluog, Meddyg, y Tragwyddol Fywyd, heb sôn am y rhai a godir o Eseia 9:6-7. Ac mae'r pentyrru hwn ar deitlau yn adeiladu darlun cyfoethog o'r Gwaredwr o gam i gam, nes cyrraedd yr uchafbwynt 'Mae E'n ddigon'" (*Carolau a'u Cefndir*, 1989).

Llwydda'r penillion a geir yn *Caneuon Ffydd* i gyfleu'r wefr sy'n eiddo i'r sawl sy'n ymwybodol, trwy ffydd, o bwy yn union a anwyd "yn y preseb", sef yr Un "sy'n caru maddau i bechaduriaid mawr eu bai" a'r Un sy'n "dragwyddol fywyd" i'r rhai sy'n credu ynddo. Gwyliwn rhag ymuno â'r un sy'n ei ddirmygu ar bob llaw. Gwyliwn yn ogystal rhag mabwysiadu'r ffiloreg boblogaidd sy'n twyllo pobl i gredu mai dim ond un gwaredwr ymhlith llawer yw'r Iesu. Glynwn, yn hytrach, gyda Morgan Rhys sy'n cyhoeddi'n bendant, "byth ni wêl tylwythau'r ddaear Geidwad arall ond Efe".

Dyna fu neges ganolog y wir eglwys erioed. Gwrandewch ar eiriau Pedr yn Actau'r Apostolion: "Ac nid oes iachawdwriaeth yn neb arall, oblegid nid oes enw arall dan y nef, wedi ei roi i'r ddynolryw, y mae'n rhaid i ni gael ein hachub drwyddo" (Act. 4:12).

Gweddi:
O Dad trugarog, dyro i bawb sy'n dy geisio heddiw olwg eglurach ar ogoniant dy unig-anedig Fab. Cynifer sy'n ceisio pylu gogoniant ei berson a'i waith. Paid â gadael i ni ymfodloni ar ddim llai na'r hyn y tystiodd Ioan iddo: "ac ni a welsom ei ogoniant ef, gogoniant megis yr unig-anedig oddi wrth y Tad, yn llawn gras a gwirionedd." O weld hyn yn iawn, go brin y cawn ein hudo wedyn i droedio'r llwybrau sy'n ceisio pylu gogoniant dy efengyl mewn byd ac eglwys. Tyn ni yn ôl o bob crwydro oddi wrth yr hyn a ddatguddiaist ohonot dy hun mor llawn yn dy Fab, ac estyn inni gymorth dy Lân Ysbryd i fedru cyhoeddi'n eofn, "Mae E'n ddigon, y Tragwyddol Fywyd yw." Gofynnwn y pethau hyn i gyd yn ei enw a'i haeddiant ef yn unig. AMEN.

O ddirgelwch mawr duwioldeb

Caneuon Ffydd: Rhif 453

O ddirgelwch mawr duwioldeb,
   Duw'n natur dyn;
Tad a Brenin tragwyddoldeb
   yn natur dyn;
o holl ryfeddodau'r nefoedd
dyma'r mwyaf ei ddyfnderoedd,
testun mawl diderfyn oesoedd,
   Duw'n natur dyn!

Ar y ddaear bu'n ymdeithio
   ar agwedd gwas,
heb un lle i orffwys ganddo,
   ar agwedd gwas:
daeth, er mwyn ein cyfoethogi,
o uchelder gwlad goleuni
yma i ddyfnder gwarth a thlodi,
   O ryfedd ras!

GWILYM HIRAETHOG, 1802-83

"Mawr yw dirgelwch duwioldeb – Duw a ymddangosodd yn y cnawd": dyma un o'r pethau a bwysleisiodd yr Apostol Paul yn ei lythyr cyntaf at Timotheus (1 Tim. 3:16, hen gyfieithiad). Cydio yn y dirgelwch hwn a wna Gwilym Hiraethog yn ei emyn sy'n canolbwyntio ar ddarostyngiad Crist. Mae'r emyn yn adleisio rhannau gwahanol o'r Hen Destament a'r Newydd fel ei gilydd. Wrth i'r cyfeiriadau ysgrythurol hyn blethu i'w gilydd yn naturiol o gelfydd, cawn olwg ar ddirgelwch yr oesau, sef "Duw'n natur dyn". Anodd dychmygu'r Un sy'n "Dad a Brenin tragwyddoldeb" yn ymddangos yn y cnawd. Dyma destun rhyfeddod y nefoedd ei hun a "thestun mawl diderfyn oesoedd". Er hyn i gyd ceir pobl ymhob oes sy'n wfftio'r cyfan a'i ddiystyru'n llwyr.

    Mae'r ail bennill yn codi cwr y llen ar y "Duw-ddyn, Crist Iesu" a gymerodd "agwedd gwas" wrth rodio ar y ddaear. Pwysleisir hyn yn yr ail bennod o'r epistol at y Philipiaid. Mae'r "heb un lle i orffwys

EMYNAU FFYDD

ganddo" yn dwyn geiriau'r Arglwydd Iesu yn yr wythfed bennod o'r Efengyl yn ôl Mathew i gof: "Y mae gan y llwynogod ffeuau, a chan adar yr awyr nythod, ond gan Fab y Dyn nid oes lle i roi ei ben i lawr" (Mth. 8:20). Caiff y llinellau sy'n ffurfio ail hanner pennill olaf yr emyn eu hysbrydoli gan eiriau o eiddo'r Apostol Paul yn yr wythfed bennod o'i ail epistol at y Corinthiaid: "Oherwydd yr ydych yn gwybod am ras ein Harglwydd Iesu Grist, fel y bu iddo, ac yntau'n gyfoethog, ddod yn dlawd drosoch chwi, er mwyn i chwi ddod yn gyfoethog trwy ei dlodi ef" (2 Cor. 8:9). Yr un rhan o'r ysgrythur a symbylodd y diweddar Barchedig William Hughes, Dinas Mawddwy, i ganu:

>Wele'r Hwn sydd hollgyfoethog
> Wedi dyfod yn dylawd –
>Gado'r nefoedd a'i gogoniant,
> Dyfod yma i wisgo cnawd:
>   Rhyfedd gariad
>   Iesu Grist ein hannwyl Frawd!
>
>Tlodion gaiff eu cyfoethogi
> Trwy Ei fawr dylodi Ef;
>Rhai a gollwyd gaiff achubiaeth
> Trwy Ei iachawdwriaeth gref:
>   Diolch iddo
>   Byth, am farw yn ein lle!

Gweddi:
Cynorthwya ni, O Arglwydd, i ddal ati i gyffesu'n unfryd "mai mawr yw dirgelwch duwioldeb – Duw a ymddangosodd yn y cnawd". Yn yr un modd cynorthwya dy bobl yn wyneb darostyngiad dy annwyl Fab i ddatgan eu bod yn ymwrthod â'r duedd naturiol i geisio rhyngu dy fodd ar bwys rhyw gyfiawnderau tybiedig sydd ond "megis bratiau budron" yn dy olwg. Cynorthwya ni yn hytrach i bwyso ar haeddiant yr Iesu gan ddatgan bob awr, "O ryfedd ras!" AMEN.

EMYNAU FFYDD

Mi glywaf dyner lais

Caneuon Ffydd: Rhif 483

Mi glywaf dyner lais
yn galw arnaf fi
i ddod a golchi 'meiau i gyd
yn afon Calfarî.

Arglwydd, dyma fi
ar dy alwad di,
canna f'enaid yn y gwaed
a gaed ar Galfarî.

Yr Iesu sy'n fy ngwadd
i dderbyn gyda'i saint
ffydd, gobaith, cariad pur a hedd
a phob rhyw nefol fraint.

Yr Iesu sy'n cryfhau
o'm mewn ei waith drwy ras;
mae'n rhoddi nerth i'm henaid gwan
i faeddu 'mhechod cas.

Gogoniant byth am drefn
y cymod a'r glanhad;
derbyniaf Iesu fel yr wyf
a chanaf am y gwaed.

LEWIS HARTSOUGH, 1828-1919
cyf. IEUAN GWYLLT, 1822-77

Dyma emyn a thôn sy'n gyfarwydd iawn i bob Cymro a Chymraes. Ffrwyth dawn gerddorol a phrydyddol yr un person yw'r cyfanwaith gwreiddiol. Daeth yn boblogaidd yn ystod ymgyrchoedd efengylu D. L. Moody ac fe'i cynhwyswyd yng nghasgliad enwog Ira D. Sankey, *Sacred Songs and Solos,* sy'n dal mewn print hyd heddiw. Gwelodd y Parchedig John Roberts (Ieuan Gwyllt) yn dda i gyfieithu llawer o emynau'r casgliad hwn. Fe'u cyhoeddwyd fesul rhan o dan y teitl hyfryd *Sŵn y Juwbili* (1874). Diau mai'r emyn hwn, wedi'i briodi â'r dôn "Gwahoddiad", oedd yr un a ddaeth yn fwyaf adnabyddus o'r casgliad poblogaidd. Mae'n drueni mawr fod yr emyn yn cael ei ganu fynychaf mewn gwasanaethau angladdol, oherwydd emyn ydyw sy'n hoelio ein sylw ar alwad taer efengyl gras ar i bawb "ddod a golchi" eu beiau i gyd "yn afon Calfarî". Mae'r cytgan poblogaidd yn mynegi'n glir yr ymateb cadarnhaol sy'n gweddu i wahoddiad o'r fath.

EMYNAU FFYDD

Yn y pedwar pennill a gynhwyswyd yn *Caneuon Ffydd*, fe sonnir i gychwyn am yr Iesu sy'n galw. Yna sonnir am yr Iesu sy'n gwahodd a'r Iesu sy'n cryfhau. Galw pechaduriaid at "ffynnon lawn y Groes" a wna efengyl Iesu Grist, Mab Duw. Caiff y sawl sy'n derbyn gras i ymateb yn gadarnhaol i'r alwad ei wahodd i dderbyn "ffydd, gobaith, cariad pur a hedd" yn helaeth ac yn rhad. Onid dyma sylfeini'r "bywyd newydd yng Nghrist"? Onid dyma'r pethau sydd mor wrthun bellach i'r lliaws yn ein gwlad? Ond mae'r sawl sy'n ymdeimlo â grym yr alwad at Grist yn sylweddoli'n syth ar ddechrau ei bererindod ysbrydol fod yr Un sy'n ei alw hefyd yn ei gryfhau. Gwneir hyn wrth i rym anorchfygol gras estyn y nerth angenrheidiol, o awr i awr, i drechu'r temtasiynau a maeddu pechod cas. Does ryfedd felly fod yr emynydd yn dewis cloi'r emyn ar nodyn buddugoliaethus a chadarnhaol drwy ganmol holl drefn yr iachawdwriaeth yng Nghrist:

> Gogoniant byth am drefn
> y cymod a'r glanhad;
> derbyniaf Iesu fel yr wyf
> a chanaf am y gwaed.

Rhaid cymryd y cam cychwynnol o *dderbyn* yr Iesu cyn cael profi o'r holl fendithion ysbrydol a ddaw yn sgil hynny. Beth wnewch chi â'r Iesu?

Gweddi:
Diolch am berthnasedd oesol galwad yr efengyl. Diolch am bawb sy'n atseinio'r alwad o Sul i Sul ym mhob man. Diolch am y fraint o'i chlywed, ac am ras i ymateb iddi mewn pryd. Helpa'r rheiny sy'n ei chlywed heddiw i ymateb yn llawn hyder:

> Arglwydd, dyma fi
> ar dy alwad di,
> canna f'enaid yn y gwaed
> a gaed ar Galfarî.

AMEN.

'Does neb ond ef, fy Iesu hardd

Caneuon Ffydd: Rhif 489

'Does neb ond ef, fy Iesu hardd,
  a ddichon lanw mryd;
fy holl gysuron byth a dardd
  o'i ddirfawr angau drud.

'Does dim yn gwir ddifyrru f'oes
  helbulus yn y byd
ond golwg mynych ar y groes
  lle talwyd Iawn mewn pryd.

Mi welaf le mewn marwol glwy'
  i'r euog guddio'i ben,
ac yma llechaf nes mynd drwy
  bob aflwydd is y nen.
         WILLIAM EDWARDS, 1773-1853

Rhaid cyfaddef mai emynau Crist-ganolog sydd orau gennyf bob amser. A dweud y gwir, nid oes gennyf unrhyw ddiddordeb mewn crefydd ddi-Grist ac mae'n gas gennyf y tueddiadau sy'n codi i'r wyneb mewn rhai cylchoedd eglwysig lle mae'r Crist atgyfodedig a byw mewn perygl o gael ei wthio i'r cyrion. Emynau â gweddïau a phregethau Crist-ganolog sy'n haeddu'r lle blaenaf mewn addoliad Cristnogol o'r iawn ryw.

O astudio'r emyn hwn gan y diweddar William Edwards, Y Bala, mae'n amlwg ei fod yntau wedi ei lwyr feddiannu gan y Crist digymar. Ef yw'r unig Un "a ddichon lanw 'mryd". O na fedrem ninnau ddweud yr un peth! Mae'r Iesu'n "hardd" yn ei olwg a theimlwn agosatrwydd wrth iddo ddwyn tystiolaeth iddo. Tardd ei gysuron ar daith bywyd o'r ffaith fod yr Iesu wedi marw yn ei le ar groesbren Calfaria.

Dywed wrthym yn yr ail bennill mai'r unig beth a rydd wir fwynhad iddo yng nghanol helbulon ei fywyd yw "golwg mynych ar y groes lle talwyd Iawn mewn pryd". "Canys Crist, pan oeddem ni

EMYNAU FFYDD

eto yn weiniaid," meddai'r Apostol Paul wrth y Rhufeiniaid "mewn pryd a fu farw dros yr annuwiol". Rhaid i bob Cristion ffoi yn aml mewn ffydd i Galfaria rhag iddo golli golwg ar y pris a dalwyd i'w alluogi i flasu gwir faddeuant.

Mae'n amlwg, o'r hyn a fynegir ym mhennill olaf yr emyn, nad yw'r emynydd am fentro'n bell, mewn meddwl ac ysbryd, o'r fan sy'n dangos gogoniant person a gwaith yr Un sydd wedi ei garu yn llawn: "yma llechaf nes mynd drwy bob aflwydd is y nen". Peth peryglus iawn i unrhyw Gristion yw crwydro ymhell o'r fan lle y gwelodd Duw yng Nghrist yn dda i ddatguddio grym ei gariad. Wrth i'w fab dibechod ddwyn arno'i hun "gosb pechodau myrdd o ddynion ..."

>Do, fe'i gwisgwyd â chystuddiau,
>Ffrwyth fy meiau, fawr a mân;
>Fel y caffwn, wael bechadur
>Aflan euog, fod yn lân.

Gweddi:

>Tydi, Waredwr mawr pob oes,
>Tyn fi at groes fy Ngheidwad.

(J. J. WILLIAMS)

Wrth geisio dirnad ystyr ac arwyddocâd gwaith gorffenedig Crist ar Galfaria, argraffa'n ddyfnach ar fy meddwl a'm calon bob awr fod
>yma ryw ddirgelion,
>rhy ddyrys ŷnt i ddyn,
>ac nid oes all eu datrys
>ond Duwdod mawr ei Hun.

>Y cof o'i angau ef a'i ras
>farweiddia'n llwyr fy mhechod cas;
>myfyrio loes Iachawdwr byd
>a wywa'r llygredd oll i gyd.

(ERYRON GWYLLT WALIA)

AMEN.

EMYNAU FFYDD

Cof am y cyfiawn Iesu

Caneuon Ffydd: Rhif 500

Cof am y cyfiawn Iesu,
　y Person mwyaf hardd,
ar noswaith drom anesmwyth
　bu'n chwysu yn yr ardd,
a'i chwys yn ddafnau cochion
　yn syrthio ar y llawr:
bydd canu am ei gariad
　i dragwyddoldeb mawr.

Cof am y llu o filwyr
　â'u gwayw-ffyn yn dod
i ddal yr Oen diniwed
　na wnaethai gam erioed;
gwrandewch y geiriau ddwedodd -
　pwy allsai ond efe? -
"Gadewch i'r rhain fynd ymaith,
　cymerwch fi'n eu lle."

Cof am yr ŵyneb siriol
　y poerwyd arno'n wir;
cof am y cefen gwerthfawr
　lle'r arddwyd cwysau hir;
O annwyl Arglwydd Iesu,
　boed grym dy gariad pur
yn torri 'nghalon galed
　wrth gofio am dy gur.

　　　　　WILLIAM LEWIS, *m.* 1794

Rai blynyddoedd yn ôl fe dderbyniais lyfr yn anrheg gan gyfaill. Teitl y llyfr oedd *The Cross He Bore: Meditations on the sufferings of the Redeemer.* Bu i'r myfyrdodau Beiblaidd ar ddioddefiadau'r Prynwr adael argraff ddofn arnaf ar y pryd, ac yn aml iawn wrth i gyfnod y Grawys agosáu, a'r paratoi ar gyfer y Pasg, byddaf yn bodio tudalennau'r llyfr er mwyn myfyrio eto ar ei gynnwys. Mae'r ddawn o fedru myfyrio'n iawn yn rhywbeth sy'n prysur fynd ar goll yng nghanol holl ruthr a bwrlwm yr oes sydd ohoni. O'r herwydd, tueddwn i wibio heibio i'r pethau pwysig ym myd gwir grefydd, gan ganolbwyntio'n ormodol ar y pethau dibwys. Mae hyn yn siŵr o fod yn wir yn ein hagwedd tuag at "y ffordd a gymerodd efe", y ffordd a'i harweiniodd trwy ingoedd Gethsemane yr holl ffordd i Galfaria. Fel y dywed Edward Donnelly: "We are too apt to hurry past the cross, to undervalue, in spite of ourselves, the supreme mystery of the ages by a shallow assumption that we know it all. We don't – and never will. But we need to take time to learn as much as we can. We need to 'behold', to 'survey', to 'stand and stare'. Ac yn sicr, mae'r emyn dwys hwn o waith William Lewis, Llangloffan, yn

EMYNAU FFYDD

gymorth i aros ac oedi yng nghwmni'r Iesu wrth iddo fod "yn ufudd hyd angau, ie angau ar groes" (Phil. 2:8).

Mae'r awdur yn oedi'n hir gyda'i Waredwr yng Ngardd Gethsemane. Tynnir ein sylw at ddigwyddiadau'r "noswaith drom anesmwyth" pan fu'r Iesu'n "chwysu yn yr ardd", yn ymwybodol iawn o'r hyn oedd yn ei aros. Luc sy'n tynnu ein sylw at y ffaith hon: "Gan gymaint ei ing, yr oedd yn gweddïo'n ddwysach, ac yr oedd ei chwys fel dafnau o waed yn diferu ar y ddaear" (Luc 22:44).

Priodol iawn yw cofio'r modd treisgar y bu i'r milwyr ddod â'u harfau "i ddal yr Oen diniwed na wnaethai gam erioed". Wrth bwysleisio mai yn wirfoddol yr wynebodd yr Iesu farwolaeth ar groes, mae'r emynydd yn adleisio geiriau yn y bedwaredd efengyl: "Os myfi yr ydych yn ei geisio, gadewch i'r rhain fynd" (In. 18:8). "Gadewch i'r rhai hyn fyned ymaith" sydd yn yr hen gyfieithiad, sy'n dangos pa mor glòs at y testun ysgrythurol y mae'r emynydd yn glynu.

Mae'r cofio a'r myfyrio'n dwysáu o bennill i bennill. Am fod yr hanesion hyn mor gyfarwydd inni, mae'n berygl nad ydynt yn effeithio arnom i'r graddau y byddem yn dymuno iddynt. Onid peth brawychus a gwir ofnadwy yw cofio am y digwyddiadau a ddarlunnir yn yr emyn hwn mewn "gwaed oer"? Dyna'r perygl pennaf. Dyna paham y mae'r emynydd yn dewis cloi'r emyn gyda'r deisyfiad:

> O annwyl Arglwydd Iesu,
>   boed grym dy gariad pur
>   yn torri 'nghalon galed
>   wrth gofio am dy gur.

Gweddi:

Rho imi, nefol Dad,
yr Ysbryd Glân yn awr
wrth geisio cofio'r gwerth a gaed
yng ngwaed ein Iesu mawr.

Dyro gymorth i fyfyrio'n hir a dwys ar yr hyn a wnaeth yr Iesu drosof yn ystod dyddiau ei gnawd. Argraffa'r pethau hyn yn ddwfn ar fy meddwl a'm calon.
AMEN.

EMYNAU FFYDD

Cofir mwy am Fethlem Jwda

Caneuon Ffydd: Rhif 503

Cofir mwy am Fethlem Jwda,
   testun cân pechadur yw;
cofir am y preseb hwnnw
   fu'n hyfrydwch cariad Duw:
dwed o hyd pa mor ddrud
iddo ef oedd cadw'r byd.

Cofir mwy am Gethsemane
   lle'r ymdrechodd Mab y Dyn;
cofir am y weddi ddyfal
   a weddïodd wrtho'i hun:
dwed o hyd pa mor ddrud
iddo ef oedd cadw'r byd.

Cofir am y croesbren garw
   lle y cuddiwyd wyneb Duw,
lle gorffennodd Iesu farw,
   lle dechreuais innau fyw;
dwed o hyd pa mor ddrud
iddo ef oedd cadw'r byd.

EIFION WYN, 1867-1926

Mae'r gallu i gofio yn rhodd hynod werthfawr i ni, blant dynion, gan Dduw ei hun. Mae'n syndod yr holl bethau gwahanol a gofiwn yn ystod ein hoes. Cofiwn lawer o bethau gwir werthfawr. Cofiwn yn ogystal lawer iawn o bethau y dylem fod wedi'u hanghofio ers tro. Byddaf yn meddwl yn aml am gyngor syml yr Apostol Paul i'w gyfaill ifanc Timotheus: "Cofia Iesu Grist" (2 Tim. 2:8). Pan fydd y cof yn mynnu cofio pethau anodd, cas ac annifyr y byddai'n well gennym eu hanghofio'n llwyr, diolch am yr hedd a ddaw dim ond o gofio am Iesu Grist:

– Cofio'i eni ym mhreseb Bethlehem Jwdea
– Cofio'i fachgendod hapus, ufudd yn Nasareth
– Cofio'i awdurdod yn galw pobl i'w ganlyn
– Cofio'i eiriau
– Cofio'i wyrthiau

Dyma rai o'r pethau a gofir byth mwy gan deulu'r ffydd am eu bod yn rhan annatod o'i stori ef, yr Un a holltodd flynyddoedd hanes ein byd yn ddau gyfnod. Ni allwn ac ni ddylid byth ei anghofio ef yn llwyr.

EMYNAU FFYDD

Canolbwyntia Eifion Wyn ar dri lle o bwys yng ngweinidogaeth ddaearol yr Arglwydd Iesu Grist – Bethlehem Jwdea, Gethsemane a Chalfaria. I'r emynydd, mae i'r tri lle hwn eu harwyddocâd arbennig yn sgil yr hyn a ddigwyddodd ynddynt. Roedd preseb Bethlehem yn amlygu mewn modd unigryw "hyfrydwch cariad Duw". Llawenydd a gorfoledd yn bennaf a gysylltir â'r man y ganwyd Crist i'r byd. Ond ymdrech, chwys, gwaed, ac ing enaid yw'r pethau sy'n dod i'r cof wrth feddwl am Gethsemane. Nid anghofir byth gan deulu'r ffydd "y weddi ddyfal a weddïodd" yr Iesu "wrtho'i hun".

Pan ddaw Calfaria i gof yr emynydd, yr hyn a gofia yn gwbl eglur yw'r "croesbren garw lle y cuddiwyd ŵyneb Duw". Rwy'n hoff iawn o'r nodyn personol a drewir yng nghanol y pennill am y groes "lle gorffennodd Iesu farw, lle dechreuais innau fyw". Dyna'r union fan y mae pererindod ysbrydol pob Cristion yn dechrau. Wrth sôn am y cartref dedwydd sy'n ei ddisgwyl yn y nef ryw ddydd, mae Pantycelyn yn mynegi'r un gwirionedd ag Eifion Wyn yn y geiriau, "Ac ar fynydd Calfari Mae dechrau 'nhaith i hon".

I Eifion Wyn mae'r preseb, yr ardd a'r groes yn llefaru'n eglur i bob oes "pa mor ddrud iddo ef oedd cadw'r byd". Mae'r emyn gwreiddiol yn cloi gyda'r pennill gorfoleddus hwn sy'n edrych i gyfeiriad y gwynfyd:

> Melys dreulir tragwyddoldeb
>   Maith yng ngolwg Calfari;
> Iesu Grist, ei Groes, a'i breseb
>   Fydd yn nefoedd byth i ni:
> Canu, 'nghyd, pa mor ddrud
> Iddo Ef oedd cadw'r byd.

Gweddi:
Argraffa ar fy meddwl â'th Ysbryd holl ffeithiau'r brynedigaeth mewn modd diangof. Paid â gadael i mi anghofio nad "â phethau llygradwy, arian neu aur, y prynwyd ichwi ryddid oddi wrth yr ymarweddiad ofer a etifeddwyd gennych, ond â gwaed gwerthfawr Un oedd fel oen di-fai a di-nam, sef Crist". Diolch am yr holl ffeithiau sy'n f'atgoffa'n gyson "pa mor ddrud iddo *Ef* oedd cadw'r byd". AMEN.

EMYNAU FFYDD

Mi wela'r ffordd yn awr

Caneuon Ffydd: Rhif 521

Mi wela'r ffordd yn awr
o lygredd mawr y byd
i fywiol oes y nefol hedd,
a'm gwedd yn lân i gyd:
y ffordd yw Crist, a'i ddawn,
a'r Iawn ar Galfarî;
mae drws agored drwyddo ef
i mewn i'r nef i ni.

Diolchaf am yr Oen
a'i boen i'm gwneud yn bur,
a'r iachawdwriaeth fawr ei bri
i'm codi o bob cur:
mae'r Iesu'n agos iawn
yn nyfnder llawn y lli;
mae drws agored drwyddo ef
i mewn i'r nef i ni.

'Rwy'n gweld yn awr drwy ffydd
y nefol ddydd ar ddod
pryd y cyrhaeddaf Ganaan dir
i ganu'n glir ei glod.
Daw concwest yn y man
i'm rhan o Galfarî;
mae drws agored drwyddo ef
i mewn i'r nef i ni.

BEN DAVIES, 1864-1937

Blinir crefyddwyr ein cyfnod ni gan lawer o ddamcaniaethau a dyfaliadau gwahanol ynglŷn â'r amrywiol ffyrdd honedig sy'n arwain at Dduw. Er ei bod yn hollbwysig i ddeiliaid gwahanol grefyddau gynnal deialog â'i gilydd er mwyn byw'n gytûn yn yr un gymdogaeth, ni ddylid mynd mor bell â gwadu unigrywiaeth y ffydd Gristnogol. Ni wneir unrhyw gymwynas â deiliaid Islam, Hindŵaeth ac ati, drwy honni nad oes unrhyw wahaniaeth rhyngddynt a'i gilydd, na rhyngddynt hwy a deiliaid Cristnogaeth chwaith. Rhaid i ninnau a hwythau fyw yn unol â'n cred. I saint y Testament Newydd, Crist oedd yr unig ffordd at Dduw, nid un ffordd o blith llawer.

Mae'r diweddar Barchedig Ben Davies, Pant-teg, Ystalyfera yn mynegi hyn yn glir iawn yn yr emyn hwn. Mae'r penillion i gyd yn llawn hyder ffydd person sy'n barod i gyhoeddi'n gadarn sail ei obaith: "Mi wela'r ffordd yn awr o lygredd mawr y byd." Llwydda perchen ffydd bob amser i weld yn eglur yr hyn sy'n aneglur i'r anghredadun. Er y gŵyr mai pechadur ydyw, fe wêl ymlaen i'r dyfodol ymhell "i fywiol oes y nefol hedd" pan fydd ei wedd "yn lân i gyd". Sail hyder

EMYNAU FFYDD

o'r fath yw'r ffaith ddiymwad mai Iesu Grist "yw'r ffordd a'r gwirionedd a'r bywyd" ac nad "yw neb yn dod at y Tad" ond trwyddo ef (In. 14:6). Fel hyn y mae'r emynydd yn mynegi'r gwirionedd hwn: "y ffordd yw Crist, a'i ddawn, a'r Iawn ar Galfarî". Ni ellir mwynhau perthynas lawn â Duw drwy fentro ar hyd unrhyw lwybrau neu ffyrdd eraill. Cyhoedda'r efengyl, yng ngeiriau'r emynydd, fod "drws agored drwyddo ef i mewn i'r nef i ni".

    Mae'r ail bennill yn mynegi diolch diffuant iawn i Iesu Grist, "Oen Duw", am iddo ddioddef y fath boen ar Galfaria i'n gwneud ninnau, bechaduriaid aflan, "yn bur". Mae'r peth yn gwbl anhygoel, ac eto dyma wreiddyn yr "iachawdwriaeth fawr ei bri". Wrth feddwl am freuder bywyd a sicrwydd marwolaeth daw cysur a gobaith i'r Cristion o gofio bod "Iesu'n agos iawn yn nyfnder llawn y lli", a thrachefn fe bwysleisir yn gwbl hyderus fod "drws agored drwyddo ef i mewn i'r nef i ni".

    Erbyn y pennill olaf mae'r emynydd yn gweld "drwy ffydd y nefol ddydd ar ddod pryd y cyrhaeddaf Ganaan dir i ganu'n glir ei glod". Dyma'r gobaith cryf sy'n cynnal pob gwir Gristion ar daith bywyd, gobaith sy'n seiliedig nid ar ymdrech ac ymchwil dyn am Dduw, ond ar y ffaith fod Duw wedi ymddangos mewn cnawd ym mherson yr Arglwydd Iesu. Iesu Grist yw'r unig ffordd at Dduw a'r unig ddrws i'r gwynfyd. Oes, "mae drws agored drwyddo Ef i mewn i'r nef i ni".

Gweddi:
Diolch am gadernid y geiriau "Myfi yw'r drws" a "Myfi yw'r Ffordd". Tywys ni'n dadol at "y drws", a gosod ein traed yn ddiogel ar "y ffordd". Paid â gadael i ni ymlwybro'n ddiamcan ar hyd y llwybrau twyllodrus sy'n anwybyddu'r groes. Yn hytrach, trwy dy ras, tyn ni at dy Fab oherwydd fe lwyr gredwn, fel ein tadau, fod "drws agored drwyddo ef i mewn i'r nef i ni". Hyn a geisiwn yn enw'r Iesu. AMEN.

EMYNAU FFYDD

O Iesu mawr, pwy ond tydi

Caneuon Ffydd: Rhif 534

O Iesu mawr, pwy ond tydi
allasai farw drosom ni
a'n dwyn o warth i fythol fri?
   Pwy all anghofio hyn?

Doed myrdd ar fyrdd o bob rhyw ddawn
i gydfawrhau d'anfeidrol Iawn,
y gwaith gyflawnaist un prynhawn
   ar fythgofiadwy fryn.

Nid yw y greadigaeth faith
na'th holl arwyddion gwyrthiol chwaith
yn gytbwys â'th achubol waith
   yn marw i ni gael byw.

Rhyfeddod heb heneiddio mwy
fydd hanes mawr dy farwol glwy';
ni threiddia tragwyddoldeb drwy
   ddyfnderoedd cariad Duw.
             EMRYS, 1813-73

O aros a meddwl yn hir ac yn ddwys am ymwneud Duw â dynion daw'r gair "Rhyfeddol!" i'r cof. Cawn reswm i ryfeddu bob awr at haelioni Duw tuag at ddyn yn y greadigaeth ysblennydd o'n hamgylch. Yn yr un modd, rhyfeddwn wrth gofio am ei ofal llwyr amdanom yn ei ragluniaeth. Mae rhyfeddod y Cristion yn cyrraedd ei benllanw pan ystyria drefn yr iachawdwriaeth. Mor wir yw geiriau'r Pêr Ganiedydd:
   'Nôl edrych ar ôl edrych,
   O gwmpas imi mae
   Rhyw fyrdd o ryfeddodau
   Newyddion yn parhau;
   Pan fwy'n rhyfeddu unpeth,
   Peth arall ddaw i'm bryd;
   O! iachawdwriaeth rasol,
   Rhyfeddol wyt i gyd.

EMYNAU FFYDD

Yr un yw'r casgliad y daw Emrys yntau iddo ar ôl cyrraedd pennill olaf yr emyn sy'n sylfaen i'r myfyrdod hwn. Emyn ydyw sy'n canolbwyntio'n gyfan gwbl ar farwolaeth Iesu ar y groes. Holir yn y pennill agoriadol pwy arall a allasai gyflawni'r fath weithred drosom ni? Gweithred gwbl unigryw ydoedd a gyflawnwyd i'n "dwyn o warth" ein cyflwr pechadurus i "fythol fri". Mae'r cwestiwn "Pwy all anghofio hyn?" yn fwy perthnasol heddiw nag y bu erioed. Mor rhwydd y llwyddwn i anghofio'r hyn na ddylai fod yn angof byth.

Wrth sôn am effeithiau pell-gyrhaeddol ei farwolaeth iawnol, dywedodd yr Arglwydd Iesu Grist: "A minnau, os caf fy nyrchafu oddi ar y ddaear, fe dynnaf bawb ataf fy hun" (In. 12:32). Yn rhinwedd hynny daw "myrdd ar fyrdd" mewn edifeirwch a ffydd bob dydd at y Crist croeshoeliedig ac atgyfodedig, ac wrth ddod yn cydfawrhau'r "anfeidrol iawn", sef "y gwaith gyflawnaist un prynhawn ar fythgofiadwy fryn".

Mae'r trydydd pennill yn ein hatgoffa mor odidog yw'r "greadigaeth faith" sy'n llawn "arwyddion gwyrthiol" o allu'r Creawdwr, nad yw'r pethau hyn gyda'i gilydd yn "gytbwys â'r achubol waith", sef y Duw-ddyn, Crist Iesu "yn marw i ni gael byw". Dyma'r "rhyfeddod" nad yw byth yn "heneiddio", y rhyfeddod sy'n fythol ir: "Ni threiddia tragwyddoldeb drwy ddyfnderoedd cariad Duw".

Gweddi:
Mae rhyw fyrdd o ryfeddodau
Iesu, yn dy farwol glwy'.
(DANIEL JONES, TREDEGAR)

Syllwn mewn rhyfeddod, O Dduw, ar "aberth glân y Groes", oherwydd:
Nid oes drwy'r nef na'r ddaear
Ryfeddod fwy i'w chael,
Na gweled llaw trugaredd
Yn ymgeleddu'r gwael;
Mae uchder cariad dwyfol,
A dyfnder f'angen i,
Yn hyfryd gydgyfarfod
Yn aberth Calfari.
AMEN.

EMYNAU FFYDD

Yng nghroes Crist y gorfoleddaf

Caneuon Ffydd: Rhif 540

Yng nghroes Crist y gorfoleddaf,
   croes uwch difrod amser yw;
yn ei llewyrch pur y gwelaf
   holl gyflawnder gras fy Nuw.

Pan dywynno ar fy llwybrau
   lewyrch pob rhyw wynfyd sydd,
tyr o'r groes sancteiddiach golau,
   mil disgleiriach yw na'r dydd.

Doed cystuddiau'r byd i'm gwasgu,
   siom a gofid i'm dwysáu,
croes fy Arglwydd byth ni'm gedy,
   deil o hyd i'm llawenhau.

Colled, ennill, poen, llawenydd
   a sancteiddir ganddi hi;
rhydd i'm henaid hedd tragywydd,
   hon a foddia 'nyfnaf gri.

    Yng nghroes Crist y gorfoleddaf,
       croes uwch difrod amser yw;
    yn ei llewyrch pur y gwelaf
       holl gyflawnder gras fy Nuw.
            JOHN BOWRING, 1792-1872
              efel. GEORGE REES, 1873-1950

Croes Crist yw un o arwyddion gweladwy y ffydd Gristnogol ym mhob man. Gwelir hi y tu allan i adeiladau eglwysig. Gwelir hi hefyd ar fathodynnau, clustdlysau a nwyddau ffasiwn o bob math. Oherwydd natur y gymdeithas aml-ffydd y cawn ein hunain yn byw ynddi, mae'r awdurdodau, mewn rhai ardaloedd, yn awyddus i weld symud a gwahardd yr arwyddion gweladwy o'r ffydd a fowldiodd feddyliau a bywydau trigolion yr ynysoedd hyn ers sawl canrif. Dywed yr Apostol Paul wrth aelodau'r eglwys yng Nghorinth: "Oblegid y gair am y groes, ffolineb yw i'r rhai sydd ar lwybr colledigaeth, ond i ni sydd ar lwybr iachawdwriaeth, gallu Duw ydyw" (1 Cor. 1:18). Ac yng ngeiriau'r emyn uchod, "croes uwch difrod amser yw". Nid sôn y mae'r emynydd am groesau o bren, concrit, aur, arian a phlastig, ond am neges ganolog y ffydd Gristnogol, sef "y gair am y groes". Mae'r neges am y groes yn dragwyddol am mai neges Duw i'r byd ydyw. Dyma'r unig neges gwbl ddibynadwy. Dyma'r neges sy'n cynnwys "holl gyflawnder gras fy Nuw". Hyd yn oed pan orfodir ni i wynebu gwasgfa "cystuddiau'r byd", ynghyd â dwyster "siom a gofid", cawn ein cynnal a'n cysuro gan Un a ddioddefodd yn yr un modd.

Mae'r trydydd pennill yn ein sicrhau bod golau'r groes "mil disgleiriach" na'r haul naturiol sy'n tywynnu arnom mewn cyfnodau o lawenydd, hawddfyd a gwynfyd. Ond gŵyr yr emynydd mai byrhoedlog iawn yw'r cyfnodau hynny yn hanes y mwyafrif o ddilynwyr Crist. Sonia felly ym mhennill pedwar am yr "hedd tragywydd" a ddaw o'r groes i foddhau cri ac ing dyfnaf yr enaid mewn cyfnodau o "golled, ennill, poen, llawenydd". Oherwydd hyn rhaid ailganu'n hyderus yr hyn a fynegwyd yn y pennill agoriadol:

> Yng nghroes Crist y gorfoleddaf,
>   croes uwch difrod amser yw;
> yn ei llewyrch pur y gwelaf
>   holl gyflawnder gras fy Nuw.

Gweddi:

> O dan y groes 'rwy'n griddfan
>   Yn chwerw nos a dydd:
> Ond yn y groes mae 'mywyd
>   Ac yn y groes fy ffydd;
> Ar bwys y groes mi ddringaf
>   I'r drigfan ddedwydd draw,
> Ac am y groes mi ganaf
>   Yn beraidd maes o law.

> Trwy'r groes y daeth trugaredd
>   I gadw euog ddyn,
> Trwy'r groes y daeth cyfiawnder
>   A heddwch yn gytûn:
> Trwy'r groes disgynnodd Duwdod
>   I godi llwch y llawr,
> Am hynny mi ymffrostiaf
>   Yng nghroes fy Iesu mawr.
>   T W JENKYN

AMEN.

Hwn ydyw'r dydd y cododd Crist

Caneuon Ffydd: Rhif 543

Hwn ydyw'r dydd y cododd Crist
   gan ddryllio pyrth y bedd;
O cyfod, f'enaid, na fydd drist,
   i edrych ar ei wedd.

Cyfodi wnaeth i'n cyfiawnhau,
   bodlonodd ddeddf y nef;
er maint ein pla cawn lawenhau,
   mae'n bywyd ynddo ef.

Gorchfygodd angau drwy ei nerth,
   ysbeiliodd uffern gref;
ac annherfynol ydyw'r gwerth
   gaed yn ei angau ef.

Esgynnodd mewn gogoniant llawn
   goruwch y nefoedd fry;
ac yno mae, ar sail ei Iawn,
   yn eiriol drosom ni.

   Pob gallu llawn drwy'r byd a'r nef
      sydd yn ei law yn awr;
   ni rwystra gallu uffern gref
      ddibenion Iesu mawr.

ERYRON GWYLLT WALIA, 1803-70

Mewn dyddiau o drai ar grefydd, pan fo'r rhagolygon yn dywyll a'r gweddill ffyddlon yn y mwyafrif o'r capeli a'r eglwysi yn cael eu llethu'n aml gan ddifaterwch eu cyd-aelodau, hawdd iawn yw digalonni a hyd yn oed anobeithio'n llwyr. Rhywbeth yn debyg oedd profiad y disgyblion ac eraill o ddilynwyr Iesu ar ôl digwyddiadau erchyll Gwener y Groglith a'r diwrnodau cynt. Darllenwn yn yr Efengyl yn ôl Ioan eu bod yn cwrdd â'r "drysau wedi eu cloi ... oherwydd eu bod yn ofni'r Iddewon" (In. 20:19). Ond eir ymlaen i nodi, "dyma Iesu'n dod ac yn sefyll yn eu canol, ac yn dweud wrthynt, 'Tangnefedd i chwi!'" Wedi dweud hyn, dangosodd ei ddwylo a'i ystlys iddynt. Pan welsant yr Arglwydd, llawenychodd y disgyblion. Meddai Iesu wrthynt eilwaith, "Tangnefedd i chwi! Fel y mae'r Tad wedi fy anfon i, yr wyf fi hefyd yn eich anfon chwi" (In. 20:19-21). Mae gwybod bod yr Iesu eto'n fyw yn gweddnewid popeth. Dyna sy'n wir hyd heddiw yn hanes unigolion ac eglwysi. Braint pobl o'r fath yw cyhoeddi'n gyson yn enwedig ar Ddydd yr Arglwydd mai "Hwn ydyw'r dydd y cododd Crist gan ddryllio pyrth y bedd".

EMYNAU FFYDD

Er gwaethaf yr holl elynion a'r holl rwystrau a phroblemau, mae'r crediniwr unigol yn ei annog ei hun i beidio â bod yn drist ond i edrych ar wedd ei Arglwydd byw. Ef yw'r Un sydd wedi cyfodi "i'n cyfiawnhau" ac sydd wedi bodloni holl ofynion "deddf y nef". Yr Iesu byw sydd wedi gorchfygu "angau drwy ei nerth", gan ysbeilio "uffern gref" o'i grym. At hynny, mae'r Hwn a fu farw ac a gyfodwyd wedi esgyn "mewn gogoniant" i'r nefoedd lle mae'n eiriol dros ei eglwys. Mae gan deulu'r ffydd bob rheswm dros lawenhau a bod yn hyderus yn wyneb gelynion di-rif, oherwydd fel y dywed pennill olaf yr emyn hwn:

> Pob gallu llawn drwy'r byd a'r nef
>   sydd yn ei law yn awr;
> ni rwystra gallu uffern gref
>   ddibenion Iesu Mawr.

Gweddi:

> O! Angau, pa le mae dy golyn?
> O! uffern, ti gollaist y dydd:
> Y Baban a anwyd ym Methlem
> Orchfygodd bob gelyn y sydd.

Gorfoleddwn yng ngrym dy fuddugoliaeth ar bechod, angau a'r bedd. Diolchwn am holl fendithion dy eiriolaeth drosom ar ddeheulaw'r Mawredd. Diolchwn fod rhan i ninnau yn dy fuddugoliaeth. Cadw ni yn agos atat hyd nes y cawn weld dy wedd "wyneb yn wyneb". AMEN.

EMYNAU FFYDD

Yr Iesu atgyfododd

Caneuon Ffydd: Rhif 553

Yr Iesu atgyfododd
  yn fore'r trydydd dydd;
'n ôl talu'n llwyr ein dyled
  y Meichiau ddaeth yn rhydd:
cyhoedder heddiw'r newydd
  i bob creadur byw,
er marw ar Galfaria
  fod Iesu eto'n fyw.

Yr Iesu atgyfododd
  mewn dwyfol, dawel hedd,
dymchwelodd garchar angau
  a drylliodd rwymau'r bedd;
fe ddaeth ag agoriadau
  holl feddau dynol-ryw
i fyny wrth ei wregys,
  mae'r Iesu eto'n fyw.

Yr Iesu atgyfododd,
  nid ofnwn angau mwy,
daeth bywyd annherfynol
  o'i ddwyfol, farwol glwy';
datganwch iachawdwriaeth
  yn enw Iesu gwiw;
mae'r ffordd yn rhydd i'r nefoedd,
  a'r Iesu eto'n fyw.

THOMAS LEVI, 1825-1916

Mae'r Apostol Paul yn esiampl wych o'r modd rhyfeddol y mae'r Iesu byw yn medru torri i mewn i fywyd person a'i drawsnewid yn llwyr – yr erlidiwr didrugaredd ar aelodau'r eglwys fore yn troi'n apostol. Mae'r peth yn syfrdanol. O ddarllen epistolau Paul at y gwahanol eglwysi cawn olwg ar yr hyn a gredai a'r hyn a gyhoeddai am y Crist atgyfodedig a byw. Cawn hyd i'w ddysgeidiaeth yn y bymthegfed bennod o'i epistol cyntaf at y Corinthiaid. Blinid yr eglwys ar y pryd gan rywrai oedd yn ceisio tanseilio ffydd yr aelodau yn ffaith atgyfodiad Crist. Defnyddia'r Apostol ei holl allu i ddadlau a rhesymu er mwyn eu hargyhoeddi: "Os nad yw Crist wedi ei gyfodi, gwagedd yw'r hyn a bregethir gennym ni, a gwagedd hefyd yw eich ffydd chwi ... ac yn eich pechodau yr ydych o hyd. Y mae'n dilyn hefyd fod y rhai a hunodd yng Nghrist wedi darfod amdanynt" (1 Cor. 15:14, 17-18). Dyna rai o ganlyniadau brawychus gwadu atgyfodiad Crist ac atgyfodiad y meirw yn gyffredinol. "Ond y gwir yw," medd Paul, "fod Crist wedi ei gyfodi oddi wrth y meirw, yn flaenffrwyth y rhai sydd wedi huno" (1 Cor. 15: 20).

Dyma'r gwirionedd sy'n sylfaen i emyn hwyliog a hyderus y diweddar Barchedig Thomas Levi. Y weithred ddwyfol hon sy'n peri ei fod yntau, fel pawb arall o broffeswyr "y ffydd a draddodwyd un waith am byth i'r saint" (Jwdas ad. 3) yn medru gorfoleddu bod gennym newyddion da i'w gyhoeddi "fod Iesu eto'n fyw". Dyma'r digwyddiad unigryw sy'n ein sicrhau bod ein Ceidwad a'n Prynwr wedi dymchwel "carchar angau" ac wedi dryllio "rhwymau'r bedd". Wrth wneud,

> fe ddaeth ag agoriadau
> holl feddau dynol-ryw
> i fyny wrth ei wregys

ac felly nid oes raid i'r un crediniwr byth ofni "angau mwy". Ei briod waith bellach yw datgan ar air a thrwy weithred holl rinweddau'r "iachawdwriaeth" sydd i'w chael "yn enw Iesu gwiw". Oherwydd beth bynnag a ddywed beirniaid Cristnogaeth, "mae'r ffordd yn rhydd i'r nefoedd, a'r Iesu eto'n fyw".

"A wyt ti'n credu hyn?" (In. 11:26).

Gweddi:
Diolchwn i ti, O Dduw, am godi dy fab yn fyw o'r bedd. Diolch mai ef "yw'r atgyfodiad a'r bywyd" i bawb sy'n credu ynddo. Cynnal ni â'r gobaith cryf hwn a phaid â gadael i unrhyw beth ysgwyd ein ffydd a'n cred yng ngrym ei atgyfodiad.

> Ni yw ei dystion, awn ymlaen â'i waith,
> gan gyhoeddi'i enw ymhob gwlad ac iaith:
> gobaith sydd yn Iesu i'r holl ddynol-ryw,
> concrwr byd a'i bechod, y pencampwr yw;
> Crist a orchfygodd fore'r trydydd dydd,
> Cododd ein Gwaredwr, daeth o'r rhwymau'n rhydd.
> (E. L. BUDRY, *efel*. R.B. HOYLE ac O. M. LLOYD)

AMEN.

I'th Eglwys, Arglwydd, rho fwynhau

Caneuon Ffydd: Rhif 569

I'th Eglwys, Arglwydd, rho fwynhau
   y tywalltiadau nefol,
a grasol wyrthiau'r Ysbryd Glân
   yn creu yr anian dduwiol.

Nid dawn na dysg ond dwyfol nerth
   wna brydferth waith ar ddynion;
y galon newydd, eiddot ti
   ei rhoddi, Ysbryd tirion.

Ti elli bob rhyw ddrwg ddileu
   a'n creu i gyd o'r newydd;
yn helaeth rho yn awr i'n plith
   dy fendith, Dduw'r achubydd.

Caed lluoedd eu haileni 'nghyd
   i fywyd glân yr Iesu,
ac ar ei ddelw, teulu'r ffydd
   fo beunydd yn cynyddu.

ELFED, 1860-1953

Mae gwaith yr efengyl yn y byd yn gwbl ddibynnol ar waith yr Ysbryd Glân. Ef sy'n galw'r gweithwyr i'r winllan. Ef hefyd sy'n peri bod gwaith yr Ysbryd yn mynd rhagddo ym meddyliau a chalonnau anghredinwyr a chredinwyr fel ei gilydd. Os yw'r eglwys fawr fydeang i lwyddo, mae'n rhaid iddi brofi'n gyson o'r "tywalltiadau nefol".

    Ein twyllo ein hunain a wnawn os cawn ein hudo i feddwl bod gan ddoniau naturiol ac addysg dda y gallu i wneud dynion pechadurus eu natur yn gymeriadau "prydferth". Yr unig beth y gall y pethau hyn ei wneud yw peri bod pobl yn cael hyd i amrywiol ffyrdd o borthi pob chwant mewn modd mwy soffistigedig. Dysgeidiaeth eglur yr eglwys Gristnogol yw bod angen "calon newydd" ar bob un. Crëwr a Rhoddwr calon o'r fath yw "Ysbryd tirion" Duw ei hun. Ef, ac ef yn unig, biau'r gallu i ddileu pob drwg "a'n creu i gyd o'r newydd". Mae ar yr eglwys angen parhaus am fendith gyfoethog y Duw sydd â'r gallu a'r awydd i achub rhai gwael. "Duw'r achubydd" yw ei enw am mai "ar achub dynion mae Ei feddwl Ef, ac achub dynion ydyw gwaith y Nef".

    Dymuniad taer yr emynydd ym mhennill olaf yr emyn hwn yw gweld "lluoedd" yn cael "eu haileni 'nghyd i fywyd glân yr Iesu". Mae'r berfenw "aileni" i'w weld yn y bennod gyntaf o lythyr cyntaf Pedr yr apostol. Dywed Pedr fod y sawl sy'n credu yng Nghrist wedi eu haileni "nid o had llygredig, eithr anllygredig, trwy air Duw, yr hwn sydd yn byw ac yn parhau yn dragywydd" (I Pedr 1:23, hen gyfieithiad). Mae Ioan yn y drydedd bennod o'i efengyl yn defnyddio ymadrodd gwahanol sy'n fynegiant o'r un gwirionedd. Wrth gofnodi'r hanes am ymwneud yr Arglwydd Iesu Grist â Nicodemus, "aelod o Gyngor yr Iddewon," dywed Ioan i'r Iesu ddweud wrtho "Yn wir, yn wir, rwy'n dweud wrthyt, oni chaiff rhywun ei eni o'r newydd ni all weld teyrnas Dduw ... Oni chaiff rhywun ei eni o ddŵr a'r Ysbryd ni all fynd i mewn i deyrnas Dduw. Yr hyn sydd wedi ei eni o'r cnawd, cnawd yw, a'r hyn sydd wedi ei eni o'r Ysbryd, ysbryd yw. Paid â rhyfeddu imi ddweud wrthyt, 'Y mae'n rhaid eich geni chwi o'r newydd'" (In. 3:5-7). Mewn rhai cylchoedd eglwysig mae'r ymadrodd cyfatebol yn Saesneg yn boblogaidd tu hwnt, sef "born again". Rhydd llawer yr argraff fod y profiad o ailenedigaeth ysbrydol yn ddiben ynddo'i hun. Gwell gen i ddilyn ymresymiad Elfed yn yr emyn bach hwn pan ddywed fod pobl yn cael eu "haileni ... i fywyd glân yr Iesu". Ofer tystio i wyrth yr aileni yn ein bywydau os parhawn i fwynhau pleserau cnawdol y fall. Dygir yr emyn hyfryd hwn i'w derfyn drwy ein hatgoffa mai ar "ddelw" Duw a'i Fab, Iesu, y bydd y wir eglwys yn cynyddu, nid ar ddelw dynion.

Gweddi:
Hiraethwn bob awr am gael profi a mwynhau "y tywalltiadau nefol, a grasol wyrthiau'r Ysbryd Glân".
    Diolchwn mai ti, yn dy fawr drugaredd, sy'n cyflawni "prydferth waith ar ddynion" ym mhob oes. Dyro i ni, felly, brofiad o'r "galon newydd" nad oes neb ond ti yn medru ei rhoi. Dymunwn fod yn rhan o'th greadigaeth newydd di. Achub ni o afael ein pechod a phâr ein bod yn brofiadol o'r hyn a fynegodd dy was: "Felly, os yw rhywun yng Nghrist, y mae'n greadigaeth newydd; aeth yr hen heibio, y mae'r newydd yma" (2 Cor. 5:17).
    Cynorthwya ni yn ein cais i garu "pethau da" dy deyrnas. Gwna ni'n lanach ac yn burach fel y byddom yn debycach i'r Un a'n carodd ni â chariad mor fawr. Gwrando'n gweddi yn enw ac yn haeddiant Iesu Grist yn unig. AMEN.

Duw y cariad nad yw'n oeri

Caneuon Ffydd: Rhif 586

Duw y cariad nad yw'n oeri,
  Tad y gras nad yw'n lleihau,
trugarha a gwrando'n gweddi,
  tyred atom i'n bywhau,
gwisg dy weision â'th daranau,
  llosg â'th dân holl ddrygau'n hoes,
rho i ninnau fel ein tadau
  brofi grymusterau'r groes.

O tosturia wrth genhedlaeth
  gyndyn, wamal, falch ei bryd
sy'n dirmygu'i hetifeddiaeth
  a dibrisio'i breintiau drud,
oes a giliodd o'th gynteddau
  yn ei blys am fwyniant ffôl,
oes sy'n fyddar iawn ei chlustiau
  i'th alwadau ar ei hôl.

Gwagedd yw pob bri a llwyddiant
  lle ni byddo crefydd fyw,
ofer addysg a diwylliant
  heb oleuni Ysbryd Duw:
Arglwydd, dychwel ni i'r golau,
  hen ac ieuainc, dychwel ni,
gwna i ninnau fel ein tadau
  gerdded rhagom gyda thi.
    GEORGE REES, 1873-1950

Rhaid i mi gyfaddef bod yr emyn hwn yn un o'm hoff emynau. Yn *Llawlyfr Moliant Newydd* y Bedyddwyr fe'i hargraffwyd o dan y pennawd addas, "Gweddi am Adfywiad". Mae'n emyn sy'n llwyddo i gyfleu mewn iaith goeth yr hyn sy'n pwyso'n drwm iawn ar feddwl a chalon pawb o garedigion yr efengyl yng Nghymru ers llawer dydd. Mae'r modd y mae'r emynydd yn cyfarch ac yn disgrifio'r Duwdod yn y ddwy linell agoriadol yn wefreiddiol yn wir: "Duw y cariad nad yw'n oeri." Mor wahanol yw natur ac ansawdd cariad Duw i'n cariad gwibiog, gwamal ninnau sy'n ddibynnol, i raddau helaeth iawn, ar nwyd a theimlad. Cyfarch yr Un sydd â'i gariad yn gynnes bob amser a wna'r emynydd, gan fynd ymlaen i'w alw'n "Dad y gras nad yw'n lleihau". Mae yna derfynau i'n gras a'n hamynedd ninnau, tra bod gras Duw y Tad yr un mor ddi-ball heddiw ag y bu erioed. Felly, wrth fentro at Dduw gall yr emynydd fod yn gwbl hyderus y bydd yn gwrando ar ei ddeisyfiad, "tyred atom i'n bywhau". Aethom mor wywedig ac mor farwaidd mae'n rhaid inni gael ein bywhau, a bydd hynny'n sicrhau bod gweision Duw, ei weinidogion yn arbennig, yn cael profi eneiniad ar eu neges, a'r "tân" dwyfol yn llosgi'n ulw

EMYNAU FFYDD

"holl ddrygau'n hoes". Mae'r emynydd yn gwir ddymuno profi'r hyn a fu'n gymaint o ddylanwad ar ei gyndadau pan brofasant yn gyson, mewn cyfnodau o adfywiad, "rymusterau'r groes".

Wrth i'r weddi gynhesu manylir ar yr hyn sy'n wir am bob cenhedlaeth wrthgiliedig a gwrthryfelgar. Erfyn am dosturi a wna'r emynydd yng nghanol y cyndynrwydd, y gwamalrwydd a'r balchder i gyd. Onid dyma'r pethau sy'n dynodi cenhedlaeth gyfan o oedolion ac ieuenctid "sy'n dirmygu'i hetifeddiaeth a dibrisio'i breintiau drud"? Gwyddom oll am hyn – ni raid ymhelaethu. Cawn ein hannog fel eglwysi i symud gyda'r oes, beth bynnag yw ystyr hynny! Ond pa synnwyr sydd mewn symud gyda'r "oes a giliodd" o "gynteddau" tŷ'r Arglwydd "yn ei blys am fwyniant ffôl"? Ac eto, pa ddisgwyl sydd i'r sawl sy'n eiddigeddus o ogoniant enw ei Dduw symud gyda'r "oes sy'n fyddar iawn ei chlustiau" i "alwadau" yr Hollalluog "ar ei hôl"? Na, ni all y wir eglwys symud gydag oes o'r fath. Ei thasg, yn hytrach, yw sefyll yn gadarn o blaid gwerthoedd a safonau digyfnewid "yr unig wir a'r bywiol Dduw".

Ar ddechrau'r pennill olaf cyhoedda'r emynydd wirioneddau sy'n tueddu i gael eu hesgeuluso gennym ni, Gymry Cymraeg:

Gwagedd yw pob bri a llwyddiant
   lle ni byddo crefydd fyw,
ofer addysg a diwylliant
   heb oleuni Ysbryd Duw.

Rhaid gofalu na chawn ein hunain yn cymeradwyo pob "bri a llwyddiant" addysgol a diwylliannol dim ond am fod y pethau hyn yn digwydd yn Gymraeg ac yng nghyd-destun y diwylliant Cymraeg. Os yw'r pethau hyn i fod o wir les rhaid iddynt fod yn gwbl ddarostyngedig i "oleuni Ysbryd Duw".

Mae'r emyn yn cloi gydag ymbiliad taer:

Arglwydd, dychwel ni i'r golau,
   hen ac ieuainc, dychwel ni,
gwna i ninnau fel ein tadau
   gerdded rhagom gyda thi.

Gweddi:
Ein Tad, wrth Gymru, O trugarha!
Er mwyn dy Fab a'i prynodd iddo'i hun,
O crea hi yn Gymru ar dy lun.
       (LEWIS VALENTINE)
Yn enw'r Iesu, AMEN.

EMYNAU FFYDD

Ysbryd Sanctaidd, dyro'r golau

Caneuon Ffydd: Rhif 590

Ysbryd Sanctaidd, dyro'r golau
ar dy eiriau di dy hun;
agor inni'r Ysgrythurau,
dangos inni Geidwad dyn.

O sancteiddia'n myfyrdodau
yn dy wironeddau byw;
crea ynom ddymuniadau
am drysorau meddwl Duw.

Gweld yr Iesu, dyna ddigon
ar y ffordd i enaid tlawd;
dyma gyfaill bery'n ffyddlon,
ac a lŷn yn well na brawd.

DYFED, 1850-1923

Dyma emyn addas i'w ganu cyn y bregeth neu wrth ddod ynghyd i fyfyrio ar y Gair. Mae myfyrio'n gyson ar wironeddau'r Beibl yn rhan ganolog o'r ddisgyblaeth Gristnogol. O ddarllen hanesion yr Hen Destament a'r Newydd, cawn faeth i'r enaid sydd yn ei dro yn gymorth i ddirnad yn well yr hyn "a gais yr Arglwydd gennym" ar lwybr troellog bywyd. Yn hwyr neu'n hwyrach, fe ddaw pob gwir ddisgybl i'r fan lle y gall gytuno'n llwyr â'r hyn a ddywed y Salmydd mewn gwahanol adnodau o Salm 119: "Trysorais dy eiriau yn fy nghalon rhag imi bechu yn dy erbyn. Bendigedig wyt ti, O Arglwydd; dysg i mi dy ddeddfau [ad. 11-12] ... Byddaf yn myfyrio ar dy ofynion di, ac yn cadw dy lwybrau o flaen fy llygaid. Byddaf yn ymhyfrydu yn dy ddeddfau, ac nid anghofiaf dy air [ad. 15-16] ... Agor fy llygaid imi weld rhyfeddodau dy gyfraith [ad. 18]". Cyn cael budd o'n myfyrdodau ar yr ysgrythurau, rhaid pwyso'n drwm iawn ar gymorth yr Ysbryd Glân i oleuo'n meddyliau a chynhesu'n calonnau. Deisyf am yr Ysbryd hwnnw a wna Dyfed yn yr emyn hwn. Mae'r ymadrodd "agor inni'r Ysgrythurau" yn adleisio profiad y ddau ymdeithydd ar y ffordd i Emaus. Dywed Luc wrthym ym mhennod 24 o'i efengyl fod y ddau gyfaill yn teimlo'u calonnau'n cynhesu "tra yr ydoedd efe yn ymddiddan â ni ar y ffordd, a thra yr ydoedd efe yn agoryd i ni yr ysgrythurau" (Luc 24:32, hen gyfieithiad). Pennaf amcan unrhyw astudiaeth werthfawr o'r Ysgrythur yw "dangos inni Geidwad dyn". Ein gweddi feunyddiol yw "Drwy bob hanes, drwy bob adnod Dangos di dy Hun i mi".

EMYNAU FFYDD

Yn yr ail bennill deisyf yr emynydd ar i'r "Ysbryd Sanctaidd" sancteiddio'r myfyrdodau yng "ngwirioneddau byw" y Gair. Nid gwirioneddau sych, marwaidd sydd i'w gweld ar dudalennau'r Ysgrythur lân, oherwydd "y mae gair Duw yn fyw a grymus; y mae'n llymach na'r un cleddyf daufiniog, ac yn treiddio hyd at wahaniad yr enaid a'r ysbryd, y cymalau a'r mêr; ac y mae'n barnu bwriadau a meddyliau'r galon" (Heb. 4:12). Oes,

> Mae'r gallu yn y Beibl
> I atgynhyrchu ei hun,
> Trwy farnu a sancteiddio
> Meddyliau dirgel dyn.

Pan ddaw wyneb yn wyneb â'r "gwirioneddau byw", fe grëir ynom "ddymuniadau" am gael profi mwy a mwy o "drysorau meddwl Duw" sydd i'w canfod yn y Gair.

Pinacl pob myfyrio ar yr Ysgrythur, boed gyhoeddus neu ddirgel yw "gweld yr Iesu". Fel y Groegiad a ddaeth at Philip yn yr hanes a groniclir ym mhennod 12 o'r Efengyl yn ôl Ioan, cais cyson pob Cristion yw "Syr, fe hoffem weld Iesu". Mae "ei weled ef â llygaid ffydd" bob amser yn "ddigon ar y ffordd i enaid tlawd". Aralleiriad yw'r ddwy linell sy'n cloi'r emyn o un o adnodau mwyaf gwerthfawr Diarhebion yr Hen Destament: "Honni eu bod yn gyfeillion a wna rhai; ond ceir hefyd gyfaill sy'n glynu'n well na brawd" (Diar. 18:24).

Gweddi:
Wrth fentro o'r newydd heddiw i fyfyrio ar dy Air, a wnei di ein hargyhoeddi o'r newydd mai "dy Air di sydd wirionedd". Goleua di ein meddyliau â grym dy Lân Ysbryd, ac estyn inni'r awydd i blygu i awdurdod dy gyfraith. Yr ydym yn awyddus iawn i gael ein dysgu gennyt. Wrth inni dreulio amser yn sŵn dy eiriau, a wnei di ein tywys heddiw eto i gwrdd â'r "Gair a wnaethpwyd yn gnawd", sef ein hannwyl Waredwr?

> Melysach yw dy air, O! Dduw,
> Na'r diliau mêl i mi;
> Mae ynddo faeth i'm henaid gwan,
> Bendithion heb ddim rhi'.

AMEN.

EMYNAU FFYDD

Glanha dy Eglwys, Iesu mawr

Caneuon Ffydd: Rhif 602

Glanha dy Eglwys, Iesu mawr
  ei grym yw bod yn lân;
sancteiddia'i gweddi yn ei gwaith
a phura hi'n y tân.

Na chaffed bwyso ar y byd
  nac unrhyw fraich o gnawd:
doed yn gyfoethog, doed yn gryf
drwy helpu'r gwan a'r tlawd.

Na thynned gwychder gwag y llawr
  ei serch oddi ar y gwir;
na chuddied addurniadau dyn
ddwyfoldeb d'eiriau pur.

Heb nawdd na nerth, ond tarian ffydd
  a chledd yr Ysbryd Glân,
byth boed rhinweddau angau'r groes
o'i chylch yn fur o dân.

                ELFED, 1860-1953

Cefais fy magu mewn eglwys lle cenid yr emyn hwn yn fynych. O ganlyniad, daeth yn rhan o'm harfogaeth a'm hetifeddiaeth ysbrydol yn ifanc iawn. O weld y pennawd a osodwyd uwchben y geiriau gan olygyddion *Y Caniedydd* gynt, "Ysbrydolrwydd yr eglwys", deuthum i sylweddoli nad sôn am lendid sedd a phulpud a ffenest a charped oedd yr emynydd, ond ymboeni'n weddïgar ac yn ymbilgar am lendid meddwl, calon ac ysbryd pob aelod eglwysig sydd hefyd yn addolwr. O'm profiad innau, canran gymharol fach o'r aelodau yn ein heglwysi sy'n ymboeni am ei hysbrydolrwydd: ffyddloniaid y cyfarfod gweddi a'r seiat, yr ysgol Sul a'r Gobeithlu; pobl yr "ail filltir" yn eu perthynas ag eraill; pobl sy'n ymwybodol iawn o'r ffin hynod denau sy'n bodoli rhwng gwir ddefosiwn a rhagrith. O ddarllen y gair "rhagrith" cawn ein hatgoffa mai dyma elyn pennaf gwir ysbrydolrwydd ymhob oes. Drwy ddeisyf am weld yr eglwys yn cael ei phuro a'i glanhau, mae'r emynydd yn awyddus i ddiogelu'r cydbwysedd cywir rhwng "gweddi" a "gwaith", rhwng gair a gweithred, rhwng cariad at Dduw a chariad at gyd-ddyn. Gwelir hyn yn eglur yn y ddau bennill cyntaf, lle ceir y deisyfiadau penodol, "sancteiddia'i gweddi yn ei gwaith" a "doed yn gyfoethog, doed yn gryf drwy helpu'r gwan a'r tlawd". Arwynebol iawn yw ysbrydolrwydd unrhyw eglwys sydd ond yn meddwl amdani'i hun ac yn ddibris o anghenion cymdeithas a byd.

EMYNAU FFYDD

Po fwyaf y bydd rhywun yn myfyrio ar gynnwys yr emyn hwn, mwya'n y byd yw'r cyfoeth sydd ynddo. Dywedir yn glir ac yn gryno mai "grym" yr eglwys yw bod yn lân a phur ar ddelw ei Phen. Ofer, meddir, yw "pwyso ar y byd nac unrhyw fraich o gnawd", ac eto dyna'n union a wna mwy a mwy o eglwysi wrth droi at y byd am gardod. Mae'r trydydd pennill yn mynegi dyhead ac argyhoeddiad sy'n drwm o dan ddylanwad y darlun piwritanaidd o ogoniant y wir eglwys. O'r argyhoeddiad hwnnw y tarddodd yr eglwysi Anghydffurfiol a fu mor rymus eu dylanwad yng Nghymru mewn cyfnod a fu. "Dwyfoldeb geiriau pur" y Beibl a'r "gwir" oedd y pethau canolog. Pethau eilradd hollol oedd "addurniadau dyn" a "gwychder gwag y llawr". Roedd y cysegrleoedd diaddurn yn borth i'r nefoedd i'r saint ffyddlon ac unplyg. Ac felly o hyd ym mhrofiad aml un.

Ym mhennill clo yr emyn fe gyhoeddir â hyder mai'r unig adnoddau a fedd y wir eglwys yw'r adnoddau ysbrydol a ymddiriedir iddi gan Dduw trwy ras, sef "tarian ffydd a chledd yr Ysbryd Glân". Mae'r ddeubeth hyn yn rhan o arfogaeth ysbrydol y Cristion a ddisgrifir gan yr Apostol Paul yn ei epistol at yr Effesiaid (6:10-17). At hynny, mae'r emynydd yn deisyf ar ran yr eglwys, yn lleol ac yn fyd-eang, "byth boed rhinweddau angau'r groes o'i chylch yn fur o dân." Wrth i ninnau feddwl am ein heglwysi lleol, beth tybed, sy'n cael y flaenoriaeth gennym – y wedd faterol ynteu'r wedd ysbrydol? Ceisiwn ras i gadw'r cydbwysedd rhwng y ddeubeth.

Gweddi:
Diolchwn i ti, O Dduw, am dy eglwys. Helpa ni i gofio mai dy greadigaeth di ydyw, bob amser. Maddau ein tuedd i anghofio amdanat ti sydd i fod yn ei chanol beunydd, wrth ymgolli mewn trefniadau bydol sy'n tueddu i ddiystyru'r ysbrydol. Cadw ni mewn cytgord â'th fwriadau grasol ar ein cyfer, a chadw ni rhag syrthio i'r rhagrith a'r rhyfyg sy'n bygwth ein difa. Gofynnwn hyn i gyd yn enw'r Iesu. AMEN.

EMYNAU FFYDD

Am dy gysgod dros dy Eglwys

Caneuon Ffydd: Rhif 609

Am dy gysgod dros dy Eglwys
  drwy'r canrifoedd, molwn di;
dy gadernid hael a roddaist
  yn gynhaliaeth iddi hi:
    cynnal eto
briodasferch hardd yr Oen.

Am dy gwmni yn dy Eglwys
  rhoddwn glod i'th enw glân;
buost ynddi yn hyfrydwch,
  ac o'i chylch yn fur o dân:
    dyro brofiad
o'th gymdeithas i barhau.

Am dy gariad at dy Eglwys
  clyw ein moliant, dirion Dad;
grym dy gariad pur yn unig
  ydyw gobaith ei glanhad:
    boed gorfoledd
dy drugaredd yn ein cân.

JOHN ROBERTS, 1910-84

Wrth i'r diweddar Barchedig John Roberts ganu am gysylltiad Duw â'i eglwys ar hyd canrifoedd cred, canolbwyntia'n ddiolchgar ar dri pheth:
(i)   CYSGOD Duw dros ei eglwys
(ii)   CWMNI Duw yn ei eglwys
(iii) CARIAD Duw at ei eglwys
Cysgod yr Hollalluog dros ei greadigaeth unigryw sy'n gyfrifol am ei pharhad a'i ffyniant, ac sydd wedi estyn ei "gadernid hael yn gynhaliaeth iddi hi" o oes i oes. Bydd y gynhaliaeth gadarn, hael hon ar gael i "briodasferch hardd yr Oen" tra parhao Duw mewn bod. Yn wyneb hyn ni ddylid digalonni, ond canmol a llawenhau'n ffyddiog.

    Sonnir yn yr ail bennill am "hyfrydwch" cwmnïaeth yr Hollalluog yn ei eglwys. Ei gwmnïaeth ef ym mherson ei Fab, ac yng ngweinidogaeth ei Air a'i Ysbryd sy'n gwneud cymdeithas ei eglwys mor wahanol i bob cymdeithas arall. Fel y canodd William Williams, Pantycelyn, wrth grybwyll y wefr o fod mewn cymdeithas â Duw:

Awr o'th bur gymdeithas felys,
   awr o weld dy wyneb-pryd
sy'n rhagori fil o weithiau
   ar bleserau gwag y byd:
      mi ro'r cwbwl
   am gwmpeini pur fy Nuw.

Moli a wneir yn y pennill olaf am gariad Duw at ei Eglwys. Dyma unig "obaith ei glanhad". Cariad digyfnewid ac anfesurol Duw sy'n puro a glanhau pechaduriaid edifeiriol a'u troi yn saint. Dyma'r bobl sy'n ymdeimlo â rheidrwydd cyson i foli Duw am ei drugaredd tuag atynt. Llwm ac arwynebol iawn yw unrhyw foliant nad yw wedi'i wreiddio'n gadarn mewn profiad real a phersonol o drugaredd Duw yng Nghrist. Cofier bob amser mai "trugaredd yw gwledd y pechadur, ei obaith, ei gysur a'i gân".

Gweddi:
   "Am dy gysgod dros dy Eglwys
   drwy'r canrifoedd, molwn di."
         "Llechwn yn ei gysgod
         pa beth bynnag ddaw,
         nerthoedd nef a daear
         geidw yn ei law."

   "Am dy gwmni yn dy Eglwys
   rhoddwn glod i'th enw glân."
         "Melys iawn yw cwmni'r Iesu
          ar y ffordd i'r byd a ddaw;
         mae ei wedd yn cymell canu,
          a gofidiau'n cilio draw;
            cwmni'r Iesu,
         dyma'r ffordd i'r nef yn ôl."

   "Am dy gariad at dy eglwys
   clyw ein moliant, dirion Dad."
         "Gwyddost ein bod ni'n dy garu,
         O! am fedru caru'n fwy:
         Canu fel trigolion gwynfyd –
         Caru'n hyfryd megis hwy."
AMEN.

EMYNAU FFYDD

O Arglwydd Dduw ein tadau

Caneuon Ffydd: Rhif 613

O Arglwydd Dduw ein tadau,
   ein craig a'n tŵr wyt ti:
O gogonedda eto
   dy enw ynom ni;
ni cheisiwn fwy anrhydedd
   na rhodio'n llwybrau'r groes
gan fyw i ddangos Iesu
   a gwasanaethu'n hoes.

Nid oes i ni offeiriad
   ond Iesu Grist ei hun
nac ordeiniadau eraill
   ond geiriau Mab y Dyn:
i ryddid pur y'n galwyd;
   O cadw ni'n dy waith
nes elo cyfraith rhyddid
   dros ŵyneb daear faith.
            ELFED, 1860-1953

Gweddi ar gyfer aelodau "eglwys y Duw byw" sy'n "golofn a sylfaen y gwirionedd" (1 Tim. 3:15) a geir yn yr emyn hwn. Mae pob aelod eglwysig gwerth ei halen yn ymwybodol o'i dras a'i etifeddiaeth ysbrydol. O'r herwydd, gall gyfarch ei Dduw â'r geiriau cysurus, "O Arglwydd Dduw ein tadau", gan gyffesu'n ddiffuant mai "ein craig a'n tŵr wyt Ti". Ond Duw ei orffennol yn unig yw'r Duw y mae'r addolwr yn ymgrymu ger ei fron. Mae ef hefyd yn Dduw ei bresennol. Wrth ymuno, felly, gyda'i gyd-gredinwyr, ei weddi yntau a hwythau yw, "O gogonedda eto dy enw ynom ni".

    Yr unig "anrhydedd" a geisiwn bellach yw cael "rhodio'n llwybrau'r groes", ac unig nod ein bywydau yw cael "byw i ddangos Iesu a gwasanaethu'n hoes". Tybed ai dyna'ch unig nod chi a mi ar daith bywyd?

EMYNAU FFYDD

Beirniadwyd yr emyn hwn yn llym iawn o bryd i'w gilydd, a'i alw, ymhlith pethau eraill, yn emyn sectyddol. Mae'n siŵr mai ar yr ail bennill mae'r bai am hynny (os bai hefyd). Ond o fyfyrio ar ei gynnwys yng ngoleuni'r Beibl, ni ellir ei feirniadu. Mawrygir yr Arglwydd Iesu Grist fel "Offeiriad yn dragwyddol" yn unol â'r hyn a ddarllenir yn yr epistol at yr Hebreaid (7:15-20). Pwysleisir hefyd mai'r unig "ordeiniadau" dilys ym mywyd eglwys Crist yw'r rhai sy'n sylfaenedig, nid ar draddodiad dynion, ond ar eiriau "Mab y Dyn". Dyna'r rheswm dros barhau i arddel dilysrwydd yr ordinhad o Fedydd a Swper yr Arglwydd yn unig. Mae'r rhan olaf o'r ail bennill yn seiliedig ar ymadrodd o'r Testament Newydd o eiddo Iago, sef "perffaith gyfraith rhyddid" (Iago 1:25). Yng ngoleuni hyn gallwn ddadlau bod yr emyn y barnwyd ei fod yn "sectyddol" mewn gwirionedd yn emyn ysgrythurol ei gynnwys, a'i fod yn haeddu ei ganu ag arddeliad.

Gweddi:
Trown atat, ein Duw, yr hwn a fuost yn graig ac yn dŵr i'th bobl mewn amserau o lwyddiant ac adfyd. Tyred atom, a gogonedda dy enw sanctaidd ynom. Nertha ni i gerdded yn ôl traed yr Un a fu'n "rhodio'n llwybrau'r groes" er ein hachub. Wrth i ni ei ddilyn, pâr fod ein bywydau'n "dangos Iesu" i eraill. Diolchwn o galon i ti mai ef yw ein hunig offeiriad. Diolch, hefyd, mai geiriau dy Fab yw unig sail yr ordinhadau a arddelwn. Diolch mai "i ryddid y rhyddhaodd Crist ni". Ond cadw ni rhag ei gam arfer i'r graddau y byddwn o blaid pen-rhyddid. Cynorthwya ni i sefyll yn gadarn yng ngwaith dy eglwys "nes elo cyfraith rhyddid dros ŵyneb daear faith". AMEN.

EMYNAU FFYDD

Yn oriau tywyll ein hamheuon blin

Caneuon Ffydd: Rhif 623

Yn oriau tywyll ein hamheuon blin
   a'r wawr ymhell,
ynghanol cors ein hanghrediniaeth ddu
   mewn unig gell,
O deued atom chwa o Galfarî
i ennyn fflam ein ffydd, a'n harwain ni.

Ym merddwr difaterwch gwag y byd
   a'i werthoedd brau,
a niwloedd llonydd ein difrawder llesg
   o'n cylch yn cau,
O deued cynnwrf awel Calfarî
i ennyn fflam ein ffydd, a'n hysgwyd ni.

Ym marrug ein bydolrwydd, egin gwyrdd
   sy'n crino i gyd,
a rhewynt materoliaeth ddreng ein hoes
   sy'n deifio'n byd;
O deued gwefr y gwynt o Galfarî
i ennyn fflam ein ffydd, a'n deffro ni.

Yng nghân y ceiliog fe'n cyhuddir oll
   mewn llawer man,
ac ofn y farn gyhoeddus sy'n ein gwneud
   yn llwfr a gwan;
O deued nerthol gorwynt Calfarî
i ennyn fflam ein ffydd, a'n herio ni.
           ALED LLOYD DAVIES

Dyma emyn sy'n cyfleu i'r dim wir gyflwr yr eglwys wrthgiliedig yng Nghymru "ar gyfyng awr ei thrai". O'r holl emynau cyfoes sydd wedi ymddangos yn *Caneuon Ffydd*, hwn sy'n dod i'r brig, yn sicr. Yr un yw patrwm pob pennill – disgrifio symptomau'r afiechyd sy'n blino'r eglwysi yn y llinellau cyntaf, yna yng nghwpledi clo'r penillion i gyd, cyhoeddir y feddyginiaeth. Diddorol yw nodi mai ffynhonnell y feddyginiaeth bob tro yw "Calfarî". Dyma emyn sy'n addas ar gyfer

EMYNAU FFYDD

darllen myfyrgar yn ogystal â'i ganu. Mae'r pennill agoriadol yn sôn am "oriau tywyll ein hamheuon blin a'r wawr ymhell". Gŵyr pawb o garedigion achos Crist am ing oriau o'r fath, hyd yn oed y cryfaf ei ffydd yn ein plith. Sonnir yn ogystal am "gors ein hanghrediniaeth ddu mewn unig gell". Anghrediniaeth yw'r gelyn sydd wedi ceisio difa "fflam" ffydd saint Duw ar hyd canrifoedd cred, ac mae lle i gredu ei fod wrth ei waith difaol yn fwy nag erioed yn y dyddiau drwg presennol. O ble y daw'r rhyddhad a'r feddyginiaeth a geisiwn? O Galfarî yn sicr, medd awdur yr emyn hwn, a deisyf ym mhob pennill: "O deued atom chwa o Galfarî i ennyn fflam ein ffydd, a'n harwain ni".

Ar ddechrau'r ail bennill cawn ein tywys i ganol "merddwr difaterwch gwag y byd a'i werthoedd brau". Yng nghyd-destun yr eglwys gellid yn hawdd gynnwys "difaterwch" cyd-aelodau hefyd erbyn hyn. Mae difaterwch byd ac eglwys heddiw'n rhemp. Ac yn sicr fe welir gwerthoedd brau'r byd di-gred yn gadael eu hôl ar y saint. Ceir cyffyrddiad poenus iawn yn y geiriau: "a niwloedd llonydd ein difrawder llesg o'n cylch yn cau". Mae "difrawder", ym mha ffurf bynnag y'i gwelir, yn rhywbeth sy'n gondemniad ar aelodau eglwys y Duw byw. Ymhle y ceir hyd i'r feddyginiaeth a all wella "difaterwch" a "difrawder"? Clywn yr ateb ar ffurf deisyfiad drachefn: "O deued cynnwrf awel Calfarî i ennyn fflam ein ffydd, a'n hysgwyd ni".

Ni ellir peidio â theimlo bod symptomau'r afiechyd yn dwysáu o bennill i bennill. Sonnir ym mhennill tri am "farrug ein bydolrwydd" sy'n crino'r "egin gwyrdd". Ymdeimlwn hefyd â rhywbeth iasoer iawn yn cydio ynom wrth ddarllen y geiriau "a rhewynt materoliaeth ddreng ein hoes sy'n deifio'n byd". Buom yn ceisio dygymod ag effeithiau "barrug ein bydolrwydd" a "rhewynt materoliaeth ddreng ein hoes" yn rhy hir o lawer. Mewn gwirionedd, nid yw'r rhain yn bethau y gall yr eglwys ddygymod â hwy oherwydd difa pob bywyd ac awch ysbrydol yw eu nod. Beth yw'r ateb? O ble y daw ymwared?

O deued gwefr y gwynt o Galfarî
i ennyn fflam ein ffydd, a'n deffro ni.

Gweddi:
Gwêl adfyd dy eglwys yn ein tir. Tyred yn dy drugaredd i'n "harwain" a'n "hysgwyd"; ein "deffro" a'n "herio." Er mwyn dy ogoniant dy Hun. AMEN.

111

EMYNAU FFYDD

Tydi, fu'n rhodio ffordd Emaus

Caneuon Ffydd: Rhif 633

Tydi, fu'n rhodio ffordd Emaus
  'r ôl torri grym y bedd,
enynna mewn calonnau oer
  y fflam o ddwyfol hedd.

Tydi, fu'n cerdded gyda'r ddau
  i'w cartref wedi'r brad,
cerdd gyda ni bob awr o'n hoes
  hyd drothwy tŷ ein Tad.

Tydi, fu'n agor cloriau'r gair
  a dangos meddwl Duw,
llefara wrthym ninnau nawr
  dy wironeddau byw.

Tydi, fu'n torri'r bara gynt,
  tyrd eto atom ni
a dwg ni oll o gylch y bwrdd
  i'th lwyr adnabod di.

J. EDWARD WILLIAMS

Sylfaen ysgrythurol sydd i'r emyn hwn. Mae'r hanes rhyfeddol am gyfarfyddiad y ddau gyfaill ar y ffordd i Emaus â'r Crist atgyfodedig yn un o hanesion prydferthaf y Testament Newydd. Ymddiddan yr oeddent am yr holl bethau oedd wedi digwydd yn y ddeuddydd cynt. Dywed Luc wrthym: "Yn ystod yr ymddiddan a'r trafod, nesaodd Iesu ei hun atynt a dechrau cerdded gyda hwy, ond rhwystrwyd eu llygaid rhag ei adnabod ef" (Luc 24:15-16). Mor aml, hefyd, y rhwystrir ein llygaid ninnau rhag adnabod yr Un y mae hi mor bwysig i ni ei adnabod cyn iddi fynd yn rhy hwyr. Wrth wneud yn fawr o'r llyfr emynau a'r Beibl fel sail i'n defosiwn, cawn ein synnu'n aml sut y gall y naill gyfrol fwrw goleuni ar y llall. Dyna sy'n wir yn yr achos hwn. Er mwyn gwerthfawrogi'n llawnach neges yr emyn hwn, mae'n bwysig ein bod yn ei ddarllen yng ngoleuni'r hanesyn sy'n sylfaen iddo yn yr Efengyl yn ôl Luc (24:13-35).

Cyfarch y Person atgyfodedig a byw a wna'r emynydd ym mhob un o'r penillion. Mae'r emyn yn un syml ei fynegiant a chlir ei neges. Ar ôl mynegi'r ffeithiau ysgrythurol yng nghwpled cyntaf pob pennill, fe eir ymlaen i ddeisyf ar i'r Crist byw gyflawni'r un gweithredoedd heddiw ym mywydau ei ddilynwyr.

Gofynnir yn y pennill cyntaf i'r hwn "fu'n rhodio ffordd Emaus 'rôl torri grym y bedd" ennyn "mewn calonnau oer y fflam o ddwyfol hedd". Dyna ddeisyfiad sy'n berthnasol i bob un ohonom, mae'n siŵr. Oherwydd mewn cyfnod o oerfelgarwch ysbrydol, rhaid i ni gyfaddef fel unigolion mai:

Oer a marwaidd yw fy nghalon,
Gwan a diffrwyth yw pob gras

EMYNAU FFYDD

ac yna ymbil yn daer a diffuant:
Tyred, Iesu bendigedig –
Bugail mawr y defaid oll,
Dychwel f'enaid gwrthgiliedig:
Byth na ad imi fod ar goll.

Mae'r ail bennill yn gofyn i'r Un "fu'n cerdded gyda'r ddau i'w cartref wedi'r brad" gerdded mewn grym "gyda ni bob awr o'n hoes hyd drothwy tŷ ein Tad". Dyna addewid mwyaf gwerthfawr y Crist byw i'w blant: "Ac yn awr, yr wyf fi gyda chwi yn wastad hyd ddiwedd amser" (Mth. 28:20).

Sonia'r hanesyn gwreiddiol yn y Testament Newydd am y Crist byw ar y ffordd i Emaus yn "dehongli" i'w gyd-deithwyr "y pethau a ysgrifennwyd amdano ef ei hun yn yr holl Ysgrythurau" (Luc 24:27). Dyna mae'r emynydd yn ei ddeisyf yn y trydydd pennill: "llefara wrthym ninnau nawr dy wirioneddau byw".

Ar derfyn y daith i Emaus, tystiolaeth y ddau gyfaill oedd iddynt "ei adnabod ef ar doriad y bara". Naturiol iawn ydyw, felly, fod yr emynydd yn cloi'r emyn gyda'r pennill:
Tydi, fu'n torri'r bara gynt,
   tyrd eto atom ni
a dwg ni oll o gylch y bwrdd
   i'th lwyr adnabod di.

Bendith fawr i ni, gartref yn Ebeneser, Gorseinion, oedd cael yn ein plith ddiacon annwyl a ffyddlon a fedrai dystio'n gwbl bendant ei fod "wedi ei adnabod ef ar doriad y bara". Nid peth chwithig oedd ei glywed yn torri allan mewn gorfoledd pan ddown ynghyd o amgylch bwrdd y wledd ar nos Sul y cymundeb wrth iddo adnewyddu ei gyfeillgarwch â'r Un a'i carodd â chariad mor fawr. Beth amdanom ni? A ddaethom ninnau i'w adnabod?

Gweddi:
O tyred, Brynwr dwyfol,
   dy eiddo di yw'r bwrdd,
addewaist i'th anwyliaid
   y deuet ti i'r cwrdd:
cael edrych arnat, Arglwydd,
   a dry yr oedfa hon
yn wledd ddiangof inni
   a gwynfyd dan ein bron.

O Arglwydd grasol, pâr inni oll fedru dy adnabod "ar doriad y bara".
AMEN.

EMYNAU FFYDD

Dewch, ffyddlon rai, neséwch mewn hedd

Caneuon Ffydd: Rhif 638

Dewch, ffyddlon rai, neséwch mewn hedd,
   mae yma wledd arbennig
o basgedigion wedi eu trin,
   a gloyw win puredig.

Amgylchwch heddiw'r sanctaidd fwrdd,
   cewch gwrdd â'ch Prynwr Iesu,
a llawnder o gysuron da
   sydd yma i'ch croesawu.

Rhag clwyfau enaid o bob rhyw
   gan Dduw cewch feddyginiaeth,
a rhag gelynion cryfion, cas,
   drwy ras cewch waredigaeth.

Fe selir i chwi heddiw 'nghyd
   y golud anchwiliadwy,
a dygir chwi ar fyr yn llon
   i Seion i'w meddiannu.
            PHYLIP PUGH, 1679-1760

Profiad pleserus iawn bob amser yw derbyn gwahoddiad i wledd. Yn wir, y mae'r Arglwydd Iesu ei hun yn cyffelybu teyrnas nefoedd i frenin a drefnodd wledd briodas i'w fab: "Anfonodd [y brenin] ei weision i alw'r gwahoddedigion i'r neithior, ond nid oeddent am ddod. Anfonodd eilwaith weision eraill gan ddweud, 'Dywedwch wrth y gwahoddedigion, Dyma fi wedi paratoi fy ngwledd, y mae fy mustych a'm llydnod pasgedig wedi eu lladd, a phopeth yn barod; dewch i'r neithior'" (Mth. 22:2-4). Dyna batrwm llawer o broffwydi'r Hen Destament yn ogystal. Geiriau o broffwydoliaeth Eseia sy'n sylfaen i bennill agoriadol yr emyn hwn o eiddo Phylip Pugh: "Ac Arglwydd y Lluoedd a wna i'r holl bobloedd yn y mynydd hwn wledd o basgedigion, gwledd o loyw-win; o basgedigion breision, a gloyw-win puredig" (Eseia 25:6). O graffu'n hir ar y dyfyniad hwn, nid yw'n

EMYNAU FFYDD

anodd gweld sut y cymhellwyd yr emynydd i fynd ati i lunio emyn i'w ganu wrth agosáu at fwrdd y Cymun yn seiliedig ar ddelweddau cysurlon y proffwyd.

Mae bendithion dirifedi ar gael i'r sawl sy'n dynesu mewn edifeirwch a ffydd at fwrdd y wledd. Dyna'r sawl sy'n cael yr uchelfraint o gwrdd â'u "Prynwr Iesu"; hwythau hefyd sy'n profi o'r "feddyginiaeth" sydd gan Dduw ar gyfer holl glwyfau'r enaid – y clwyfau mewnol, ysbrydol anweledig nad yw neb ond y sawl a'u profodd yn ymwybodol ohonynt. Cyhoedda'r emynydd fod Duw, yn ei ras, yn estyn i berchen ffydd wir waredigaeth rhag y "gelynion cryfion, cas" sy'n ymosod yn gyson ar eneidiau teulu'r ffydd. Dyma'r waredigaeth sydd wedi'i seilio'n llwyr ar aberth iawnol, cwbl orffenedig yr Arglwydd Iesu Grist ar groesbren Calfaria. Onid defod gwbl wag yw'r Cymun Sanctaidd i'r sawl sy'n cyfranogi ohoni heb y ffydd a'r edifeirwch priodol? Dyma'r unig rasusau sy'n cynnig cysur gwirioneddol i'r rhai sy'n awyddus i brofi mwy o'r "golud anchwiliadwy" sydd gan Dduw i'r rhai sy'n pwyso'n llwyr ar yr Iesu am y bywyd sy'n fywyd yn wir – golud sy'n cyrraedd ei benllanw, wrth gwrs, yn y Seion neu'r Jerwsalem nefol.

Gweddi:
Derbyn ein diolch, O Dad trugarog, am i ti weld yn dda i wahodd rhai fel ni at fwrdd y wledd. Dyro inni'r ffydd i ganfod gogoniant dy Anwylyd, ac estyn inni'r gallu i edifarhau am yr holl bethau sy'n peri inni ddibrisio'r fath fraint. Clyw ni, yn haeddiant dy Fab Iesu. AMEN.

EMYNAU FFYDD

Rho dy ŵyneb gyda'th gennad

Caneuon Ffydd: Rhif 644

Rho dy ŵyneb gyda'th gennad,
    Arglwydd gweision yr holl fyd;
boed ei feddwl ar dy gariad,
    boed dy air yn llenwi'i fryd;
        rho d'arweiniad
iddo ef a'r praidd ynghyd.

Heb dy allu bydd yn egwan,
    heb d'oleuni, crwydro bydd;
iddo rho dy gyngor cyfan,
    gad i'r seliau ddod yn rhydd;
        Iesu'i hunan
fyddo'i destun nos a dydd.

Cadw'i olwg ar Galfaria
    a'i deimladau 'ngwres y groes;
gad i'w feddwl dawel wledda
    ar haeddiannau marwol loes:
        dweud am noddfa
fyddo pleser penna'i oes.
        PENAR, 1860-1918

Yn fuan ar ôl i mi gyrraedd Blaenau Ffestiniog yn 1982, sylweddolais fod Duw wedi fy ngosod ymhlith cnewyllyn o ffyddloniaid a gredai'n gydwybodol mai un o'u dyletswyddau pwysicaf yng nghyfarfod gweddi canol yr wythnos oedd gweddïo'n daer dros y gweinidog. Fe'm gwnaed yn ymwybodol o hyn ar derfyn un cyfarfod gweddi arbennig, pan ddechreuodd un o'r chwiorydd, a oedd hefyd yn ddiacones, ypsetio a minnau'n ei holi'n gwrtais beth oedd o'i le. Hithau wedi sylweddoli ei bod wedi anghofio gweddïo dros ei gweinidog! Mor wahanol yw'r awyrgylch oeraidd y caiff cynifer o weinidogion eu hunain ynddo erbyn hyn. Sawl gwaith y darllenwn yr apêl "Gweddïwch drosom ni" ar dudalennau'r epistolau? Ni welaf unrhyw lewyrch ar dystiolaeth ein heglwysi, ac nid adferir nerth a grym i'n pulpudau hyd nes y cymerir unwaith yn rhagor yr alwad i weddïo dros y Gwaith o ddifrif.

    Yn *Y Caniedydd* gosodwyd y pennawd hyfryd "Gweddi dros Weinidog" uwchben yr emyn hwn. Golygai hynny nad oedd yn fwriad gan y golygyddion i'r emyn gael ei ganu mewn cyfarfodydd ordeinio yn unig. Mae'n emyn priodol ar gyfer unrhyw un sy'n teimlo fel gweddïo dros weinidog neu weinidogion, boed hynny mewn oedfa gyhoeddus neu ym mhreifatrwydd "yr ystafell ddirgel".

EMYNAU FFYDD

Mae'r weddi a offrymir yn yr emyn yn un gyfoethog tu hwnt. Rhaid i weinidog yr efengyl ymhob cyfnod sylweddoli ei fod yn ddibynnol ar Dduw am unrhyw lwyddiant yn y Gwaith. Rhaid iddo fod yn ymwybodol fod "Arglwydd gweision yr holl fyd" yn barod i'w gynorthwyo a'i nerthu wrth iddo geisio sefydlu ei feddwl ar gariad Duw yng Nghrist a gosod ei holl fryd ar ddeall a chyhoeddi gair yr Arglwydd. Rhaid i'r bugail a'r praidd bwyso ar yr arweiniad a rydd yr Arglwydd iddynt.

Pwysleisir drachefn yn yr ail bennill pa mor ddibynnol yw'r gweinidog ar Dduw: "Heb dy allu bydd yn egwan, heb d'oleuni, crwydro bydd". Rhan o'i briod waith yw cyflwyno "holl gyngor Duw" i'w gynulleidfa, a phwysleisir mai swm a sylwedd y cyngor hwnnw yw "Iesu'i hunan". "Syr, ni a ewyllysiem weld yr Iesu" yw cais cyson pob un sy'n gwrando ar bregethiad yr efengyl. A'r Iesu gogoneddus yw unig destun y sawl a gaiff y fraint o bregethu i'r cyfryw rai.

Er mwyn cyflawni hyn yn iawn, rhaid i'r gweinidog gadw'i lygad, ei feddwl a'i galon ar yr hyn sy'n ganolog i'r ffydd. Rhaid iddo "gadw'i olwg ar Galfaria a'i deimladau 'ngwres y groes". Rhaid "i'w feddwl dawel wledda ar haeddiannau marwol loes". Gwyn yw byd pob gweinidog i Grist sy'n medru tystio'n gyson yng nghanol yr holl broblemau, y siomedigaethau a'r beirniaid llym mai "pleser penna'i oes" yw "dweud am [y] noddfa" sydd i bechaduriaid yng nghlwyfau Mab Duw.

Gweddi:
Duw gwisg dy weinidogion oll
  Yn ddigoll â'th gyfiawnder;
Pob dawn ysbrydol iddynt rho
  A chryfder o'r uchelder.

Rho ysbryd gras a gweddi gref
  A'th hoff dangnefedd iddynt;
A chysur dy efengyl gu
  A gaiff ei draethu ganddynt.

Yn hael disgynned, megis gwlith,
  Dy nefol fendith arnynt;
A dyro hynod lwyddiant hir
  I'r gair a heuir ganddynt.
AMEN.

EMYNAU FFYDD

Â'n hyder yn yr Iesu mawr

Caneuon Ffydd: Rhif 667

Â'n hyder yn yr Iesu mawr
fe gofiwn am y sanctaidd awr
pan roes ei fywyd drud i lawr,
   hyd nes y daw.

Am ffrydiau yr anhraethol loes
dywalltwyd drosom ar y groes
y traetha'r gwin o oes i oes,
   hyd nes y daw.

Yng nghof yr Eglwys ymhob man
mae'r corff a ddrylliwyd ar ein rhan
a'r bara bortha'n henaid gwan,
   hyd nes y daw.

Fel yma unir nos ei frad
a'i ail-ddyfodiad a'i fawrhad
o fewn y rasol ordinhad,
   hyd nes y daw.

O obaith hoff, O ddedwydd ddydd:
na fydded mwy ein bron yn brudd
ond awn ymlaen yng ngrym ein ffydd,
   hyd nes y daw.

GEORGE RAWSON, 1807-89
efel. E. KERI EVANS, 1860-1941

Ymadrodd cyfarwydd iawn i'r rhai sy'n bresennol mewn oedfaon yn dathlu ordinhad sanctaidd Swper yr Arglwydd yw "hyd nes y daw". Gwelir y geiriau ar derfyn y darn yn epistol cyntaf Paul at y Corinthiaid sy'n dwyn y pennawd, "Sefydlu Swper yr Arglwydd": "Oherwydd bob tro y byddwch yn bwyta'r bara hwn ac yn yfed y cwpan hwn, yr ydych yn cyhoeddi marwolaeth yr Arglwydd, hyd nes y daw" (1 Cor. 11:23-26). Nid bwrw trem yn ôl yn ddiolchgar ar ddigwyddiadau'r groes yn unig a wna Cristnogion wrth ymgynnull wrth Fwrdd y Wledd; edrychant ymlaen i'r dyfodol yn dawel hyderus gan gofio y "bydd Crist, ar ôl cael ei offrymu un waith i ddwyn pechodau llawer, yn ymddangos yr ail waith, nid i ddelio â phechod, ond er iachawdwriaeth i'r rhai sydd yn disgwyl amdano" (Heb. 9:28). Cofio'n ddiolchgar a disgwyl yn hyderus a wna'r emynydd yn yr emyn hwn. Drwy hyderu mewn ffydd ym mherson a gwaith "yr Iesu mawr", caiff y credaniwr ei gymell yn daer i gofio "am y sanctaidd awr pan roes ei fywyd drud i lawr" o'i wirfodd – "hyd nes y daw". Mae'r wir eglwys "ymhob man" yn bwyta'r bara ac yn yfed o'r gwin wrth ddathlu'r ordinhad brydferth. Mae'r naill elfen yn gymorth i gofio'r "corff a ddrylliwyd ar ein rhan", tra bod y llall yn traethu'n huawdl iawn am y gwaed a "dywalltwyd drosom ar y groes". A'r cwbl "hyd nes y daw". Yn y dull syml ac effeithiol hwn, fe lwyddir i uno "nos ei

frad a'i ail-ddyfodiad a'i fawrhad". Mae'n drueni mawr nad oes i'r athrawiaeth gysurlon hon le haeddiannol yn ein plith. Aethom yn swil ohoni a'i gadael yn nwylo sectau o gau broffwydi. Mae hyn yn golled dirfawr, oherwydd bu'n gynhaliaeth gref i aelodau'r eglwys fore yn sicr. Fel hyn yr ysgrifennodd y diweddar Barchedig Ddr R. Tudur Jones yn ei gyfrol yn y gyfres o lawlyfrau gweddi *Credu a Byw*: "Y mae cyhoeddi Ailddyfodiad Iesu Grist yn gymaint rhan o'r Efengyl â chyhoeddi ei Atgyfodiad, a hynny oherwydd fod Crist ei hun wedi ei wneud yn rhan hanfodol o'i ddysgeidiaeth." Yn y fersiwn o'r emyn a welir yn *Caneuon Ffydd,* mae un pennill o'r gwreiddiol wedi'i hepgor. Dyma'r pennill hwnnw:
>Hyd nes y seinia'r udgorn mawr-
>hyd nes yr egyr beddau'r llawr-
>ac yn awdurdod barn yn awr
>>y daw Efe.

Mae'r emyn yn cloi gyda mynegiant hynod ddidwyll o'r "gobaith gwynfydedig" sy'n eiddo i bawb o blant Duw:
>O obaith hoff, O ddedwydd ddydd:
>na fydded mwy ein bron yn brudd
>ond awn ymlaen yng ngrym ein ffydd,
>>hyd nes y daw.

Gweddi:
Gostwng dy glust, ein Duw grasol, i wrando ar ein hymbiliau wrth inni alw i gof addewidion gwerthfawr ein Harglwydd Iesu Grist i ddod drachefn yn ei ogoniant i'n byd ni. Daeth i'n plith ni gyntaf yn ddarostyngedig, ar agwedd gras. Yn ei ailddyfodiad, fe ddaw yn ei holl ogoniant gyda'r angylion sanctaidd. Y tro cyntaf, daeth mewn cnawd a hawdd y gellid methu â'i adnabod. Pan ddaw yr eildro, ni bydd amheuaeth pwy ydyw. Deisyfwn arnat i feithrin ynom hiraeth am weld y diwrnod mawr hwnnw'n dod. Amddiffyn ni rhag i atyniadau a phrysurdeb y bywyd hwn bylu'r hiraeth. Y mae'r Arglwydd Iesu wedi ein rhybuddio ni i fod yn barod, fel y morynion yn ei ddameg, gydag olew yn ein lampau pan ddaw'r priodfab i'w wledd. Gwna ni'n bobl barod, oherwydd fe ddaw ei ddiwrnod fel lleidr yn y nos ac ni fynnem fod yn cysgu pan ddaw. A phâr i'r gobaith godidog am ei weld yn dod yn ei holl ogoniant ein diogelu ni rhag pesimistiaeth a digalondid. Os digwydd inni orfod dioddef ein difenwi a'n camfarnu, ein gorthrymu a'n cam-drin, rho ras inni barhau'n ffyddlon hyd yr awr pan ymddangosa'r Brenin. Gyda'r Eglwys trwy'r byd ymbiliwn, "Yn wir, tyred, Arglwydd Iesu". AMEN.

EMYNAU FFYDD

Fy nghalon, cred yn Nuw

Caneuon Ffydd: Rhif 674

Fy nghalon, cred yn Nuw,
dy hyder fo'n ddi-goll;
Duw a gyflawna ymhob dim
ei addewidion oll.

Fy meddwl, cred yn Nuw,
os pŵl dy lusern wan;
bwriadau doeth trugaredd Iôr
ni wyddost ond o ran.

Fy enaid, cred yn Nuw,
hyd byth saif croesbren draw,
ac ni ddwg bywyd, ni ddwg bedd
ei blant o'i gadarn law.

Grist, gwna fi'n gyfan oll,
na ro orffwysfa i'th was
nes gorffwys o'm cyneddfau i gyd
yn gwbl gaeth i'th ras.
BRYN AUSTIN REES, 1911-83
cyf.. WIL IFAN, 1883-1968

Pwysleisir dro ar ôl tro yn yr Hen Destament a'r Newydd mai pennaf dyletswydd pob person yw ymroi i garu "yr Arglwydd dy Dduw â'th holl galon ac â'th holl enaid ac â'th holl feddwl ac â'th holl nerth" (Mc. 12:30). Ond amhosibl yw caru Duw o gwbl, heb sôn am ei garu'n iawn, os nad ydym yn credu ynddo. Mae credu ym modolaeth y Creawdwr, a'r hyn a wnaeth drwy anfon ei unig Fab i'r byd, yn esgor ar yr awydd i'w garu a'i wasanaethu. Deisyf am gymorth i gredu yn Nuw a wna'r emynydd yn yr emyn hwn. Mae'n annog ei "galon" i gredu "yn Nuw" yn y pennill cyntaf, ei "feddwl" yn yr ail, a'i enaid yn y trydydd. Sylweddola'n gwbl gywir nad gwaith hawdd yw cael y tair elfen hon o'r bersonoliaeth ddynol i gredu ac ymddiried yn Nuw. Mae'r emynydd yn ceisio cynorthwyo'i hun i fentro'i dynged yn llwyr ar yr Hollalluog. Ef yw'r Un sy'n cyflawni "ymhob dim ei addewidion oll". Wrth annog ei "feddwl" i gredu yn Nuw, fe bwysleisia'n dirion mai dim ond rhai o "fwriadau doeth trugaredd Iôr" sydd o fewn cyrraedd i'n dirnadaeth ni. Rhaid wrth ostyngeiddrwydd meddwl a chalon i gredu yn Nuw. Yn y trydydd pennill wrth annog ei "enaid" i gredu, cyfeiria'r awdur at y prawf eithaf o fodolaeth Duw, sef yr hyn a wnaeth unwaith ac am byth yn ei Fab ar Galfaria. Credu yng ngallu'r weithred brynedigol honno i'n hachub sy'n dwyn sicrwydd i'r enaid ofnus; "ni ddwg bywyd, ni ddwg bedd" hyd yn oed, blant y ffydd o afael gref, garedig llaw yr Hollalluog.

Yn y pennill olaf, mae'r emynydd yn ymbil yn daer ar i'r Arglwydd Iesu Grist ei wneud "yn gyfan oll" wrth i'w bersonoliaeth gyfan – ei galon, ei feddwl a'i enaid – gredu yn Nuw. Anghyflawn yw bywyd pob person hyd nes y dônt, "trwy ras", i gredu yn Nuw.

Gweddi:
O Dduw, maddau'r anghrediniaeth calon, yr anghrediniaeth meddwl a'r anghrediniaeth enaid sy'n fy rhwystro mor aml rhag credu ynot yn llwyr. Yn dy drugaredd,

> na ro orffwysfa i'th was
> nes gorffwys o'm cyneddfau i gyd
> yn gwbl gaeth i'th ras.

AMEN.

EMYNAU FFYDD

Ar yrfa bywyd yn y byd

Caneuon Ffydd: Rhif 683

Ar yrfa bywyd yn y byd
　a'i throeon enbyd hi,
o ddydd i ddydd addawodd ef
　oleuni'r nef i ni.

Fy enaid, dring o riw i riw
　heb ofni briw na haint;
yn ôl dy ddydd y bydd dy nerth
　ar lwybrau serth y saint.

Y bywyd uchel wêl ei waith
　ar hyd ei daith bob dydd,
a'r sawl yn Nuw a ymgryfha
　a gaiff orffwysfa'r ffydd.

O ddydd i ddydd ei hedd a ddaw
　fel gwlith ar ddistaw ddôl,
a da y gŵyr ei galon ef
　fod gorau'r nef yn ôl.

Wel gorfoledded teulu'r ffydd
　yn llafar iawn eu llef,
cyhoedded pawb o ddydd i ddydd
　ei iachawdwriaeth ef.
　　　　J. T. JOB, 1867-1938

O ddydd i ddydd y mae'r Cristion i fyw mewn byd o amser. Wrth egluro ei ddysgeidiaeth, dywedodd yr Arglwydd Iesu Grist yn eglur ddigon: "Peidiwch felly â phryderu am yfory, oherwydd bydd gan yfory ei bryder ei hun. Digon i'r diwrnod ei drafferth ei hun" (Mth. 6:34). Darparu digon o nerth ar gyfer pob dydd unigol fu arfer Duw erioed:

　O ddydd i ddydd y daw
　　Dy drugareddau rhad,
　Heb imi weld y ddwyfol law,
　　Na chariad nefol Dad.
　　　　(JOHN HUGHES)

EMYNAU FFYDD

Wrth fyfyrio ar gynnwys a neges yr emyn hwn o waith y diweddar Barchedig J. T. Job, cawn ein tywys i feddwl, nid am y modd y cawn ein digoni â bendithion tymhorol "o ddydd i ddydd", ond am natur ac ansawdd y "nerth" ysbrydol a ddaw i'n rhan yr un mor gyson. Geiriau o'r Hen Destament sy'n sylfaen i'r emyn: "megis dy ddyddiau, y bydd dy nerth" (Deut. 33:25). Braint pob Cristion yw cael profi'n ddyddiol o'r "nerth" sydd bob amser yn diwallu'r angen. Hyd yn oed yng nghanol "troeon enbyd" ein gyrfa ddaearol cawn brofi'n ddyddiol o "oleuni'r nef". Yn y sicrwydd hwnnw, mae'r emynydd yn annog ei enaid i beidio ag ofni dringo "o riw i riw" ar hyd y llwybr serth sydd o'i flaen, oherwydd ni phallodd yr addewid mai "yn ôl dy ddydd y bydd dy nerth". Wrth gyflawni'r amrywiol orchwylion a ymddiriedir i ni ar daith bywyd, bydd y Cristion yn ymgryfhau ac yn ymnerthu yn yr Iôr o ddydd i ddydd. Ef sy'n darparu'n ddyddiol yr hedd sy'n eiddo i bob sant, "a da y gŵyr ei galon ef fod gorau'r nef yn ôl". O brofi'n ddyddiol o rin a gwerth yr holl ddoniau ysbrydol hyn, priod waith pob aelod o deulu'r ffydd yw cyhoeddi "ei iachawdwriaeth o ddydd i ddydd" (Salm 96:2).

Gweddi:
Derbyn fy niolch, Dad pob trugaredd, am brofi'n gyson "o ddydd i ddydd" y nerth yr wyt ti wedi addo'i roi mor hael i'th blant.

> Mi deithiaf tua'r hyfryd wlad,
>   Er maint y rhwystrau sydd;
> Yng ngair fy Nuw ymddiried wnaf –
>   Caf nerth yn ôl y dydd!
>
> Fe gododd llawer gelyn llym
>   I brofi grym fy ffydd;
> Methasant gael fy mhen i lawr –
>   Ces nerth yn ôl y dydd!
>
> Os gwaeth gelynion eto ddaw
>   I guro f'enaid prudd,
> Nid ofnaf ddim, ymlaen mi af –
>   Caf nerth yn ôl y dydd!
>   (THOMAS REES)

AMEN.

EMYNAU FFYDD

Pwy a'm dwg i'r ddinas gadarn

Caneuon Ffydd: Rhif 699

Pwy a'm dwg i'r ddinas gadarn,
   lle mae Duw'n arlwyo gwledd,
lle mae'r awel yn sancteiddrwydd,
lle mae'r llwybrau oll yn hedd?
   Hyfryd fore
y caf rodio'i phalmant aur.

Pwy a'm dwg i'r ddinas gadarn,
   lle mae pawb yn llon eu cân,
neb yn flin ar fin afonydd
y breswylfa lonydd, lân?
   Gwaith a gorffwys
bellach wedi mynd yn un.

Pwy a'm dwg i'r ddinas gadarn,
   lle caf nerth i fythol fyw
yng nghartrefle'r pererinion,
hen dreftadaeth teulu Duw?
   O na welwn
dyrau gwych y ddinas bell.

Iesu a'm dwg i'r ddinas gadarn,
   derfydd crwydro'r anial maith,
canu wnaf y gainc anorffen
am fy nwyn i ben fy nhaith;
   iachawdwriaeth
ydyw ei magwyrydd hi.

MOELWYN, 1866-1944

Ganwyd J. G. Moelwyn Hughes ym mhentref Tanygrisiau, wrth odre mynyddoedd y Moelwyn. Capel Bethel oedd ei aelwyd ysbrydol ym more ei oes. Ar ôl gadael yr ysgol, bu'n bostmon am gyfnod cyn cael swydd fel clerc i gyfreithiwr yn nhref Blaenau Ffestiniog, nid nepell o'i gartref. Wedi hynny, bu'n cyflawni'r un gwaith ym Mhorthmadog gyda chwmni'r cyfreithwyr nid anenwog, William a David Lloyd George. Yn ystod y cyfnod hwn dechreuodd bregethu. Bu'n fyfyriwr yng Ngholeg y Brifysgol ym Mangor. Ar ôl hynny, bu'n dilyn cwrs diwinyddol yng Ngholeg y Bala cyn graddio yn Leipzig yn yr Almaen. Ordeiniwyd ef yn y flwyddyn 1895. Gweinidogaethodd yng Nghastell-nedd, Aberteifi, a Phenbedw. Bu farw ar 5 Mehefin 1944 a'i gladdu yn Llangadog. Cofid amdano fel pregethwr, darlithydd a bardd, ond erbyn hyn fe'i cofir yn bennaf fel emynydd. Daeth mwy nag un o'i emynau yn ffefrynnau a genir yn gyson mewn oedfaon o Sul i Sul.

    Mae'n amlwg o eiriau agoriadol yr emyn "Pwy a'm dwg i'r ddinas gadarn" mai dyfynnu cwestiwn y Salmydd yn Salm 60:9 (Cyfieithiad yr Esgobion) y mae'r emynydd. Rhydd yntau fraslun o union amgylchiadau cyfansoddi'r emyn mewn erthygl a ymddangosodd yn *Trysorfa'r Plant* ym mis Ebrill 1939: "Yr oeddwn yn glerc cyfreithiwr ym Mhorthmadog a Chriccieth. Un diwrnod, daeth Llew Madog i mewn i'r swyddfa yn y Port, a rhoi imi gopi o'i dôn "Tyddyn Llwyn", a gofyn imi wneud emyn arni. 'Fedra'i ddim,' meddwn innau, 'nid wyf yn deall yr Hen Nodiant.' Drannoeth, daeth yno eilwaith gyda chopi yn y Sol-ffa. 'Fedra'i ddim yn siŵr,' meddwn innau, 'nid peth i *dreio* ei wneud ydyw emyn – rhaid iddo fo ddŵad ei hun neu ddim.' Aeth wythnosau heibio, a minnau, bellach, wedi llwyr anghofio cais yr hen gerddor diddan. Yr oeddwn wedi dechrau pregethu ers tua blwyddyn. Cefais ddannodd wyllt a chwyddodd fy moch; a phan ddaeth y Sul, er bod y gwayw wedi torri, ni allwn fynd i'r capel o achos y chwydd. Yn rhyfedd iawn, dydd fy mhenblwydd oedd hwn eto. Yr oeddwn yn 19 oed. Nos Sul oedd hi, a phawb yn y capel ond myfi. Agorais fy Meibl, a'r peth cyntaf y disgynnodd fy llygaid arno oedd y frawddeg, 'Pwy a'm dwg i'r ddinas gadarn?' Trawyd fi â syndod – ergyd yn deffroi dyn, nid ei syfrdanu! 'Mae hon yn swnio'n union fel llinell o emyn,' meddwn. Fe'm caethiwyd yn y fan gan y rhythm a chan y syniad o gadernid. Yna cofiais am Dyddyn Llwyn, a dechreuais ganu'r llinell ar y dôn. A dyna'r ysbrydoliaeth yn dod a'r emyn gydag ef; yr oeddwn wedi ei orffen cyn iddynt ddod adre o'r capel. Ein harfer nos Suliau – gwraig y tŷ, ei mab, y lletywr arall a minnau – fyddai diweddu'r dydd mewn canu emynau. A chaed arddeliad rhyfedd ar ganu'r emyn newydd."

Wrth geisio darlunio'r "ddinas gadarn", fe rydd yr emynydd ddisgrifiadau cynnes a chlir iawn i ni o'r "breswylfa lonydd, lân" a chartrefle'r pererinion. Ond i mi, mae'r emyn yn cyrraedd ei uchafbwynt yng ngeiriau agoriadol y pennill olaf. Yma, cyhoeddir yn gwbl ddiamwys mai "Iesu" a'r Iesu'n unig a ddwg ei ddilynwyr ffyddlon i'r ddinas nefol. Ie'n wir, "iachawdwriaeth ydyw ei magwyrydd hi".

Gweddi:
O Dad trugarog, gwna ni'n fwyfwy argyhoeddedig mai'r Iesu'n unig a all ein dwyn yn ddiogel atat Ti. Na foed i ni gael ein twyllo i geisio dod atat ar hyd unrhyw lwybr arall. Yng nghanol pob cwestiynu ac ymbalfalu, gwna ni'n ddigon gostyngedig i gredu heb amau mai "Iesu a'm dwg i'r ddinas gadarn". Diolch iddo. AMEN.

EMYNAU FFYDD

I dawel lwybrau gweddi

Caneuon Ffydd: Rhif 717

I dawel lwybrau gweddi,
  O Arglwydd, arwain fi,
rhag imi gael fy nhwyllo
  gan ddim daearol fri:
mae munud yn dy gwmni
  yn newid gwerth y byd,
yn agos iawn i'th feddwl
  O cadw fi o hyd.

Pan weli fy amynedd,
  O Arglwydd, yn byrhau;
pan weli fod fy mhryder
  dros ddynion yn lleihau;
rhag im, er maint fy mreintiau,
  dristau dy Ysbryd di,
i dawel lwybrau gweddi
  yn fynych arwain fi.

Pan fyddo achos Iesu
  yn eiddil a di-glod,
pan losgo'r lamp yn isel
  wrth ddisgwyl iddo ddod,
a thwrf y rhai annuwiol
  fel sŵn ystormus li,
ar dawel lwybrau gweddi
  O cadw, cadw fi.
        ELFED, 1860-1953

Dengys yr emyn hwn fod meibion a merched ffydd ymhob oes yn bobl weddïgar, yn bobl sydd yn "profi gwerth y funud dawel pan fo'n drystfawr oriau'r byd" (R. S. Rogers). Onid yw'r Apostol Iago yn ei lythyr yn y Testament Newydd yn ein sicrhau mai "peth grymus ac effeithiol yw gweddi y cyfiawn" (Iago 5:16b). Ein braint ninnau, felly, ar lwybrau bywyd, yw gwneud yn fawr iawn o'r gwahanol gyfleoedd a ddaw i'n rhan i geisio cerdded ar hyd "tawel lwybrau gweddi". Dyna yn wir yw anogaeth Elfed yn yr emyn cyfoethog hwn. Rhaid ymlonyddu ac ymdawelu cyn profi gwir gymundeb â Duw. Yr Arglwydd yw'r unig Un a all ein harwain yn nes ato ef. Nid oes ond twyll i'w brofi yng nghanol pob bri daearol. Gwyn yw byd y sawl sydd wedi profi ar daith bywyd fod "munud" yng nghwmni'r Arglwydd yn gweddnewid yr amgylchiadau mwyaf creulon – gall y nos, hyd yn oed, droi'n ddydd! Clod i'w ras.

    Rhaid wrth onestrwydd a didwylledd gerbron Duw. Gwag ac arwynebol iawn yw gweddi'r sawl nad yw'n ymwybodol o'i gyflwr aflan a phechadurus. Rhaid cyffesu pob bai, hyd yn oed yr

EMYNAU FFYDD

"amynedd" sy'n "byrhau" a'r duedd i anghofio am gyni ein cydddynion. Ie, hawdd iawn yw tristáu Ysbryd Glân Duw, yn arbennig pan welwn bob brycheuyn yn llygaid eraill heb gofio am y trawst anferth sy'n pylu golwg ein llygaid ein hunain (Mth. 7:3-5). Os dymunwn orchfygu'n feunyddiol y beiau "sy'n ein maglu mor rhwydd" (Heb. 12:11), rhaid troedio "tawel lwybrau gweddi" yn fynych.

Rhyfedd meddwl bod Elfed, a alwyd i wasanaethu ei Arglwydd mewn cyfnod tipyn mwy llewyrchus, yn yr ystyr ysbrydol, na'n cyfnod ninnau, yn sôn am "achos Iesu yn eiddil a di-glod".

Pwy a feiddiai ddweud yn wahanol erbyn hyn? Mae pob "achos" arall o eiddo dynion bydol, balch eu bryd, fel pe bai'n llwyddo ar bob llaw, tra bod yr Achos gorau yn gwbl ddirmygedig a "hawys" yr Efengyl yn llosgi'n isel mewn sawl man; yn sicr mae sŵn yr emyn a'r bregeth a'r weddi yn cael ei foddi bron yn llwyr gan dwrf annuwioldeb o bob math. Darlun sy'n gwbl gyfarwydd i bawb ohonom erbyn hyn.

Pwy a ŵyr nad oes llawer un yn ein plith wedi hen roi'r gorau i "ddisgwyl iddo ddod" ac wedi colli blas ar gerdded yn gyson ar hyd "tawel lwybrau gweddi"? O na chofiem gyngor yr hen esboniwr Matthew Henry gynt, "Bydded gweddi yn agoriad y bore ac yn follt y prynhawn", heb anghofio cyngor yr Apostol Paul: "Gweddiwch yn ddi-baid" (1 Thes. 5:17).

Dyma sydd gan ddiwinyddion nodedig i'w ddweud am weddïo: "Cri enaid wedi ei aileni, ochenaid edifeirwch, iaith dymuniad, ac anadl ffydd yw gweddi" (Dr Cope).
"Gweddi ydyw anadl ysbrydol y dyn ailanedig" (Dr Grill).
"Dylid cysylltu gweddi â phob gorchwyl a gyflawnwn. Ni allwn ddisgwyl gwir ffyniant, na chael bendith y Goruchaf am ddim a wnawn, heb i ni ofyn o ddifrif ei fendith mewn gweddi" (W. Gurnal).

Gweddi:

Dysg im weddio'n iawn,
A dysg fi'r ffordd i fyw;
Gwna fi yn well, yn well bob dydd –
Fy mywyd, D'eiddo yw.

(GWILYM R. JONES, *cyf.* D. MORGAN DAVIES)
AMEN.

EMYNAU FFYDD

Dal fi'n agos at yr Iesu

Caneuon Ffydd: Rhif 726

Dal fi'n agos at yr Iesu
　er i hyn fod dan y groes;
tra bwy'n byw ym myd y pechu
　canlyn dani bura f'oes;
os daw gofid a thywyllwch,
　rho im argyhoeddiad llwyr -
wedi'r nos a'r loes a'r trallod,
　bydd goleuni yn yr hwyr.

Dysg im edrych i'r gorffennol,
　hyn a ladd fy ofnau i gyd:
dy ddaioni a'th drugaredd
　a'm canlynant drwy y byd;
os daw deigryn, storm a chwmwl,
　gwena drwyddynt oll yn llwyr;
enfys Duw sy'n para i ddatgan
　bydd goleuni yn yr hwyr.

Tywys di fi i'r dyfodol
　er na welaf fi ond cam;
cariad Duw fydd eto'n arwain,
　cariad mwy na chariad mam.
Mae Calfaria'n profi digon,
　saint ac engyl byth a'i gŵyr;
er i'r groes fod yn y llwybyr
　bydd goleuni yn yr hwyr.

　　　　E. HERBER EVANS, 1836-96

Geiriau o broffwydoliaeth Sechareia a phrofiad personol yr emynydd sy'n sail i'r emyn adnabyddus hwn gan y Parchedig Ddr. E Herber Evans. Mae'r llinell olaf ymhob pennill yn dyfynnu air am air yr hyn a fynegwyd gan Sechareia ym mhennod olaf ei broffwydoliaeth: "Bydd goleuni yn yr hwyr" (Sech. 14:7, hen gyfieithiad).

　　Dymuniad cyson y Cristion, yn enwedig yng nghanol profedigaethau chwerwon bywyd, yw cael nerth i gadw'n "agos at yr Iesu", oherwydd ein tuedd naturiol yw cilio oddi wrtho. Yn ddi-os, mae dal "yn agos at yr Iesu" yn golygu cario beichiau a chroesau sy'n anodd eu hysgwyddo. Ond tystiolaeth yr emynydd yw hyn: "tra bwy'n byw ym myd y pechu canlyn dani bura f'oes". Ac yntau'n wynebu "gofid a thywyllwch", ei ddymuniad pennaf yw cael nerth i lynu wrth yr argyhoeddiad y bydd "goleuni yn yr hwyr".

　　Wrth fwrw trem yn ôl ar orffennol ei bererindod dilëir pob ofn. Ni all wadu am foment fod "daioni a thrugaredd" Duw wedi ei ganlyn bob cam o'r daith, profiad sy'n adleisio geiriau cyfarwydd Salm 23. Pan ddaw'r dagrau, y stormydd a'r cymylau, bydd "enfys Duw" yn gwenu drwy'r cwbl yn ernes gadarn o'r ffaith y "bydd goleuni yn yr hwyr".

Ym mhennill olaf yr emyn, try'r emynydd ei sylw at y dyfodol sy'n gwbl anhysbys i bob un onhonom. Er hyn, ei gysur a'i gadernid yw'r ffaith mai "cariad Duw fydd eto'n arwain, cariad mwy na chariad mam". Ysgrifennwyd yr emyn hwn yn y flwyddyn 1886. Dair blynedd ynghynt, collodd yr emynydd ei unig fab ac yntau ond yn ddwyflwydd a hanner. Wrth grybwyll hyn yn y gyfrol *Dechrau Canu* (1987), meddai E. Wyn James: "Dyma a ysgrifennodd yn ei ddyddiadur y diwrnod hwnnw: 'Bu fy machgen annwyl farw, a'i law yn fy llaw i, ugain munud i bump bore heddiw. Y fath ysgytwad! – ac mor annisgwyliadwy! Duw a gynorthwyo ei fam i ymgynnal!' Profodd yntau a'i briod o rym y cariad dwyfol yn eu nerthu a'u cynnal yn eu gofid a'u hing. O'r herwydd, gall ganu'n orfoleddus a hyderus:

> Mae Calfaria'n profi digon,
> saint ac engyl byth a'i gŵyr;
> er i'r groes fod yn y llwybyr
> bydd goleuni yn rhy hwyr".

Gweddi:
> Arglwydd, pan fo'r dydd yn cau,
> A'r tywyllwch yn trymhau,
> Clyw ein llef yn hwyr y dydd,
> Haul a tharian inni bydd.
> Daw i'n hysbryd hyfryd hedd,
> Os cawn olwg ar dy wedd;
> Cilia'r nos a'i hofnau'n llwyr –
> 'Bydd goleuni yn yr hwyr'.

> Arglwydd, aros gyda ni,
> Nefoedd yw bod gyda Thi;
> Llusg ein calon oer yn dân,
> Daw i'n genau newydd gân.
> Derfydd pryder, derfydd loes,
> Pren y bywyd fydd y Groes,
> Cilia'r nos a'i hofnau'n llwyr –
> 'Bydd goleuni yn yr hwyr'.
> AMEN.

EMYNAU FFYDD

Yn y dyfroedd mawr a'r tonnau

Caneuon Ffydd: Rhif 736

Yn y dyfroedd mawr a'r tonnau,
  nid oes neb a ddeil fy mhen
ond fy annwyl Briod Iesu
  a fu farw ar y pren:
cyfaill yw yn afon angau,
  ddeil fy mhen i uwch y don;
golwg arno wna im ganu
  yn yr afon ddofon hon.

O anfeidrol rym y cariad,
  anorchfygol ydyw'r gras,
digyfnewid yw'r addewid
  bery byth o hyn i maes;
hon yw f'angor ar y cefnfor,
  na chyfnewid meddwl Duw;
fe addawodd na chawn farw,
  yng nghlwyfau'r Oen y cawn i fyw.
      DAFYDD WILLIAM 1721?-94

Pan oeddwn yn blentyn, treuliwn oriau lawer yn nhŷ cymdoges annwyl iawn oedd yn byw drws nesaf. Roedd hithau'n Fedyddwraig selog a hanai yn wreiddiol o bentref Pontarddulais. Ar wal y parlwr, crogai darlun olew o hen ffermdy Llandeilo Fach. Saif y ffermdy ar y morfa ger aber Afon Llwchwr, heb fod nepell o'r fan lle safai eglwys hynafol Llandeilo Tal-y-bont cyn iddi gael ei symud fesul carreg i'r Amgueddfa Werin yn Sain Ffagan. Sawl gwaith, ar brynhawn gwlyb, byddai Anti Del (o annwyl goffadwriaeth) yn adrodd hanes cyfansoddi'r emyn hwn. Fel hyn y mae E. Wyn James yn adrodd hanes yr emyn yn *Dechrau Canu* (1987): "Yn ôl y sôn, un llym ei thafod a gwael ei thymer fu gwraig Dafydd William. Un noson, cyrhaeddodd adref o'r cwrdd a chael y drws wedi'i gloi, a'i wraig yn y gwely ac yn gwrthod codi i agor iddo. Aeth at yr hen eglwys gerllaw. Roedd yn noson o benllanw, a'r morfa o Bontarddulais i Gasllwchwr yn un llyn anferth erbyn hynny. Trodd ei feddwl oddi wrth Afon Llwchwr at afon angau, ac oddi wrth ei wraig at ei Briod Iesu. Ac yno yn y fynwent, a'r dŵr yn llyfu'r waliau o'i ddeutu, y lluniodd ei bennill enwocaf." Er nad oes sicrwydd fod y stori hon yn wir, mae'r emyn cyfoethog a dramatig hwn wedi dwyn gobaith a chysur i lawer yng nghanol helbulon, anawsterau a siomedigaethau bywyd. Iesu Grist, wrth gwrs, yw ei destun. Dyma'r Un sy'n cynnal ac yn cadw pan fo pob cynhaliaeth arall yn annigonol. Cariad anfeidrol a gras anorchfygol Duw yng Nghrist sy'n dwyn y fath gynhaliaeth yn eiddo i bechaduriaid gwael fel ni.

Un atgof arall a drysorir gennyf o'r un cyfnod yw bod yn rhan o gynulleidfa niferus yn addoli yn yr "Hen Eglwys", fel y'i gelwid gennym, ar brynhawn Sul braf o Orffennaf yn 60au'r ganrif ddiwethaf. Roedd rhyw awyrgylch rhyfedd iawn yno pan ganwyd emyn Dafydd William, Llandeilo Fach, ar y dôn "Ebeneser" (Tôn y Botel).

Gweddi:
Pâr, O Arglwydd tirion, i'r profiad byw o gwmnïaeth yr Un a goncrodd angau ddod yn fwy real i ni o awr i awr. AMEN.

EMYNAU FFYDD

Arglwydd Iesu, gad im deimlo

Caneuon Ffydd: Rhif 742

Arglwydd Iesu, gad im deimlo
    rhin anturiaeth fawr y groes;
yr ufudd-dod perffaith hwnnw
    wrth ŵynebu dyfnaf loes;
yr arwriaeth hardd nad ofnai
    warthrudd a dichellion byd;
O Waredwr ieuanc, gwrol,
    llwyr feddianna di fy mryd.

N'ad im geisio gennyt, Arglwydd,
    fywyd llonydd a di-graith;
n'ad im ofyn am esmwythfyd
    ar ddirwystyr, dawel daith;
dyro'n hytrach olwg newydd
    ar dy ddewrder gloyw di
a enynno'n fflam o foliant
    yn fy nghalon egwan i.

N'ad im ofni'n nydd y frwydyr,
    n'ad im ildio'n awr y praw,
byth na chaffer arf ond cariad
    hollorchfygol yn fy llaw;
rho im brofi o'r gorfoledd
    sy'n anturiaeth fawr y groes,
a chael llewyrch golau'r orsedd
    yn fy nghalon dan bob loes.

              J. TYWI JONES 1870-1948

Pan edrychwn o'n hamgylch heddiw, a sylwi ar agwedd pobl yn gyffredinol tuag at hawliau'r Arglwydd Iesu ar fywydau unigolion, daw yn fwyfwy amlwg na ŵyr llawer o bobl ddim am yr "anturiaeth fawr" sy'n perthyn i fywyd o ufudd-dod cyson i Grist. Bywyd y Cristion yw'r un mwyaf anturus y gellir ei gael mewn byd o amser. Sonia'r emynydd am "yr ufudd-dod perffaith" yn wyneb poen angau a'r "arwriaeth hardd nad ofnai warthrudd a dichellion byd", ac ymbilia ar y Gwaredwr cryf, cyhyrog a gyflawnodd y fath wrhydri i feddiannu ei fywyd yn llwyr.

Mae'r ddau bennill sy'n ffurfio gweddill yr emyn yn llwyddo i ddarlunio'r math o arwriaeth sy'n perthyn i fywyd y gwir ddisgybl i Grist. Nid arwriaeth ramantus, esmwyth mohoni. Nid yw arwriaeth bywyd y Cristion yn debyg o gwbl i arwriaeth sêr y sgrin fawr. Rhaid i arwyr Crist a'i groes ymwrthod â themtasiwn y "bywyd llonydd a di-graith", y bywyd sy'n dibynnu "ar ddirwystyr, dawel daith", a dewis yn ei le fywyd sy'n galw am wir ddewrder na fydd yn "ofni'n nydd y frwydyr" nac yn "ildio'n awr y praw'". Bywyd ydyw sy'n gwbl amddifad o unrhyw arf dinistriol. Unig arf arwyr Crist ymhob oes yw "cariad hollorchfygol". Dyma'r rhinweddau sy'n esgor ar "orfoledd" hyd yn oed yn wyneb y poen, y siom a'r loes a brofir pan fo'r mwyafrif yn dewis troedio'r ffordd dreisgar, gan ymwrthod â ffordd ragorol cariad.

Gweddi:

Arglwydd Iesu …
rho im brofi o'r gorfoledd
sy'n anturiaeth fawr y groes.
(J. TYWI JONES)

Er gwaethaf y ffaith fod ynom y duedd naturiol i droedio'r llwybr esmwyth, llonydd sy'n boblogaidd bob amser, estyn inni'r gwroldeb a'r penderfyniad di-ildio i droedio'r ffordd a gymerodd efe. Yn dy drugaredd, gosod ein traed bob dydd ar y llwybr cul sy'n arwain i'r bywyd. Gofynnwn hyn yn enw'r Iesu. AMEN.

EMYNAU FFYDD

Ymlaen af dros wastad a serth

Caneuon Ffydd: Rhif 748

Ymlaen af dros wastad a serth
  ar lwybrau ewyllys fy Nhad,
a llusern ei air rydd im nerth
  i ddiffodd pob bygwth a brad;
daw yntau ei hun ar y daith
  i'm cynnal o'i ras di-ben-draw,
a hyd nes cyflawni fy ngwaith
  fe gydiaf, drwy ffydd, yn ei law.

Ymlaen af â'm hyder yn Nuw
  yn ŵyneb pob her ddaw i'm rhan,
a'i wên yn llawenydd fy myw,
  ei wên sy'n gadernid i'r gwan;
ymlaen drwy bob storm gyda'i fraich
  yn gysgod rhag gwayw y gwynt,
a'i ysgwydd i gynnal fy maich
  wrth f'ymyl drwy helbul fy hynt.

A'm hyder bob tro ynddo ef
  ymlaen af i'r frwydyr mewn ffydd,
ymlaen, â gobeithgan y nef
  i'r daith yn gyfeiliant bob dydd;
fy Nuw yw fy Llywydd drwy f'oes,
  a dwyn ei gomisiwn yw 'mraint,
gan ddathlu gwaradwydd ei groes
  yn sêl buddugoliaeth ei saint.

EDWARD TURNEY, 1816-72 efel. SION ALED

Byddai un o'm hathrawon yn yr ysgol gyfun slawer dydd yn hoff iawn o ddefnyddio'r ymadrodd "Ymlaen mae Canaan!" wrth geisio ein sbarduno i weithio'n galetach yn y gwersi. Ymlaen mae nod y Cristion hefyd. Yn ôl awdur yr epistol at yr Hebreaid: "Eithr nid pobl y cilio'n ôl i ddistryw ydym ni, ond pobl â ffydd sy'n mynd i feddiannu bywyd" (Heb. 10:39). Nid yw'n bosibl i'r un Cristion aros yn ei unfan ar bererindod ffydd; os nad yw'n symud ymlaen, mae'n sicr o lithro'n ôl.

    Mae'r emyn hwn yn un hyderus a chadarnhaol ei neges. Y gair allweddol ynddo yw "ymlaen". Mae'r emynydd yn mynegi

EMYNAU FFYDD

penderfyniad di-droi'n-ôl y sawl sydd o ddifrif yn bwriadu dilyn Iesu Grist, doed a ddelo. Bydd person o'r fath yn fodlon symud ymlaen boed y llwybr sy'n ei wynebu yn "wastad" neu'n "serth". Bydd "llusern" gair y gwirionedd yn ddigon o nerth "i ddiffodd pob bygwth a brad". Bydd ei ffydd yn Nuw yn ddigon o warant iddo, oherwydd gŵyr y "daw yntau ei hun ar y daith i'm cynnal o'i ras di-ben-draw". Braint pob pererin, felly, yw cydio, "drwy ffydd, yn ei law".

Mae taith y pererin yn llawn heriau o bob math. Os am fod yn sicr o fedru symud ymlaen, rhaid ymddiried yn y Duw sy'n dewis gwenu ar y rhai sy'n troedio llwybr ei ewyllys. Ei "wên" sy'n estyn "llawenydd", a'r un "wên" sy'n gadernid i'r gwan". Yng nghanol pob storm mae'n rhaid symud ymlaen. Ond o ble y daw'r adnoddau i ddyfalbarhau? Wel, mae "braich" yr Hollalluog "yn gysgod rhag gwayw y gwynt", ac mae ei "ysgwydd" yn ddigon mawr a llydan i gynnal pob baich sy'n llethu.

Mae'r ddau air "ymlaen" a "hyder" yn plethu i'w gilydd yng nghanol llif gorfoleddus a buddugoliaethus neges yr emyn. Sonia'r pennill olaf am y profiad o fwrw ymlaen, "â gobeithgan y nef i'r daith yn gyfeiliant bob dydd". Pa hawl sydd gennym, fel credinwyr, i ddigalonni ar daith bywyd tra bod y fath ddarpariaeth rasol ar gael inni yng nghanol yr argyfyngau mwyaf? O am fedru cofio'n amlach mai ein "braint" yw dwyn comisiwn ein Llywydd, mai rhywbeth i'w ddathlu, yn wir, yw "gwaradwydd ei groes", am mai hi yw "sêl buddugoliaeth" saint Duw.

Gweddi:
Diolch am bob anogaeth a gawn mewn emyn a salm i barhau i symud ymlaen at y nod. Estyn inni gymorth i wneud hynny beunydd "gan edrych ar Iesu, Pen-tywysog a Pherffeithydd ein ffydd ni". Diolch am anogaeth yr emyn hwyliog a ddysgasom pan oeddem yn blant:

> Dos yn dy flaen yn wrol,
>   Hi wawria maes o law;
> Yn adeg profedigaeth
>   Dy Arglwydd fydd gerllaw;
> Os du a thrwm yw'r cwmwl,
>   A'r mellt yn lluchio braw,
> Dos yn dy flaen yn wrol,
>   Hi wawria maes o law.   (T. LEVI)

Ymlaen yr awn, felly, ar dy ôl, ein Ceidwad a'n Brawd. AMEN.

EMYNAU FFYDD

O Iesu, maddau fod y drws ynghau

Caneuon Ffydd: Rhif 753

O Iesu, maddau fod y drws ynghau
a thithau'n curo, curo dan dristáu:
fy nghalon ddrwg a roddodd iti glwyf,
gan g'wilydd ŵyneb methu agor rwyf.

Ti biau'r tŷ; dy eiddo yw, mi wn;
ond calon falch sydd am feddiannu hwn:
mae'n cadw'i Harglwydd o dan oerni'r ne',
gelynion i ti sy'n y tŷ'n cael lle.

Ai cilio rwyt? O aros, Iesu mawr;
mi godaf, ac agoraf iti nawr:
ni chaiff fy nghalon ddrwg na ch'wilydd gwedd
rwystro fy unig obaith byth am hedd.

O torred gwawr maddeuant oddi fry,
yr awel sanctaidd gerddo drwy y tŷ!
Mae'r drws yn ddatglo, dangos im dy wedd -
cael dod yn debyg iti fydd y wledd.

ELFED, 1860-1953

Ni fedraf ddweud fy mod yn deall rhyw lawer am y grefft o arlunio, na chwaith imi dreulio oriau lawer mewn orielau celf yn astudio gwaith arlunwyr mawr. Ond pan gaf gyfle i ymweld â Llundain, byddaf yn sicrhau bod gennyf ddigon o amser i fynd i Gadeirlan Sant Paul i syllu ar ddarlun enwog Holmen Hunt o Iesu Grist, "Goleuni'r Byd". Mae'r darlun yn enwog iawn, ac fe welir copïau lu ohono yn crogi ar barwydydd festrïoedd, capeli, eglwysi, ysgolion a chartrefi ledled y byd. Darlunnir y Gwaredwr â choron ddrain am ei ben a llusern wedi'i oleuo yn ei law, yn sefyll y tu allan i ddrws clo wedi'i orchuddio â drain a mieri. Er mai "Goleuni'r Byd" yw'r teitl swyddogol a roddwyd gan yr arlunydd ar ei gampwaith, mae llawer un yn cysylltu'r darlun erbyn hyn â geiriau yn llyfr olaf y Testament Newydd. Yn y drydedd bennod o Lyfr y Datguddiad fe ddarllenwn y geiriau canlynol: "Wele, yr wyf yn sefyll wrth y drws ac yn curo; os clyw rhywun fy llais ac

EMYNAU FFYDD

agor y drws, dof i mewn ato, a bydd y ddau ohonom yn cydfwyta gyda'n gilydd" (Dat. 3:20). Darlun brawychus a geir yn y bennod honno o'r Crist atgyfodedig a byw wedi ei alltudio'n llwyr o'i eglwys ei hun, ac yn sefyll y tu allan i'r drws yn disgwyl yn amyneddgar am fynediad. Ond mae'n bosibl addasu rhywfaint ar hynny a sôn am yr un Gwaredwr yn curo wrth ddrws calon pob pechadur.

Ar hyd y blynyddoedd, bûm yn rhyfeddu fwyfwy at y modd y bydd ambell i adnod yn bwrw goleuni ar ystyr ambell i emyn, a'r gwrthwyneb. I mi, ni ellir cael esboniad cliriach, dwysach na mwy personol ar yr adnod gyfarwydd a ddyfynnir uchod na'r emyn hwn o waith Elfed. Sgwrs bersonol, agos a geir yn yr emyn rhwng yr unigolyn a'r Gwaredwr, sgwrs y mae'n rhaid ei chynnal, yn hwyr neu'n hwyrach, yn hanes pawb ohonom. Mae'n sgwrs hynod o onest sy'n llwyddo i gyfleu rhywfaint o'r cyffro a'r anniddigrwydd mewnol a geir yn nyfnder calon ac enaid y sawl sy'n ymwybodol fod yr Iesu'n "curo, curo dan dristáu" wrth ddrws ei galon. O gydnabod hynny, mae'n rhaid ymateb, a hynny ar fyrder. Onid oes ymdeimlad o frys ym mhennill pedwar? Yr unigolyn yn ofni bod yr Iesu'n mynd i ffwrdd: "Ai cilio 'rwyt? O aros, Iesu mawr; mi godaf, ac agoraf iti nawr".

Mae'r emyn yn dirwyn i ben yn llawen a gorfoleddus:

>Mae'r drws yn ddatglo; dangos im dy wedd –
>cael dod yn debyg i ti fydd y wledd.

Braf fyddai meddwl bod pawb sy'n darllen y geiriau hyn yn medru uniaethu â phrofiad dwys yr emynydd, gan fod canlyniadau'r weithred hunanol a ffôl o fynnu cadw drws y galon ynghau yn wyneb yr Iesu mor erchyll.

>Agor Iddo,
>Cynnig mae y nef yn rhad.

Gweddi:
>O tyred i'm calon, Iesu,
>Mae lle yn fy nghalon i.

AMEN.

EMYNAU FFYDD

Dy garu di, O Dduw

Caneuon Ffydd: Rhif 761

Dy garu di, O Dduw,
   dy garu di,
yw 'ngweddi tra bwyf byw,
   dy garu di;
daearol yw fy mryd:
O dyro nerth o hyd,
a mwy o ras o hyd
   i'th garu di.

Fy olaf weddi wan
   fo atat ti,
am gael fy nwyn i'r lan
   i'th gartref di;
pan fwyf yn gado'r byd,
O dal fi'n gryf o hyd
i'th garu di o hyd,
   i'th garu di.

          WATCYN WYN 1844-1905

Ymddangosodd yr emyn hwn am y tro cyntaf yn 1886 yn y bedwaredd ran o gyfrol Watcyn Wyn, *Odlau'r Efengyl*. Yn y gyfrol, ceid cyfieithiadau ac efelychiadau o rai o'r emynau yr oedd Ira D. Sankey wedi'u cynnwys yn ei gasgliad enwog, *Sacred Songs and Solos* yn yr 1987au. Wrth sôn am darddiad yr emyn penodol hwn, mae'r diweddar Barchedig John Thickens yn ei gyfrol *Emynau a'u hawduriaid* (1961) yn nodi hyn: "Ni welsom ddim yn cyfateb i'r geiriau yn llyfr Sankey, *Sacred Songs and Solos*; felly ymddengys mai gwreiddiol yw'r emyn, nid trosiad. Y mae i'r gwreiddiol bedwar pennill ..." Ond nodir yn *Cydymaith Caneuon Ffydd* (2006) fod yr emyn Cymraeg yn seiliedig ar emyn Saesneg gan E. Prentiss, "More love to Thee, O! Christ", sef rhif 632 yn *Sacred Songs and Solos*.

    Geiriau o bennod olaf yr Efengyl yn ôl Ioan sy'n bennawd i'r emyn gwreiddiol: "Ydwyf, Arglwydd, fe wyddost ti fy mod yn dy garu di" (In. 21:15). Dyna dystiolaeth seml pob Cristion ymhob oes. Ond dymuniad pawb o'r cyfryw rai yw derbyn nerth "a mwy o ras o

EMYNAU FFYDD

hyd i'th garu di". Mynegiant clir a diffuant o'r dymuniad cyson hwnnw yw byrdwn yr emyn o'i ddechrau i'w ddiwedd. Crybwyllwyd eisoes fod pedwar pennill yn fersiwn gwreiddiol yr emyn hwn. Detholwyd penillion un a phedwar ar gyfer *Caneuon Ffydd.* Cynhwyswyd pennill tri yn *Y Caniedydd,* pennill sy'n ychwanegu at ddwyster y cais i barhau i garu Duw hyd yn oed yng nghanol trallod, poen a loes:

> Os daw trallodion oes
>   Oddi wrthyt Ti:
> Y goron ddrain a'r groes,
>   Oddi wrthyt Ti:
> Bendithia hwy, O! Dduw,
> I'm dwyn yn nes i fyw,
> Yn nes i Ti i fyw,
>   A'th garu Di.

Rhaid gochel rhag y profiad arwynebol o garu Duw mewn tywydd teg yn unig. Mynegir dymuniad gwresog yr emynydd i garu Duw hyd ddiwedd y daith yn deg yn y pennill olaf:

> pan fwyf yn gado'r byd,
> O dal fi'n gryf o hyd
> i'th garu di o hyd,
>   i'th garu di."

Gweddi:
> Un fendith dyro im,
>   Ni cheisiaf ddim ond hynny:
> Cael gras i'th garu Di tra fwy',
>   Cael mwy o ras i'th garu.
>
> Ond im dy garu'n iawn,
>   Caf waith a dawn sancteiddiach; ...
>
> Dy garu, digon yw,
>   Wrth fyw i'th wasanaethu;
> Ac yn oes oesoedd ger dy fron
>   Fy nigon fydd dy garu.   (EIFION WYN)

AMEN.

EMYNAU FFYDD

Pan fwy'n cerdded drwy'r cysgodion

Caneuon Ffydd: Rhif 772

Pan fwy'n cerdded drwy'r cysgodion,
   pwyso ar dy air a wnaf,
ac er gwaethaf fy amheuon
   buddugoliaeth gyflawn gaf.

Dim ond imi dawel aros,
   golau geir ar bethau cudd;
melys fydd trallodion hirnos
   pan geir arnynt olau'r dydd.

Ac os egwan yw fy llygad,
   digon i mi gofio hyn:
hollalluog yw dy gariad,
   fe wna bopeth fel y myn.

Meddwl purach, llawnach golau,
   bywyd wedi mynd yn rhydd;
pan ddêl hynny mi gaf finnau
   wybod gwerth y pethau cudd.

W. T. MATSON, 1833-99
*ef*el. ELFED, 1860-1953

Rwy'n ddrwgdybus braidd o'r pwyslais a roddir mewn rhai cylchoedd Cristnogol ar y cysylltiad rhwng "credu" a llwyddiant materol. Twyllir llawer i gredu ond iddynt ymddiried yn yr Arglwydd Iesu Grist fel Gwaredwr, y bydd popeth yn mynd yn hwylus o'u plaid: digonedd o arian, a phob cwmwl yn cilio o'r ffurfafen. Galwad i ddilyn yr Iesu'n ffyddlon, doed a ddelo, yw galwad yr efengyl; a gall hynny olygu wynebu rhwystrau a siomedigaethau wrth ddilyn y llwybr a gerddodd ef. Fe wynebodd ein Prynwr bethau o'r fath yn ystod Ei weinidogaeth ddaearol; a dyna hefyd fu hanes teulu'r ffydd ar hyd canrifoedd cred.

    Sonia'r emyn hwn am y math o ffydd sy'n cynnal person yn yr oriau tywyll, blin sy'n llawn "cysgodion". O air Duw, yn ddi-feth, y daw'r goleuni a'r cysur sy'n gynhaliaeth: "Pan fwy'n cerdded drwy'r cysgodion, pwyso ar Dy air a wnaf". Drwy fyfyrio ar ei air, gellir ennill "buddugoliaeth gyflawn" ar yr holl "amheuon" sych a diflas sy'n mynnu llechu yn nyfnder ein bod.

    Ni cheir atebion slic a pharod i gwestiynau dyrys bywyd. Rhaid i berchen ffydd ddysgu'r wers hollbwysig o "aros" yn dawel ac amyneddgar am y "golau" a rydd Duw, pan fo'n briodol, ar y "pethau cudd" sydd y tu hwnt i'n dirnadaeth naturiol. O aros am y "golau", fe sylweddolwn yn y man mai "melys fydd trallodion hirnos pan geir arnynt olau'r dydd".

EMYNAU FFYDD

"Cariad sy'n llywio stormydd y don", medd un emynydd wrthym. Onid dyna'r "graig safadwy" y safwn arni wrth wynebu "blin drofeydd" bywyd? Hyd yn oed pan na allwn "weld" synnwyr yn y pethau sy'n digwydd i ni a'n hanwyliaid, mae'n ddigon ein bod yn medru cofio mai "hollalluog yw dy gariad, fe wna bopeth fel y myn".

Ryw ddydd, mewn byd dibryder, di-boen o bosibl, a'n meddyliau wedi'u puro er mwyn medru dal y goleuni llawn, fe gawn "wybod gwerth y pethau cudd".

Gweddi:
O flaen gweithredoedd rhyfedd Duw
Y safwn heddiw'n syn,
A'r unig air ddaw atom yw,
Cawn wybod ar ôl hyn.

Ireiddiaf flodyn heb un graith,
Bron agor wywa'n syn;
Yn fud y safwn wrth y gwaith
Heb wybod beth yw hyn.

Pa fodd, o nos gorthrymder mawr
Y daw yr hafddydd gwyn?
Pa fodd cawn nef o stormydd llawr?
Cawn wybod ar ôl hyn.

O Dad trugarog a graslon, cynorthwya ni i bwyso ar addewid dy Fab, "Ti a gei wybod ar ôl hyn", oherwydd "Hiraethwn weld y bore'n dod / Cawn wybod ar ôl hyn". AMEN.

EMYNAU FFYDD

Yn y dwys ddistawrwydd

Caneuon Ffydd: Rhif 781

Yn y dwys ddistawrwydd
   dywed air, fy Nuw;
torred dy leferydd
   sanctaidd ar fy nghlyw.

O fendigaid Athro,
   tawel yw yr awr;
gad im weld dy ŵyneb,
   doed dy nerth i lawr.

Ysbryd, gras a bywyd
   yw dy eiriau pur;
portha fi â'r bara
   sydd yn fwyd yn wir.

Dysg fi yng ngwybodaeth
   dy ewyllys lân;
nerth dy gariad ynof
   dry dy ddeddfau'n gân.

Megis gardd ddyfradwy,
   o aroglau'n llawn,
boed fy mywyd, Arglwydd,
   fore a phrynhawn.

EMILY M. GRIMES, 1864-1927
cyf. NANTLAIS, 1874-1959

Ymddangosodd yr emyn hwn am y tro cyntaf yn rhifyn Ionawr-Chwefror 1921 o'r cylchgrawn *Yr Efengylydd*. Cyfieithiad ydyw o emyn Emily May Grimes (1864-1927), "Speak, Lord, in the stillness". Mae geiriau agoriadol yr emyn Saesneg gwreiddiol yn dwyn i gof yr hanesyn yn Llyfr Cyntaf Samuel yn yr Hen Destament am Dduw yn galw'r bachgen ifanc, Samuel. Ar ôl cyfieithu'r emyn i'r Gymraeg gosododd y diweddar Barchedig W. Nantlais Williams eiriau o bedwaredd bennod ar bymtheg Llyfr Cyntaf y Brenhinoedd yn bennawd arno, sef "Y llef ddistaw fain" (1 Bren. 19:12, hen gyfieithiad).

    Mae'r emyn dwys hwn yn haeddu ei ddarllen a'i ystyried mewn modd gweddïgar a disgwylgar. Emyn ydyw sy'n gweddu i'r ystafell ddirgel yn ogystal â'r cysegr. Cyn clywed llais yr Anfeidrol yn ein cyfarch yn un o'r ddau le, mae'n rhaid wrth ddistawrwydd a llonyddwch – ie, "tawel yw yr awr". Dymuniad y gwir ddisgybl yw ymglywed yn gyson â llais ei Athro yn ei gyfarch. Gan amlaf, fe wêl yr Athro yn dda egluro ei ddysgeidiaeth i'w ddisgyblion trwy gyfrwng

EMYNAU FFYDD

ei Air. Ei Air ef sy'n troi'n "ysbryd, gras, a bywyd" i'r sawl sy'n ildio iddo'n ufudd. Er mwyn gwerthfawrogi'n llawn neges yr emyn hwn mae'n ofynnol myfyrio ar ddau bennill a hepgorwyd o gasgliadau diweddar:

Pennill 4
    Eiddot wyf yn gyfan,
    Ildio wnes bob dawn,
    Llawen ymgyflwynais,
    Cefaist fi yn llawn.

Pennill 5
    Mae dy was yn clywed,
    Effro ydwyf fi;
    Hongian mae fy enaid
    Wrth dy wefus Di.

O fyfyrio ar y penillion i gyd, cawn ein dwyn yn nes byth at yr hanesyn am y bachgen ifanc Samuel yn cyffesu, "Llefara, Arglwydd, canys y mae dy was yn gwrando" (1 Sam. 3:9). O wrando'n astud ar yr alwad, rhaid bod yn barod i gael ein dysgu ymhellach yng ngwybodaeth ewyllys ein Tad, hyd nes y gwelir "ffrwyth yr Ysbryd" (Gal. 5:22) yn addurno ein bywydau – "a thi a fyddi fel gardd wedi ei dyfrhâu, ac megis ffynnon ddwfr, yr hon ni phalla ei dyfroedd" (Eseia 58:11, hen gyfieithiad).

Gweddi:
Yng nghanol holl ddwndwr ein hoes, dyro inni'r awydd i ymlonyddu ac ymddistewi ynot. Llefara wrthym y diwrnod hwn – yn wir, "torred dy leferydd sanctaidd ar fy nghlyw". AMEN.

EMYNAU FFYDD

Dy olau di, fy Nuw

Caneuon Ffydd: Rhif 782

Dy olau di, fy Nuw,
  yn ŵyneb Iesu mawr
yw f' unig obaith mwy
  ar dywyll ffyrdd y llawr;
y sêr a'm llywiai dro,
  fe'u collais hwy i gyd
o dan gymylau braw
  a'r niwl a guddiai'r byd.

Dilynais lwybrau lu
  wrth lamp fy neall gwan,
a disgwyl gweled drwy
  bob dryswch yn y man;
mi wn yn awr nad oes
  oleuni ynof fi
ond digon i ddyheu
  am ddydd dy gariad di.

Fy ngweddi fo am gael
  yr Iesu'n arglwydd im,
ac ef yn bopeth mwy
  a mi fy hun yn ddim,
yn ddim ond llusern frau
  i ddal ei olau ef,
i'm tywys heibio i'r nos
  at fore claer y nef.

T. EIRUG DAVIES, 1892-1951

Wrth sôn am natur y Duwdod, cyfeiria'r Testament Newydd yn aml at oleuni. Cyhoedda Ioan ym mhennod gyntaf ei lythyr cyntaf mai "goleuni yw Duw, ac nid oes ynddo ef ddim tywyllwch" (1 In. 1:5). Ac yn adnodau cyfarwydd y prolog i'r Efengyl yn ôl Ioan, ceir sôn am "y gwir oleuni" (In. 1:9), sef y geiriau a ddewiswyd gan olygyddion praff *Y Caniedydd* fel pennawd i'r emyn hwn o eiddo'r diweddar Barchedig T. Eirug Davies. Mae'r emynydd yn llwyddo i gyfleu gogoniant ac ysblander "y gwir oleuni", Iesu Grist, mewn modd arbennig. Gosodir Person yr Arglwydd Iesu fel unig-anedig Fab Duw yn y canol. O fyfyrio ar yr emyn, daw geiriau'r Apostol Paul i'm meddwl o hyd ac o hyd: "Oherwydd y Duw a ddywedodd, 'Llewyrched goleuni o'r tywyllwch', a lewyrchodd yn ein calonnau i roi i ni oleuni'r wybodaeth am ogoniant Duw yn wyneb Iesu Grist" (2 Cor. 4:6). Dyma'r "wybodaeth" sy'n unigryw i'r ffydd Gristnogol. Dyma unig obaith pechadur colledig ei gyflwr ac aflan ei natur "ar dywyll ffyrdd y llawr". Mor onest yw'r emynydd pan gyfeddyf fod "y

EMYNAU FFYDD

sêr" meddyliol, athronyddol, diwylliannol a chrefyddol a "lywiai" ei lwybr gynt, i gyd wedi'u colli "o dan gymylau braw a'r niwl a guddiai'r byd". Tybed ai cymylau a niwloedd rhyfel a thrais sydd ganddo mewn golwg?

Pwy na all uniaethu â'r hyn a fynegir mor groyw yn yr ail bennill? Onid ydym i gyd wedi treulio blynyddoedd yn dilyn llwybrau lu yng ngolau pŵl ac annigonol "lamp" ein deall "gwan", ac yng ngoleuni'r "deall gwan" hwnnw wedi "disgwyl" cael "gweled drwy bob dryswch yn y man"? Mae damcaniaethau o bob math yn cynnig amrywiaeth o atebion "i ddwys gwestiynu dynol ryw". Heb oleuni'r Crist, tywyllwch dudew yw unrhyw oleuni honedig o'n heiddom. Mor wir yw'r gyffes bersonol:

> Mi wn yn awr nad oes
>   oleuni ynof fi
> ond digon i ddyheu
>   am ddydd dy gariad di.

Mae'r weddi yn y pennill olaf yn mynegi dyhead cyson, taer pob gwir ddisgybl i Grist:

> Fy ngweddi fo am gael
> yr Iesu'n Arglwydd im,
> ac ef yn bopeth mwy
> a mi fy hun yn ddim,
> yn ddim ond llusern frau
> i ddal ei olau ef,
> i'm tywys heibio i'r nos
> at fore claer y nef.

Gweddi:
Iesu'r gwir oleuni, tywys ni i'th lwyr adnabod. Paid â gadael i ni fynd ar goll yng nghanol y "sêr" amrywiol a thwyllodrus sy'n medru pylu dy ogoniant. Cynorthwya ni i'th arddel yn unig Arglwydd ein bywyd, a gwna bawb ohonom yn llusernau bychain i ddal dy oleuni ac adlewyrchu dy ogoniant. Gwrando'n cri, yn enw'r Iesu, AMEN.

EMYNAU FFYDD

Am ffydd, nefol Dad, y deisyfwn

Caneuon Ffydd: Rhif 792

Am ffydd, nefol Dad, y deisyfwn,
    i'n cynnal ym mrwydrau y byd;
os ffydd yn dy arfaeth a feddwn,
    diflanna'n hamheuon i gyd;
o gastell ein ffydd fe rodiwn yn rhydd
ac ar ein gelynion enillwn y dydd.

Am obaith, O Arglwydd, erfyniwn,
    i fentro heb weled ymlaen;
os gobaith dy air a dderbyniwn,
    daw'r engyl i dreiglo y maen;
o loches dy law cawn syllu'n ddi-fraw
a chanfod daioni ym mhopeth a ddaw.

Am gariad, O Dduw, y gweddïwn,
    gogoniant pob rhinwedd a dawn,
er gwybod, os cariad a fynnwn,
    mai gwynfyd drwy ddagrau a gawn;
ein cysur drwy'n hoes mewn cystudd a loes
fydd cofio'r Gwaredwr a choncwest ei groes.
        GWILYM R. TILSLEY, 1911-97

Adnod a drysorir gan y mwyafrif llethol o aelodau eglwysi a chapeli ein gwlad yw honno sy'n cloi pennod fawr yr Apostol Paul ar gariad: "Mewn gair, y mae ffydd, gobaith, cariad, y tri hyn, yn aros; a'r mwyaf o'r rhain yw cariad" (1 Cor. 13:13). Ond un peth yw trysori'r geiriau yn y cof, peth arall yw ceisio byw bob awr yn eu goleuni. Wrth feddwl am y tri pheth hollbwysig – ffydd, gobaith a chariad – gwêl un emynydd yn dda i'w disgrifio fel "doniau pennaf gras", a dymuna eu cael yn "addurno" ei oes "wrth deithio'r anial cras". Pa mor wir yw hynny amdanom ni, tybed? Ai doniau i ddarllen amdanynt yn unig ydynt yn ein profiad? Ai geiriau melys eu naws ond cwbl amherthnasol i'n dull ni o feddwl ac o fyw?

    I awdur yr emyn hwn, maent yn ddoniau anhepgor ym mywyd y sawl sy'n credu yn Nuw ac sy'n awyddus i'w wasanaethu'n

EMYNAU FFYDD

effeithiol mewn byd ac eglwys. Yn y pennill agoriadol mae'n deisyf "am ffydd". Ond "ffydd" i beth? meddwch chi. Wel, ffydd "i'n cynnal ym mrwydrau y byd". Mae bywyd y mwyafrif o Gristnogion yn un frwydr barhaus yn erbyn yr hunan, yn erbyn pechod, ac yn erbyn dylanwad difaol dull y byd hwn o feddwl ac o fyw. Beth all ein cynnal yn y fath awyrgylch? Yr ateb a rydd yr emynydd yw "ffydd". Nid ffydd mewn rhyw rym neu bŵer dwyfol annelwig, ond "ffydd" yn "arfaeth" Duw ei hun. Ffydd sy'n llwyr gredu bod Duw yn trefnu popeth er lles ei eglwys ac er lledaeniad ei deyrnas yn y byd. Dyma'r math o "ffydd" nad yw byth yn methu â'n "cynnal ym mrwydrau y byd".

Yn yr ail bennill mae'r emynydd yn erfyn am "obaith". Am "obaith" i beth? meddwch. Wel, gobaith "i fentro heb weled ymlaen". Dim ond perchen "ffydd", mewn gwirionedd, sy'n barod "i fentro" mewn gobaith heb "weled ymlaen". Mae'r gobaith hwn wedi'i wreiddio yng ngair y gwirionedd sy'n sôn am "engyl" yn "treiglo y maen" o ddrws y bedd lle y gosodwyd corff yr Arglwydd Iesu i orwedd dros dro. Yn y pen draw, effaith meddu ar "obaith" o'r fath yw ein galluogi i ganfod "daioni ym mhopeth a ddaw" yn hyn o fyd.

Gan ddilyn ymresymiad eglur yr Apostol Paul, diwedda yr emyn drwy weddïo am gariad sy'n "rhwymyn perffeithrwydd" (Col. 3:14) – "gogoniant pob rhinwedd a dawn". Yma fe welwn yr emynydd yn mynegi'r gwir cas mai llwybr anodd a phoenus yw llwybr gwir gariad. Dywed wrthym ei fod yn gwybod yn iawn "os cariad a fynnwn, mai gwynfyd drwy ddagrau a gawn". Cysur cyson y rhai sydd, trwy ras, yn dewis cerdded "ar hyd ffordd ragorol cariad" yw "cofio'r Gwaredwr a choncwest ei groes".

Gweddi:
Llanw ein bywyd beunydd, O Arglwydd, â'r "ffydd" i'n "cynnal ym mrwydrau y byd".
Llanw ein bywyd beunydd, O Arglwydd, â'r gobaith "i fentro heb weled ymlaen".
Yn anad dim, llanw ein bywydau beunydd â'th gariad.
Deisyfwn y cyfan yn enw'r Iesu. AMEN.

EMYNAU FFYDD

Tydi a wyddost, Iesu mawr

Caneuon Ffydd: Rhif 810

Tydi a wyddost, Iesu mawr,
  am nos ein dyddiau ni;
hiraethwn am yr hyfryd wawr
  a dardd o'th gariad di.

Er disgwyl am dangnefedd gwir
  i lywodraethu'r byd,
dan arswyd rhyfel mae ein tir
  a ninnau'n gaeth o hyd.

Ein pechod, megis dirgel bla,
  sy'n difa'n dawn i fyw;
ond gelli di, y Meddyg da,
  iacháu eneidiau gwyw.

Goleua di ein tywyll stad,
  llefara air dy hedd
wrth fyd a roes it bob sarhad,
  ac atal hynt y cledd.

Er mwyn yr ing a'r gwaedlyd chwŷs
  a'th fywyd wedi'r groes,
O tyrd i'n hachub, tyrd ar frys
  cyn dyfod diwedd oes.

          JOHN ROBERTS, 1910-84

Wrth sylwi ar ddull y dyn cyfoes o feddwl ac o fyw, a chlywed am yr holl bethau erchyll sy'n digwydd o'n hamgylch, deuwn i sylweddoli pa mor sobr o dywyll bellach yw "nos ein dyddiau ni". Gall sylweddoli hynny ein harwain i ryw bwll diwaelod o ddigalondid, oni chofiwn fel credinwyr fod Iesu yn ymwybodol o'r hyn sy'n digwydd. Yng ngoleuni hynny, gallwn obeithio am ddyddiau gwell a dyfalbarhau i hiraethu "am yr hyfryd wawr a dardd o'th gariad di".

EMYNAU FFYDD

Bu'r saint yn "disgwyl am dangnefedd gwir i lywodraethu'r byd" ers cenedlaethau. Er pob ymgyrch a phrotest, "dan arswyd rhyfel mae ein tir"; ac yn waeth na hynny, mae'r ddynoliaeth "yn gaeth o hyd" i'r grym treisgar, militaraidd sy'n mynnu dial ar bob gelyn. Hawdd iawn, serch hynny, yw rhoi'r bai ar wladweinwyr balch, milwyr a byddinoedd am yr ysbryd rhyfelgar sy'n cael cefnogaeth y mwyafrif ymhob gwlad. Daw'r emynydd â ni at wreiddyn y mater drwy sôn am "ein pechod" sydd "megis dirgel bla", yn "difa'n dawn i fyw". Dinistriwr heb ei ail yw pechod. "Ond", medd yr emynydd, "gelli di, y Meddyg da, iacháu eneidiau gwyw". Diolch byth am hynny! Mor anobeithiol o ddu fyddai'r sefyllfa bresennol a rhagolygon y dyfodol oni bai am allu'r "Meddyg mawr ei fri sy'n gadarn i iacháu". Ar ôl cyfleu düwch y sefyllfa a chyfeirio'n sylw at yr unig Un sydd â'r gallu i'w hadfer a'i gwella, â'r emynydd yn ei flaen i ymbil ar y "Meddyg da" yn gyntaf i oleuo meddyliau pobl i ganfod gwir dywyllwch eu "stad" naturiol, yn ail i "lefaru" gair ei hedd, ac yn drydydd i ymyrryd er mwyn "atal hynt y cledd". Yr unig sail sydd gan yr un ohonom i ymbil am bethau fel hyn yw marwolaeth, atgyfodiad ac eiriolaeth yr Arglwydd Iesu Grist. Er ei fwyn ef, erfyniwn bob dydd, "O tyrd i'n hachub, tyrd ar frys, cyn dyfod diwedd oes".

Gweddi:
    Er dadwrdd blin cenhedloedd byd,
    A hedd yn oedi dyfod cyd,
    Ar fyd di-loes rhoes Duw ei fryd ...

    Er angof dyn o ing ei frawd,
    A chlwyfo'r gwan â sen a gwawd,
    Fe wrendy Duw ar weddi'r tlawd.

    O gwawria, ddydd ein Duw:
    gan drais y blina'r byd,
    a chalon dyn sy'n friw
    yn sŵn y brwydro i gyd;
    O torred arnom ddydd o hedd,
    distawed twrf y gad a'r cledd.
               (HENRY BURTON, *cyf.* W. O. EVANS)
AMEN.

Am bawb fu'n wrol dros y gwir

Caneuon Ffydd: Rhif 811

Am bawb fu'n wrol dros y gwir
  dy enw pur foliannwn;
am olau gwell i wneud dy waith
  mewn hyfryd iaith diolchwn.

Tystiolaeth llu'r merthyri sydd
  o blaid y ffydd ysbrydol;
O Dduw, wrth gofio'u haberth hwy,
  gwna'n sêl yn fwy angerddol.

Gwna ni yn deilwng, drwy dy ras,
  o ryddid teyrnas Iesu;
y breintiau brynwyd gynt â gwaed,
  parhaed ein plant i'w caru.

Er mwyn y gair, er mwyn yr Oen,
  er mwyn ei boen a'i gariad,
gwna ni'n ddisyflyd dros y gwir,
  a gwna ni'n bur ein rhodiad.

ELFED, 1860-1953

O ddarllen hanes yr Eglwys Gristnogol o'i dechreuad hyd heddiw, gwelwn yn eglur fod rhai wedi talu'r pris eithaf am lynu'n wrol wrth eu ffydd. Darllenwn yn Actau'r Apostolion am ŵr ifanc dewr o'r enw Steffan oedd "yn llawn gras a nerth, yn gwneud rhyfeddodau ac arwyddion mawr ymhlith y bobl" (Act. 6:8). Wrth ddilyn ei hanes yn Actau 6 a 7 gwelwn mai ef oedd merthyr cyntaf yr Eglwys Gristnogol pan labyddiwyd ef gan ei elynion. Yr un fu tynged miloedd ymhob oes a gwlad: cael eu lladd oherwydd eu safiad o blaid y gwir. Mae awdur yr epistol at yr Hebreaid yn nodi hyn: "Cafodd eraill brofi gwatwar a fflangell, ie, cadwynau hefyd, a charchar. Fe'u llabyddiwyd, fe'u torrwyd â llif, fe'u rhoddwyd i farwolaeth â min y cledd; crwydrasant yma ac acw mewn crwyn defaid, mewn crwyn geifr, yn anghenus, dan orthrwm a chamdriniaeth, rhai nad oedd y byd yn deilwng ohonynt, yn crwydro mewn tiroedd diffaith a mynyddoedd, ac yn cuddio mewn ogofeydd a thyllau yn y ddaear" (Heb. 11:36-38). Dyma'r llinach ysbrydol y cawn ninnau'r uchel fraint o berthyn iddi, hyd yn oed yma yng Nghymru. "Dilyn yr Oen" oedd unig uchelgais y cyfryw rai:

    Os yfwn o gwpan Ei ofid,
    Os gweithiwn heb gyfrif y boen,
    Os dygwn Ei groes yn ein gwendid,
    Dilynwyr a fyddwn i'r Oen.

    Bu'r merthyr trwy adfyd a galar,
    Yn dilyn yr Oen hyd y bedd:

Roedd golwg ar Brynwr mor hawddgar
Yn troi ei arteithiau yn hedd.

Fel Iesu, wrth farw maddeuai,
Maddeuai ynghanol ei boen:
A thros ei erlidwyr gweddïai –
Ddown ninnau i ddilyn yr Oen?

Meddwl am y rhai a ganlynodd yr Iesu hyd angau a ysbrydolodd Elfed i gyfansoddi'r emyn "Am bawb fu'n wrol dros y gwir". Aeth gwroldeb dros wirionedd dilychwin Crist yn beth dieithr iawn erbyn hyn yng ngwledydd moethus y Gorllewin. Dyna paham y tueddir i fychanu, a hyd yn oed anwybyddu gwerth arhosol "tystiolaeth llu'r merthyri" mewn rhai cylchoedd crefyddol ac eglwysig. Tuedd meibion a merched o'r fath yw edrych i lawr ar rai symlach eu ffydd sy'n ceisio gwarchod buddiannau'r "ffydd ysbrydol" a thaflu dŵr oer ar eu sêl "o blaid y ffydd a draddodwyd un waith am byth i'r saint" (Jwdas ad. 3). Dyna paham y mae'n anhraethol bwysig nad anghofiwn yr etifeddiaeth ysbrydol deg sy'n eiddo inni. Gorfu i'n cyndadau yn y ffydd dalu'n hallt am y "breintiau" ysbrydol a thymhorol sy'n eiddo inni erbyn hyn. Tybed a fydd ein plant yn parhau i'w caru a'u mawrhau? Mae'r pennill olaf yn fynegiant clir, diffuant o ddyhead y gwir grediniwr:

Er mwyn y gair, er mwyn yr Oen,
er mwyn ei boen a'i gariad,
gwna ni'n ddisyflyd dros y gwir,
a gwna ni'n bur ein rhodiad.

Peth cwbl angenrheidiol i ffyniant gwir grefydd yw purdeb cred a moes. Ofer yw bod yn eiddgar o blaid gwirioneddau'r efengyl oni fyddwn yr un pryd yn deisyf gras bob awr i rodio'n bur ac ymwrthod â'r pechodau sy'n medru'n baglu mor rhwydd ar daith bywyd.

Gweddi:
"Ti Dduw a folwn, Ti a gydnabyddwn yn Arglwydd. Yr holl ddaear a'th fawl di, y Tad tragwyddol."

Yn dy drugaredd, O Dduw, "gwna ni yn deilwng drwy dy ras, o ryddid teyrnas Iesu, y breintiau brynwyd gynt â gwaed, parhaed ein plant i'w caru". AMEN.

EMYNAU FFYDD

Dwed, a flinaist ar y gormes

Caneuon Ffydd: Rhif 837

Dwed, a flinaist ar y gormes,
   lladd a thrais sy'n llethu'r byd?
Tyrd yn nes, a chlyw ein neges
   am rym mwy na'r rhain i gyd:
cariad ydyw'r grym sydd gennym,
   cariad yw ein tarian gref,
grym all gerdded drwy'r holl ddaear,
   grym sy'n dwyn awdurdod nef.

Cariad sydd yn hirymaros
   a'i gymwynas heb ben draw;
cariad nid yw'n cenfigennu,
   nid yw'n ceisio dim i'w law;
nid yw cariad byth yn ildio,
   nid yw'n cofio unrhyw fai;
heria'r drwg, ond am wirionedd
   mae'i lawenydd yn ddi-drai.

Gwisgwn holl arfogaeth cariad
   gyda'n ffydd yn dwyn pob baich,
gyda'n gobaith yn ein Harglwydd,
   a'n cadernid yn ei fraich:
pan syrth lluoedd cryfion daear
   yn eu gwendid ar y llawr,
cariad saif i orfoleddu
   'muddugoliaeth Iesu mawr.
         SIÔN ALED

Cariad Duw yng Nghrist yw swm a sylwedd neges yr efengyl. Amrywiadau ar yr un thema fawr ganolog yw'r gwahanol bwysleisiadau a geir mewn emynau, pregethau a chyflwyniadau Cristnogol sy'n cynnwys barddoniaeth, llenyddiaeth a cherddoriaeth. Mae'r holl elfennau gwahanol yn ddarostyngedig i'r neges dragwyddol: "Canys felly y carodd Duw y byd, fel y rhoddodd efe ei unig-anedig Fab, fel na choller pwy bynnag a gredo ynddo ef, ond caffael ohono fywyd tragwyddol" (In. 3:16, hen gyfieithiad). Cyhoeddi hen neges cariad Duw mewn dull cyfoes a wneir yn yr emyn hwn o waith Siôn Aled. Holir yr unigolyn ynglŷn â'i ymateb i'r holl ormes, lladd a thrais "sy'n llethu'r byd", gan awgrymu bod pawb ohonom, o bryd i'w gilydd, yn blino ar glywed yr holl newyddion drwg am gyflwr enbydus y byd. Fe'n gwahoddir yn gynnes i ddod "yn nes" er mwyn clywed y neges wefreiddiol "am rym mwy" na'r erchyllterau treisgar i gyd. Pwysleisir mai "cariad ydyw'r grym sydd gennym", aelodau eglwys Crist, i'w gyhoeddi a'i weithredu. Mae cariad yn rym a all drawsnewid bywydau pobl "drwy'r holl ddaear" am ei fod yn "dwyn awdurdod" Duw ei hun.

Yn yr ail bennill ceir mydryddiad crefftus o'r holl elfennau pwysig sy'n gynwysedig ym molawd yr Apostol Paul i gariad yn 1 Corinthiaid 13. Yna, yn y pennill olaf, parheir i ddilyn yr un thema drwy sôn am yr hyn sy'n cael ei gyhoeddi ar derfyn y bennod: "Mewn gair, y mae ffydd, gobaith, cariad, y tri hyn, yn aros; a'r mwyaf o'r rhain yw cariad" (1 Cor. 13:13).

Gweddi:
Derbyn ein diolch, O Dad, am i ti, yn dy ras ddangos i'th bobl "ffordd ragorach fyth". Cynorthwya ni yn ein hymdrech gyson i ymwrthod â ffordd gormesol a hunanol y byd. Dyma'r ffordd sy'n arwain at yr holl ladd a'r holl drais a welwn ar bob llaw. Ymostwng atom, i ti ein cyfarwyddo ar hyd ffordd dy gariad.

> Cyfarwydda wael bererin,
>   Anghyfarwydd ar ei daith;
> Ar hyd ffordd ragorol cariad
>   Arwain fi trwy'r anial maith;
>   N'ad im ŵyro
>   'R ochor hyn na'r ochor draw.
>   (THOMAS WILLIAM)

Gofynnwn y cyfan yn enw annwyl Iesu. AMEN.

EMYNAU FFYDD

Cofia'r byd, O Feddyg da

Caneuon Ffydd: Rhif 846

Cofia'r byd, O Feddyg da,
   a'i flinderau;
tyrd yn glau, a llwyr iachâ
   ei ddoluriau;
cod y bobloedd ar eu traed
   i'th was'naethu;
ti a'u prynaist drwy dy waed,
   dirion Iesu.

Y mae'r balm o ryfedd rin
   yn Gilead,
ac mae yno beraidd win
   dwyfol gariad;
yno mae'r Ffisigwr mawr,
   deuwch ato
a chydgenwch, deulu'r llawr -
   diolch iddo!

               J. T. JOB, 1867-1938

Yn rhifyn Hydref 1938 o'r cylchgrawn *Trysorfa'r Plant*, ymddangosodd yr eglurhad canlynol ar *genesis* yr emyn poblogaidd hwn o waith y diweddar Barchedig J. T. Job: "Rhagfyr y 24ain, 1918, ydoedd hi, a minnau'n cerdded, drwy dywyll y bore bach, i ddal y trên yng Ngwdig, ar fy ffordd i gwrdd pregethu yn rhywle ... Er bod y Nadolig wrth y drws, lleddf iawn oedd fy nghalon i: wrth feddwl am drueni'r byd o dan glwyfau'r Rhyfel, a throes fy nghalon at ddrws y Meddyg Da. Yn wir, cenais a chenais yr emyn bach drwyddo – a hynny cyn ei ysgrifennu. A hynny ar y dôn *Patmos*. Wel, dyna lle bûm i, wedyn yn y trên, yn canu a chanu i mi fy hun, yr holl ffordd."

    Gweddi ddwys yw'r emyn diffuant hwn ar nam y byd a'i flinderau. Cred ddiysgog y Cristion yw mai gan y Meddyg da yn unig y mae'r gallu i lwyr iacháu doluriau poenus y byd; wedi'r cyfan, dyma'r byd a grëwyd, a gofiwyd ac a garwyd gan Dduw. A'r prawf eithaf o'r ffeithiau diymwad hyn yw bod yr Arglwydd Iesu Grist wedi prynu rhai o blith holl bobloedd y byd iddo'i hun drwy ei waed: "ti a'u prynaist drwy dy waed, dirion Iesu".

Yng ngeiriau Apostol mawr y cenhedloedd: "Oherwydd prynwyd chwi am bris" (1 Cor. 6:20). Mae'r ail bennill yn hynod o gynnes a chysurlon. Ceir ynddo adlais o'r hyn a ddarllenir ym mhroffwydoliaeth Jeremeia yn yr Hen Destament, mewn paragraff sy'n dwyn y pennawd "Gofid Jeremeia dros ei Bobl". Yng nghanol ei ofid gofynna'r proffwyd, "Onid oes balm yn Gilead? Onid oes yno ffisigwr?" Cymhwysir y darlun gan yr emynydd er mwyn cyfleu a chyhoeddi llawnder yr iachawdwriaeth yng Nghrist. Ef bellach yw'r "Ffisigwr Mawr", ac atseinir yr alwad efengylaidd "deuwch ato". O ddod ato mewn edifeirwch a ffydd, ni all pobloedd daear beidio â chyd-ganu mewn cytgord perffaith, "diolch iddo!"

Gweddi:
O gwrando di ein gweddi ar ran ein byd. Gwared ni rhag yr holl drais sy'n blino'r ddynoliaeth syrthiedig. Côd faner dy efengyl yn uwch, beunydd ymhob gwlad, a thyn aneirif luoedd at dy Fab Iesu bob dydd, oherwydd hiraethwn am gael gweld:
"dyddiau'r nefoedd ar y llawr
pan na fydd neb ond Iesu'n fawr".
AMEN.

EMYNAU FFYDD

Da yw ein byd, wrth lenwi'n hysguboriau

Caneuon Ffydd: Rhif 859

Da yw ein byd, wrth lenwi'n hysguboriau
heb hidio dim am newyn ein heneidiau;
maddau, O Dduw, na fynnwn weled eisiau
    gwir Fara'r Bywyd.

Digon i ni yw'r hyn nad yw'n digoni,
yfwn o ffrwd nad yw yn disychedu;
maddau, O Dduw, i ni sydd yn dirmygu
    Ffynnon y Bywyd.

Cod ni, O Dduw, o wacter byd materol,
rho ynom flys am brofi'r maeth ysbrydol;
cawn wrth dy fwrdd ddanteithion gwledd dragwyddol
    arlwy y Bywyd.

                DAFYDD WYN JONES, Aberteifi

Pan ymddangosodd y llyfr emynau cydenwadol, hirddisgwyliedig, treuliais beth amser yn ymgyfarwyddo â'i gynnwys. Gweld colli ambell i emyn hoff, synnu wrth weld cynifer o ganeuon mewn idiom sy'n ddieithr i lawer ohonom. Ond yng nghanol y cyfan, deuthum ar draws ambell i berl newydd sbon, megis yr emyn hwn. O fyfyrio'n hir a dwys ar ei gynnwys, down i ymdeimlo â grym y neges amserol sydd ynddo. Emyn ydyw ar gyfer pobl ein hoes faterol a hunanol ninnau, emyn a seiliwyd yn gadarn ar y geiriau a lefarodd yr Arglwydd Iesu Grist wrth adrodd Dameg yr Ynfytyn Cyfoethog yn y ddeuddegfed bennod o'r Efengyl yn ôl Luc: "A dywedodd wrthynt, 'Gofalwch ymgadw rhag trachwant o bob math, oherwydd, er cymaint ei gyfoeth, nid yw bywyd neb yn dibynnu ar ei feddiannau.' Ac adroddodd ddameg wrthynt: 'Yr oedd tir rhyw ŵr cyfoethog wedi dwyn cnwd da. A dechreuodd feddwl a dweud wrtho'i hun, Beth a wnaf fi, oherwydd nid oes gennyf unman i gasglu fy nghnydau iddo? Ac meddai, Dyma beth a wnaf fi: tynnaf f'ysguboriau i lawr ac adeiladu rhai mwy, a chasglaf yno fy holl ŷd a'm heiddo. Yna dywedaf wrthyf fy hun, Ddyn, y mae gennyt stôr o lawer o bethau ar gyfer blynyddoedd lawer; gorffwys, bwyta, yf, bydd lawen. Ond meddai Duw wrtho, Yr ynfytyn, heno y mynnir dy einioes yn ôl gennyt, a phwy gaiff y pethau a baratoaist? Felly bydd hi ar y rhai sy'n casglu trysor iddynt eu hunain a heb fod yn gyfoethog gerbron Duw.'" (Luc 12:13-21).

Mae'r emyn hwn yn ein gosod ni i gyd yn yr un categori â'r ynfytyn cyfoethog, oherwydd dyna sy'n wir amdanom. Rydym wrth ein bodd yn llenwi ein hysguboriau, ein cartrefi, a'n bywydau â phob math o betheuach materol gan lwyr anghofio "am newyn ein heneidiau". Llinell awgrymog yw honno sy'n cyhoeddi'n ddiflewyn-ar-dafod mai "Digon i ni yw'r hyn nad yw'n digoni". Ar ôl cyhoeddi'r caswir na ellir mo'i wadu, erfynia'r emynydd am faddeuant am "na fynnwn weled eisiau gwir Fara'r Bywyd" ac am ein bod yn mynnu "dirmygu Ffynnon y Bywyd", sef Iesu Grist ei hun.

Ein hunig obaith am wir fodlonrwydd ar daith bywyd yw deisyf yn gyson ar i Dduw, yn ei drugaredd, ein codi ar fyrder "o wacter byd materol" a phlannu "ynom flys am brofi'r maeth ysbrydol" sydd i'w gael yng ngair ein Duw. Wrth ymateb i alwad yr efengyl i fwyta'n helaeth o "ddanteithion gwledd dragwyddol arlwy y Bywyd" yng Nghrist, cawn ninnau ein llwyr ddigoni.

Gweddi:

Iesu, hyfrydwch teulu'r ffydd,
   Goleuni'r byd, ffynnon pob dawn,
O bob mwynhad daearol sydd
   Trown atat am fodlonrwydd llawn.

Tydi wyt fara'r nef i'r saint
   A'th gwmni'n wledd o beraidd flas;
Mae iachawdwriaeth rhag pob haint
   Yn nyfroedd pur adfywiol ras.
(O'r Lladin, cyf. THOMAS LEWIS)

Pâr, O Arglwydd tirion, mai dyma fydd ein profiad yn gynyddol ar y daith. AMEN.

EMYNAU FFYDD

Pwy all blymio dyfnder gofid

Caneuon Ffydd: Rhif 863

Pwy all blymio dyfnder gofid
  Duw ein Tad o weld ei fyd?
Gweld y plant sy'n byw heb gariad,
  gweld sarhau ei gread drud:
a phob fflam ddiffoddwyd gennym
  yn dyfnhau y nos o hyd;
    ein Tad, wrth Gymru,
    ein Tad, wrth Gymru,
    O trugarha!

Gwnaethom frad â'r gwir a roddaist,
  buom driw i dduwiau gau,
gwnaethom aberth o'n plant bychain
  ar eu hallor, heb dristáu:
O llewyrched dy oleuni,
  doed dy arswyd i'n hiacháu;
    ein Tad, wrth Gymru,
    ein Tad, wrth Gymru,
    O trugarha!

Pwy all sefyll rhag dy ddicter?
  Pwy all ddal d'edrychiad llym?
Ti yw Tad y plant amddifad,
  ti yw nerth y rhai di-rym:
Duw cyfiawnder yw dy enw,
  rhag dy farn ni thycia dim;
    ein Tad, wrth Gymru,
    ein Tad, wrth Gymru,
    O trugarha!

Pwy wnaiff herio'r trais a'r gormes,
  gyda'r gweiniaid yn eu cur?
Pan chwyth corwynt hunanoldeb
  pwy rydd gysgod? Pwy gwyd fur?
Tyrd i'n hysgwyd o'n cysgadrwydd,
  tyrd i doddi'n c'lonnau dur;
    ac wrthym ninnau,
    ac wrthym ninnau,
    O trugarha!

    Pwy all blymio dyfnder cariad
      Duw ein Tad wrth weld ei fyd?
    Dyfnder cariad Gŵr gofidus
      roes ei waed yn daliad drud:
    ynddo mae iachâd cenhedloedd
      a glanhad ein gwaith i gyd;
        oherwydd Iesu,
        oherwydd Iesu,
        O trugarha!
          GRAHAM KENDRICK
          cyf. SIÔN ALED

O'r holl emynau neu ganeuon Cristnogol cyfoes a gynhwyswyd yn *Caneuon Ffydd*, dyma'r un mwyaf ystyrlon i mi a'r un sy'n llwyddo i'm dwysbigo ar yr un pryd. Mae'r pennill agoriadol yn galw arnom i edrych ar gyflwr enbydus y byd a'r greadigaeth o bersbectif "Duw ein Tad". Ein tuedd ninnau yw edrych ar bopeth, boed pell neu agos, o'n persbectif hunanol ein hunain. Ond gwêl Duw bethau o'i bersbectif tragwyddol a throsgynnol nid yng ngoleuni ei gariad yn unig, ond yng ngoleuni ei gyfiawnder yn ogystal. O gofio hyn, ein hunig gri yw "O trugarha!"

Mae'r ail bennill yn cyfaddef inni fod yn "driw i dduwiau gau" – duwiau pleser, blys, meddwdod, hapchwarae, ac yn y blaen. Drwy weithredu fel hyn amddifadwn ein plant o'r cyfle i gael eu magu yn sŵn yr efengyl; hwynthwy sy'n cael eu haberthu ar yr allorau tra bod pawb yn chwerthin a fawr neb yn "tristáu. "O trugarha!"

Ceir ym mhenillion tri a phedwar ribidirês o gwestiynau ingol, ond cyhoeddir yn eglur mai "Duw cyfiawnder yw dy enw, rhag dy farn ni thycia dim". Ond y mae'r Barnwr yn ei lid yn cofio'i drugaredd ac yn barod "i'n hysgwyd o'n cysgadrwydd" a thoddi'n "calonnau dur." Cyhoeddi'r feddyginiaeth a wneir yn y pennill olaf, wrth inni gael ein dwyn i gysylltiad â'r "Gŵr gofidus" (Eseia 53) a "roes ei waed yn daliad drud". Ynddo ef, ac ynddo ef yn unig y mae iachawdwriaeth i'r holl genhedloedd, "a glanhad ein gwaith i gyd".

Mae'r emyn hwn yn dilyn patrwm llawer o broffwydi'r Hen Destament drwy eiriol yn ddwys ar ran gwlad a chenedl wrthryfelgar a gwrthnysig. Mae'r emynydd, fel y proffwydi gynt, yn uniaethu â'r broblem wrth ddeisyf ym mhennill pedwar, "ac wrthym ninnau, O trugarha". Yn y pennill olaf fe ddeisyfir am drugaredd "oherwydd Iesu". Yng ngeiriau cyfarwydd y diweddar Barchedig Lewis Valentine, "er mwyn·dy Fab a'i prynodd iddo'i hun, O crea hi yn Gymru ar dy lun".

Gweddi:
Wrth feddwl am gyflwr enbydus ein cenedl ninnau, O Dad, yn dy lid cofia drugaredd. AMEN.

EMYNAU FFYDD

Mae'r iachawdwriaeth rad

Y Caniedydd: Rhif 5

Mae'r iachawdwriaeth rad
Yn ddigon i bob rhai;
Agorwyd ffynnon er glanhad
Pob pechod cas a bai.

Daw tyrfa rif y gwlith
Yn iach trwy rin y gwaed:
Pwy ŵyr na byddaf yn eu plith,
Yn lân o'm pen i'm traed.

Er lleted yw fy mhla,
Er dyfned yw fy mriw,
Y balm o Gilead a'm hiachâ –
Mae Crist yn Feddyg gwiw.

Dan bwys euogrwydd du,
Edrychaf tua'r groes,
Lle llifodd gwaed fy Mhriod cu:
Anfeidrol Iawn a roes.
PEDR FARDD

Dyma'r emyn cyntaf i rai mewn oed yr wyf yn cofio'i ddysgu. Byddai chwaer hynaf fy nhad-cu, a drigai yng Nghasllwchwr, yn ei ganu'n gyson ar y dôn *Downing*, a minnau'n hoffi ei chlywed. Emyn syml iawn ydyw sy'n cyhoeddi'n eglur fod iachawdwriaeth i bob pechadur yn sgil gwaith gorffenedig yr Iesu. Rhaid i weinidogion yr efengyl gael hyder yn y neges a ymddiriedwyd i'w gofal. Mae'r hyder hwnnw'n gorffwys yn y Person a gyhoeddir ganddynt, sef uniganedig Fab Duw. Ynddo ef yn unig y ceir hyd i'r "iachawdwriaeth rad" sy'n "ddigon i bob rhai". Mae cwpled olaf y pennill cyntaf yn adleisio geiriau Sechareia'r proffwyd: "Yn y dydd hwnnw bydd ffynnon wedi ei hagor .... ar gyfer pechod ac aflendid" (Sech. 13:1).

    Gan mai Duw ei hun yw awdur a chynllunydd yr iachawdwriaeth, ni all fethu yn ei fwriad o ddwyn "tyrfa rif y gwlith yn iach trwy rin y gwaed". Rhydd y ffaith hon hyder i bob credadun y bydd yntau hefyd ymhlith y dyrfa o waredigion, "yn lân o'm pen

i'm traed". Cyn profi o wefr y waredigaeth, rhaid profi o wewyr yr argyhoeddiad o bechod. Mynegir yr argyhoeddiad dwfn o bechod sy'n rhan o'r broses o ddod yn Gristion yn y llinellau:
> Er lleted yw fy mhla,
> Er dyfned yw fy mriw.

Ond drwy ddefnyddio'r gair bach "er", mae'r emynydd yn mynegi ei hyder a'i obaith fod gwaredigaeth lawn yn bosibl am fod "Crist yn Feddyg gwiw". Nid oes dim amdani, felly, ond edrych yn ffyddiog ac edifeiriol "tua'r groes, lle llifodd gwaed fy Mhriod cu". Beth fyddai ein hanes ninnau, bechaduriaid, oni bai am yr "Anfeidrol Iawn" a dalwyd drosom ar Galfaria?

Rhaid ymwrthod â'r duedd naturiol i fynnu ennill ein hiachawdwriaeth ar sail rhyw weithredoedd o'n heiddom ein hunain. Yn hytrach, fe'n gelwir i bwyso yn llawn hyder ffydd ar "aberth glân y groes".

Gweddi:

> O! Arglwydd, clyw fy llef,
>   'Rwy'n addef wrth dy draed
> Im fynych wrthod Iesu cu,
>   Dirmygu gwerth ei waed.
>
> Ond gobaith f'enaid gwan,
>   Wrth nesu dan fy mhwn,
> Yw haeddiant mawr yr aberth drud:
>   Fy mywyd sydd yn hwn.
>
> A thrwy ei angau drud
>   Gall pawb o'r byd gael byw:
> Am hyn anturiaf at ei draed –
>   Fy annwyl Geidwad yw.
>
> Ni wrthyd neb a ddaw,
>   Ei air sydd yn ddi-lyth:
> Er symud o'r mynyddoedd draw,
>   Saif ei gyfamod byth.
>   (CHARLES WESLEY, *cyf.*)

AMEN.

EMYNAU FFYDD

Dy law sydd arnom, O! ein Duw

Y Caniedydd: Rhif 78

Dy law sydd arnom, O! ein Duw,
  Er hynny clyw ein llef;
Ac arbed ni, fel byddom byw
  Yn uniawn lwybrau'r nef.

Ciliasom oll o'th gysgod Di,
  Mewn rhyfyg aflan, ffôl;
O! maddau'n beiau aml eu rhi',
  A derbyn ni yn ôl.

Tor dros ein hannheilyngdod mawr,
  Hoff gennyt drugarhau;
Na fwrw ni'n dy lid i lawr,
  Ond tyred i'n bywhau.

Na ddigia wrthym, nefol Dad,
  Na ddos i farn â ni;
Tosturia eto wrth ein gwlad,
  A chofia Galfari.
               PENLLYN

Wrth fwrw trem ar gyflwr ysbrydol a moesol ein cenedl y dyddiau hyn, nid oes gennym le i ymffrostio na llawenhau; yn hytrach,dylem gywilyddio a thristáu. I mi, mae'r emyn hwn o waith y diweddar Barchedig W. Penllyn Jones yn llwyddo i fynegi ymateb a dyhead y Cristion o dan amgylchiadau o'r fath. Dilyna'r emynydd batrwm ac esiampl llawer o broffwydi'r Hen Destament: yn nydd cyfyngder, poen a siom, try at y Duw sy'n barod i wrando yn y gobaith y gwêl yn dda yn ei lid i gofio trugaredd.

    Pan edrychwn ar y modd y mae ein cenedl fach ninnau'n ysgwyd ei dyrnau yn wyneb yr Hollalluog, ac yn sathru ei ddeddfau o dan ei thraed, ni allwn beidio â meddwl bod elfen o farnedigaeth yn y ffaith ei fod ef, ein Duw, yn caniatáu i'r fath sefyllfa waethygu o awr i awr. Dyna yn sicr, sydd wrth wraidd geiriau agoriadol yr emyn hwn: "Dy law sydd arnom, O! ein Duw", a hefyd eiriau'r diweddar Barchedig W. Emlyn Jones, Treforys, mewn emyn o'i eiddo: "Pan dan geryddol law fy Nhad". Bydd llaw y Tad sy'n creu, hefyd yn cynnal a chofleidio. Yng ngeiriau'r ysgrythur: "Fy mab, na ddirmyga gerydd yr Arglwydd ... Canys y neb y mae'r Arglwydd yn ei garu, y mae'n ei geryddu" (Heb. 12:5-6, hen gyfieithiad). Ond er gwaethaf y ffaith fod yr emynydd yn ymwybodol bod y genedl, a'r eglwys hithau, o dan farn yr Hollalluog ac yn profi ei gerydd, fe barha i apelio at ei drugaredd gan ymbil yn daer, "Arbed ni, fel byddom byw yn uniawn lwybrau'r nef".

Yn yr ail bennill fe gyfeddyf yr emynydd ein bod i gyd yn euog o gilio o gysgod yr Hollalluog "mewn rhyfyg aflan, ffôl", ac eto ceir yr ymbiliad dwys am faddeuant sy'n deillio o'r dymuniad sydd yng nghalon y Duwdod i'n "derbyn ni yn ôl".

Yn ei ffurf wreiddiol ceid pennill ychwanegol rhwng penillion dau a thri. Yn y pennill a hepgorwyd gan olygyddion *Y Caniedydd* (1960) awgryma'r emynydd ein bod yn haeddu ceryddon llym yr Hollalluog "oherwydd maint ein bai", ond yna ychwanega'n hyderus nad yw ei "drugaredd yn ddi-rym, [na'i] ryfedd ras yn llai".

Pwyso fwyfwy ar y trugaredd a'r gras sydd yn Nuw a wneir o bennill i bennill. Wrth sôn am "ein hannheilyngdod mawr" fe'n sicrheir bod Duw yn hoff o drugarhau, a deisyfir yn edifeiriol, "Na fwrw ni'n dy lid i lawr, Ond tyred i'n bywhau". Mae gennyf le cynnes iawn yn fy nghalon i'r dymuniad amserol a fynegir yn y pennill olaf:

> Na ddigia wrthym nefol Dad,
>   Na ddos i farn â ni;
> Tosturia eto wrth ein gwlad,
>   A chofia Galfari.

Mae parhad y cyfan o'r gwaddol Cristnogol Cymreig cyfoethog a ymddiriedwyd i'n gofal yn dibynnu'n hollol ar barodrwydd Duw i dosturio "eto wrth ein gwlad" ar sail ei gariad a'i ras fel y'u heglurwyd yn llawn ar Galfaria.

Gweddi:
"O Arglwydd, clywais y sôn amdanat, a gwelais dy waith, O Arglwydd. Adnewydda ef yng nghanol y blynyddoedd, datguddia ef yng nghanol y blynyddoedd, ac yn dy lid cofia drugaredd" (Hab. 3:2). AMEN.

EMYNAU FFYDD

Arglwydd, gad i'n henaid deimlo

Y Caniedydd: Rhif 301

> Arglwydd, gad i'n henaid deimlo
> Cyffyrddiadau d'Ysbryd Glân,
> Fel y caffo ein calonnau
> Brofi gwres y dwyfol dân:
> Dyro fendith
> A gryfha ein hegwan ffydd.
>
> Mae d'elynion oll yn effro,
> A'u byddinoedd yn cryfhau;
> Cwynfan sydd ym mhebyll Seion
> A'r ffyddloniaid yn prinhau:
> Dyro inni
> Gymorth dy ddeheulaw gref.
>
> Ofer yw ein holl bryderon,
> Ofer yw cynlluniau dyn,
> Oni chawn o'r nefoedd uchod
> D'ymweliadau Di dy Hun;
> Gad in brofi
> Grym dy addewidion mawr.
>
> J. J. WILLIAMS 1869-1954

Clywir mwy a mwy o sôn y dyddiau hyn am bwysigrwydd mesurau iechyd a diogelwch. Rhaid dilyn y canllawiau yn ofalus a sicrhau bod y gofynion hollbwysig yn cael eu bodloni. Mae swyddogion iechyd a diogelwch, o'r herwydd, wedi mynd yn bobl bwysig tu hwnt. Wrth gymhwyso'r darlun cyfoes i fyd iechyd a diogelwch eglwys Iesu Grist, cawn ein hatgoffa'n rymus yn yr emyn hwn mai'r unig Un a all sicrhau iechyd a diogelwch y wir eglwys mewn byd o bechod yw trydydd Person y Duwdod Sanctaidd, sef yr Ysbryd Glân. Dyma'r grym sydd fel petai'n absennol, yn aml, o'n trafodaethau mynych ynglŷn â pharhad y dystiolaeth Gristnogol yn ein plith. Pryderwn yn feunyddiol am ein cyflwr truenus a cheisiwn ein gorau glas i sicrhau ffyniant a pharhad y gymdeithas unigryw na welwyd erioed mo'i thebyg. Ond rywsut, er gwaethaf pob ymdrech i geisio hybu iechyd a diogelwch eglwys y Duw byw, gwelwn hi'n dirywio ac yn dadfeilio o flaen ein llygaid. Beth a wnawn mewn sefyllfa o'r fath? Galw'n ffyddiog ac yn hyderus ar yr Ysbryd Glân, y swyddog iechyd a diogelwch dwyfol sy'n arbenigo mewn troi pechaduriaid yn saint gan rymuso tystiolaeth yr eglwys yn y byd.

Rhaid ymbil yn gyson ac yn daer ar "i'n henaid deimlo "cyffyrddiadau d'Ysbryd Glân". Aethom mor oer a dideimlad tuag at Dduw nes bod yn rhaid bellach i'n calonnau "brofi gwres y dwyfol dân". Mewn cyfnod o amheuaeth ac anghrediniaeth ronc dyma'r unig fendith "a gryfha ein hegwan ffydd".

Rhydd yr ail bennill ddarlun perffaith o gyflwr y gymdeithas oddi allan i'r eglwys ac o gyflwr yr eglwysi unigol ymhob rhan o'n gwlad. Yn sicr, mae gelynion dirifedi'r ffydd "oll yn effro", yn manteisio ar wendid y dystiolaeth Gristnogol ac yn cyhoeddi eu syniadau yn groch. Mae "byddinoedd" hunan-les, a hunan-gais "yn cryfhau" ym mhobman, ac o edrych i gyfeiriad yr eglwysi rhaid cyfaddef mai "cwynfan sydd ym mhebyll Seion / A'r ffyddloniaid yn prinhau". Rhaid wrth gymorth "deheulaw gref" yr Ysbryd sy'n dal i arbenigo yn y gwaith rhyfeddol o argyhoeddi'r byd "ynglŷn â phechod, a chyfiawnder, a barn" (In. 16:8).

Ym mhennill olaf yr emyn, mynega'r awdur ei argyhoeddiad mai "ofer yw ein holl bryderon", ac mai ofer yw popeth, ein pryderon a'n cynlluniau, "oni chawn o'r nefoedd uchod d'ymweliadau Di dy Hun". Rhaid bod yn ddigon mentrus, mewn dyddiau o ddirywiad crefyddol, i fwrw tynged yr eglwys ar "addewidion mawr" y swyddog iechyd a diogelwch dwyfol, sef yr Ysbryd Glân. Tybed a ydym yn ddigon dewr i fentro?

Gweddi:

O! Ysbryd Sanctaidd, tyrd i lawr
   I ogoneddu Iesu mawr;
Plyg yr eglwysi wrth Ei draed,
   A golch y byd mewn dwyfol waed.

AMEN.

EMYNAU FFYDD

Pwy ddylai gael ei garu

Y *Caniedydd*: Rhif 353

Pwy ddylai gael ei garu
Mor annwyl ag Efe,
A ddaeth o fodd ei galon
I farw yn fy lle?
Mae meddwl am ei Berson,
Ei boen a'i angau drud,
Yn denu fy serchiadau
Oddi wrth drysorau'r byd.

Dymunwn bellach dreulio
Fy nyddiau'n llwyr i ben,
I garu a rhyfeddu
Y Gŵr fu ar y pren;
Heb roi fy serch na'm meddwl
Ar unrhyw dda na dyn;
I'm Harglwydd gael fy nghalon
Yn hollol iddo'i Hun.

THOMAS REES

Cariad Duw yng Nghrist sy'n cynnal profiad beunyddiol pob Cristion. Am ei fod, trwy ras, wedi profi cariad Duw tuag ato yn bersonol, ei nod ar lwybr troellog bywyd yw ceisio caru ei Waredwr yn fwy. Bydd yn myfyrio'n aml, yn hir ac yn ddwys, ar gwestiwn y Crist atgyfodedig i Simon Pedr: "Simon fab Ioan, a wyt ti'n fy ngharu i yn fwy na'r rhain?" (In. 21:15). Mor hawdd yw canfod, ar wahanol adegau o'r daith, fod pethau a phobl eraill yn cael y lle blaenaf yn ein bywydau a ninnau'n gorfod sylweddoli, er mawr ofid a siom yn aml, fod ein cariad gwresog tuag at ein hannwyl Arglwydd yn dechrau oeri. Ar adegau o'r fath gall yr emyn hwn fod o gymorth mawr. Gosododd golygyddion *Y Caniedydd* bennawd uwchben yr emyn sy'n cyhoeddi'n eglur nad oes "Neb fel Efe".

Gofyn cwestiwn a wneir yn y llinellau agoriadol:
Pwy ddylai gael ei garu
Mor annwyl ag Efe,
A ddaeth o fodd ei galon
I farw yn fy lle?

Mae'n gwestiwn uniongyrchol sy'n ein dwyn yn syth at wreiddyn y mater, cwestiwn y mae'r Cristion yn awyddus i'w ofyn yn gyson bob dydd. Mewn oes sy'n tueddu i ymagweddu'n arwynebol iawn tuag at galon y profiad Cristnogol, mae cwestiynu o'r fath yn beth prin iawn, a hynny'n amharu'n ddybryd ar ansawdd ein proffes. Ar ôl gofyn y cwestiwn cychwynnol, â'r emynydd ymlaen i ganu am ei brofiad wrth iddo geisio sicrhau mai'r Iesu yw'r un a gâr yn fwy na

166

neb na dim arall. Un o'r pethau sy'n sicr o ennyn ynom fwy o gariad at ein Gwaredwr yw myfyrio cyson ar ei Berson a'i "angau drud". Dyma'r pethau sy'n siŵr o ddenu'n serchiadau oddi wrth "drysorau'r byd."

Mae'r ail bennill yn mynegi'n llawen ddymuniad cywir pob Cristion diffuant i ymroi "i garu a rhyfeddu y Gŵr fu ar y pren". Mae "caru" a "rhyfeddu" yn perthyn yn agos iawn i'w gilydd ym mhrofiad saint Duw - caru'r "Person mwyaf hardd" a rhyfeddu at "daliad mor ddrud". Byrhoedlog, llwm ac arwynebol, a dweud y lleiaf, yw profiad crefyddol unrhyw un na ŵyr rywbeth am y "caru" a'r "rhyfeddu" sy'n ganolog i brofiad awdur yr emyn hwn. Arwain y "caru" a "rhyfeddu" at benderfyniad i beidio â rhoi "fy serch a'm meddwl ar unrhyw dda na dyn"; yn hytrach, rhaid i'r Arglwydd "gael fy nghalon yn hollol iddo'i Hun".

Cofiaf ddarllen hanesyn am yr arlunydd dawnus Leonardo da Vinci pan oedd wrthi'n ceisio cwblhau campwaith "Y Swper Olaf", sy'n fyd-enwog erbyn hyn. Ac yntau'n meddwl ei fod wedi gorffen y darlun hyd eithaf ei allu, gofynnodd i arlunydd talentog arall gael cipolwg arno a rhoi ei farn. Wrth syllu ar wahanol gymeriadau'r darlun, dyma'r arlunydd gwadd yn troi at da Vinci a dweud: "Dyna gwpan hardd sydd gennyt yn llaw dde'r Crist". Mewn brys mawr aeth yr arlunydd talentog ati â'i holl egni i baentio'r cwpan hardd allan o'r darlun yn llwyr, gan ddweud wrth ei gyfaill, "Nid wyf am i unrhyw beth yn y darlun hwn dynnu sylw pobl oddi ar wyneb y Crist".

Pa bethau yn ein bywydau ninnau sy'n rhwystro'n Harglwydd byw rhag cael ein calonnau "yn hollol iddo'i Hun"?

Gweddi:
Rho imi galon lân, O Dad,
 i foli d'enw di;
calon yn teimlo rhin y gwaed
 dywalltwyd drosof fi.

Calon fo wedi'i meddu'n glau
 gan Iesu iddo'i Hun,
calon fo'n demel i barhau
 i'r bythol Dri yn Un.
(CHARLES WESLEY, *cyf.* ROBERT WILLIAMS ac eraill)
AMEN.

EMYNAU FFYDD

Hwylia 'nghalon, O! fy Arglwydd,

Y Caniedydd: Rhif 451

Hwylia 'nghalon, O! fy Arglwydd,
I glodfori rhyfedd ras;
Galw mae dy drugareddau
Am y gân bereiddia'i blas;
Dysg im ryw nefolaidd fesur
Genir gan y dyrfa fry;
Boed dy gariad digyfnewid
Byth yn destun mawl i mi.

Codaf yma f'Ebeneser –
Gras a'm nerthodd hyd yn hyn;
Yn dy ras gobeithiaf eto
Am fy nwyn i Seion fryn,
Iesu ddaeth o'r nef i'm ceisio,
A mi'n crwydro 'mhell o dre;
Ac i'm gwared o'm peryglon
Rhoes ei fywyd yn fy lle.

R. ROBINSON (*cyf.* THOMAS REES)

Pennawd ysgrythurol un gair oedd i'r emyn hwn yn *Y Caniedydd*, sef "Ebeneser". Er mwyn deall ystyr ac arwyddocâd y gair rhaid troi at yr Hen Destament. Yno, yn Llyfr Cyntaf Samuel, fe ddarllenwn y geiriau canlynol: "Yna cymerodd Samuel faen, a'i osod rhwng Mispa a Sên, a'i alw'n Ebeneser [hynny yw, maen cymorth] a dweud, 'Hyd yma y cynorthwyodd yr Arglwydd ni'" (I Sam. 7:12). Mewn capel hardd yng Ngorseinon o'r enw Ebenezer y'm magwyd innau. Nid yw'n syndod, felly, fod y geiriau sy'n egluro ystyr "Ebeneser" yn agos at fy nghalon. Bu'r capel yn "faen cymorth" i amryw ar hyd y cenhedlaethau, fel llawer i Ebeneser arall sy'n britho'n gwlad. Am fod yr Arglwydd wedi ein cynorthwyo "hyd yma", mae'r emynydd yn annog ei galon ei hun i "glodfori rhyfedd ras". Mae dwyn i gof yr holl drugareddau ysbrydol a thymhorol a dderbyniwyd yn gyson ar hyd y daith yn galw am y "gân bereiddia'i blas". Dyma'r gân sy'n llenwi serch a bryd y gwaredigion hwythau, sef cân wresog o fawl i Dduw am ei "gariad digyfnewid".

EMYNAU FFYDD

Yn yr ail bennill mae'r emynydd yn codi ei Ebeneser – ei faen cymorth personol – gan gyhoeddi'n gwbl eglur mai gras a'i "nerthodd hyd yn hyn". Mae'r geiriau "hyd yn hyn" yn adleisio'r cyd-destun ysgrythurol. Bydd y gras a gynhaliodd y pererin "hyd yn hyn" eto'n ddigonol i'w ddwyn yn ddiogel i'w gartref dedwydd a thragwyddol ar "Seion fryn". I'r emynydd, mae'r "Iesu ddaeth o'r nef i'm ceisio" yn ymgorfforiad o'r gras sy'n cadw ac yn cynnal. Wrth gredu, ymddiried a phwyso mewn ffydd ar yr Iesu hwn, caiff pob Cristion ras i gyhoeddi mewn hawddfyd ac adfyd, "Hyd yma y cynorthwyodd yr Arglwydd ni".

Gweddi:

O ddydd i ddydd y daw
Dy drugareddau rhad,
Heb imi weld y ddwyfol law,
Na chariad nefol Dad.
(JOHN HUGHES, Lerpwl)

Diolch i ti, O Dad, am dy ddarpariaeth rasol hael sy'n diwallu ein holl anghenion. Wrth fwrw trem yn ôl dros ysgwydd y blynyddoedd, i ti y byddo'r clod ein bod yn medru datgan mor hyderus, "Hyd yma y cynorthwyodd yr Arglwydd ni". Wrth wynebu unrhyw yfory sydd gennyt ar ein cyfer, cynorthwya ni i bwyso'n feunyddiol ar dy ras. Gofynnwn hyn yn enw'r Iesu. AMEN.

Pwy yw Hwn, yn Ŵr gofidus

Y Caniedydd: Rhif 483

Pwy yw Hwn, yn Ŵr gofidus,
   Prudd-der ar ei ŵyneb-pryd;
Blin, digartref, trist, yn wylo
   Dros bechodau euog fyd?
Hwn yw'r Iôr, ein hoff Waredwr
   Yn y paradwysaidd dir,
Sy'n par'toi trigfannau lawer,
   Lle nad oes ond gwynfyd pur.

Pwy yw Hwn, a'i waed yn syrthio
   Yn ddefnynnau ar y llawr;
A ddirmygwyd, a wrthodwyd,
   Driniwyd fel troseddwr mawr?
Hwn yw'r Iôr sy'n tywallt beunydd
   Ar ei blant bob braint a gras,
Yn ei ddwyfol rym gorchfygol
   Sydd yn drech na'r gelyn cas.

Pwy yw Hwn, mewn gwawd yn trengi
   Ar y groes dan goron ddrain;
A gyfrifwyd gyda'r anwir,
   Wanwyd gan y bicell fain?
Hwn yw'r Iôr sydd byth yn trigo
   Gyda'r disglair engyl lu,
Sy'n teyrnasu yn oes oesoedd
   Yn y ddinas euraid fry.

            W. W. HOW (*efel.* GLANCERI)

Seiliwyd llinellau rhan gyntaf pob pennill yn yr emyn hwn ar dri digwyddiad gwahanol yng ngweinidogaeth ddaearol yr Arglwydd Iesu Grist. Mae llinellau agoriadol y pennill cyntaf yn dwyn i gof yr hanesyn prudd am yr Arglwydd Iesu'n wylo dros drigolion Jerwsalem "gan ddweud, 'Pe bai tithau, y dydd hwn, wedi adnabod ffordd tangnefedd – ond na, fe'i cuddiwyd rhag dy lygaid. Oherwydd daw arnat ddyddiau pan fydd dy elynion yn codi clawdd yn dy erbyn, ac

EMYNAU FFYDD

yn dy amgylchynu ac yn gwasgu arnat o bob tu. Fe'th ddymchwelant hyd dy seiliau, ti a'th blant o'th fewn; ni adawant faen ar faen ynot ti, oherwydd dy fod heb adnabod yr amser pan ymwelwyd â thi" (In. 19:41-44).

Mae llinellau agoriadol yr ail bennill yn seiliedig ar yr hanes am yr Arglwydd Iesu Grist yn gweddïo yng ngardd Gethsemane yn ôl Mathew a Marc, neu ar Fynydd yr Olewydd yn ôl Luc. Ef sy'n dweud wrthym: "Gan gymaint ei ing, yr oedd yn gweddïo'n ddwysach, ac yr oedd ei chwŷs fel dafnau o waed yn diferu ar y ddaear" (Luc 22:44).

Marwolaeth erchyll croesbren Calfaria sy'n sylfaen i ran gyntaf y pennill olaf. Ceir cyfeiriadau at y goron ddrain (In. 19:2) a'r modd y trywanwyd ystlys y Gwaredwr â phicell (In. 19:34). Rhagflaenir yr holl ddisgrifiadau manwl hyn o wahanol agweddau ar ddioddefiadau'r Gwaredwr ar ddechrau pob pennill gan y cwestiwn hollbwysig "Pwy yw Hwn?" Cynigir atebion pendant i'r cwestiwn tyngedfennol hwn yn ail ran pob pennill. Mae'r emynydd yn gwbl bendant mai "Hwn yw'r Iôr sy'n tywallt beunydd ar ei blant bob braint a gras". Dyma'r Un sy'n meddu ar "rym gorchfygol" sy'n drech na phob gelyn. Dyma'r Un "sy'n teyrnasu yn oes oesoedd".

Mae'r cwestiwn "Pwy yw Hwn?" yn un y mae'n rhaid i bawb ei ofyn a'i ateb yn hwyr neu'n hwyrach. Wrth ei ofyn rhaid deisyf am ras a ffydd i fedru ateb yn gwbl bendant: "Hwn yw'r Iôr, [fy] hoff Waredwr". Ni wnaiff yr un ateb arall mo'r tro.

Gweddi:
Wrth feddwl am Iesu, ei eiriau, ei wyrthiau, ei fywyd, ei farwolaeth, ei atgyfodiad a'i esgyniad, cynorthwya ni i ofyn yn ddwys ac ystyriol "Pwy yw Hwn?" Paid â gadael i ni ymfodloni ar ofyn y cwestiwn yn unig, ond estyn i ni'r ffydd i fentro'n bywydau arno ef, nes peri i ni fedru dweud o waelod calon, doed a ddelo, "Hwn yw'r Iôr, [fy] hoff Waredwr." AMEN.

EMYNAU FFYDD

Gwêl, O! fy enaid gwan

Y Caniedydd: Rhif 532

Gwêl, O! fy enaid gwan,
Yr Iesu dan ei loes:
O'i fodd gogwyddodd Ef ei ben
Ar arw bren y groes;
Er gollwng pawb a gred
O bob caethiwed blin,
Fe ddioddefodd boenau llym,
Heb haeddu dim ei Hun.

Mae digon yn yr Iawn
I gyfiawnhau pob un;
Ni chollir neb o eisiau gwerth
Yn aberth Mab y Dyn:
Mae'r drws o led y pen
I'r nefoedd wen yn awr –
O! ddynion, dewch at Iesu'n llu,
Cyn mynd i'r cyfri' mawr.

THOMAS REES

Tystiolaeth bendant yr Apostol Paul gynt oedd hyn: "dewisais beidio â gwybod dim yn eich plith ond Iesu Grist, ac yntau wedi ei groeshoelio" (1 Cor. 2:2). Yr un, mae'n debyg, oedd tystiolaeth awdur yr emyn hynod hwn ar ddiben y groes, wrth iddo dreulio'i yrfa fel gweinidog da i Iesu Grist. Gwreiddyn pob pregeth Gristnogol o'r iawn ryw yw'r hyn a gyflawnwyd ar Galfaria yn lle pechaduriaid pob oes a gwlad. Dyma'r genadwri fawr a ymddiriedwyd mewn modd arbennig i bregethwyr yr efengyl. Rhan hollbwysig o waith pob gweinidog i Grist yw tynnu sylw ei gynulleidfa yn gyson at yr hyn a wnaeth yr Iesu. Mae'r emyn hwn yn llwyddo i gyflawni hynny yn dra effeithiol. Tynnir ein sylw yn syth at "Iesu dan ei loes". Dywedir wrthym yn gwbl eglur mai o'i wirfodd y "gogwyddodd Ef ei ben ar arw bren y groes". Diben y marw gwirfoddol, poenus a gwaradwyddus hwnnw oedd "gollwng pawb a gred o bob caethiwed

EMYNAU FFYDD

blin" sy'n brofiad beunyddiol i holl aelodau'r hil ddynol bechadurus. Wrth natur, yr ydym i gyd yn gwbl gaeth i bechod. Nid oes unrhyw rym, heblaw grym y groes, a all ein rhyddhau o'r fath gaethiwed. Mae'r pennill cyntaf yn cloi drwy ein hatgoffa mai dioddef poenau llym yn lle eraill a wnaeth yr Iesu, ac yntau'n ddi-fai.

Mae rhan gyntaf yr ail bennill yn cyhoeddi'n hyderus fod digon o werth yn yr "Iawn" i "gyfiawnhau pob un". Cyfansoddwyd yr emyn hwn mewn cyfnod pan oedd trafod gwahanol ddehongliadau o athrawiaeth yr Iawn yn rhywbeth cyfoes a byw ym mywyd eglwysi ein gwlad. Cyhoeddwyd erthyglau lu ar y pwnc yn y cyfnodolion enwadol, ac nid peth dieithr fyddai clywed gweinidogion a phregethwyr yr efengyl yn gosod yr hyn a gredent ar gân, fel yn yr emyn hwn. I'r cyfnod cyffrous a ffrwythlon hwn yn hanes achos Crist yng Nghymru y perthyn yr englyn canlynol o waith Robert ap Gwilym Ddu:

> Paham y gwneir cam â'r cymod – neu'r Iawn,
>   A'i rinwedd dros bechod?
> Dywedwch faint y Duwdod,
> Yr un faint yw'r Iawn i fod.

Mae llinellau olaf yr emyn yn cyhoeddi'n eofn fod marwolaeth iawnol y groes wedi sicrhau bod drws y nefoedd bellach ar agor "led y pen" i groesawu pob pechadur edifeiriol sy'n gosod ei gred yng ngwaith gorffenedig yr Iesu ar ei ran. Yna, fe gyhoeddir yn eglur alwad rasol yr efengyl i bawb yn ddiwahân: "O! ddynion, dewch at Iesu'n llu, Cyn mynd i'r cyfri' mawr".

Gweddi:
Diolch i ti, O Dduw, am efengyl y groes. Cynorthwya ni i'w chredu, ac o'i chredu ei chyhoeddi'n eglur ac effeithiol mewn gair a gweithred, a hynny er dy glod. AMEN.

EMYNAU FFYDD

Addewidion Duw i gyd

Y Caniedydd: Rhif 674

Addewidion Duw i gyd,
O! mor werthfawr yn y byd;
Ar y geiriau mawr eu gwerth
Pwyso wnawn, o nerth i nerth:
Pan fo cwmni'r ffyddlon rai
Wedi mynd yn llai a llai,
Duw addawodd wrthym ni,
Fod lle byddo dau neu dri.

Cilied daear, palled dyn,
Mae addewid Duw yr un;
Dyma'r pryd cawn deimlo gwerth
'Nid trwy lu, ac nid trwy nerth:'
Ysbryd Duw sy'n gwneud y gwaith,
Gwenau Duw yw golau'r daith:
Ffyddlon yw ein Harglwydd ni,
Mae lle byddo dau neu dri.

WATCYN WYN

"Oherwydd lle y mae dau neu dri wedi dod ynghyd yn fy enw i, yr wyf yno yn eu canol" (Mth. 18;20). Y geiriau hyn o eiddo'r Arglwydd Iesu Grist yw cerrig sylfaen yr eglwysi cynnull ymhob gwlad. Credant yn angerddol fod y Crist gogoneddus a byw yn bresennol yn eu holl weithrediadau, a dyna sy'n rhoi gwerth a bri ar eu dyfod ynghyd cyson yn ei enw.

Yr addewid uchod oedd y symbyliad i Watcyn Wyn gyfansoddi'r emyn hwn. Mae'n cychwyn drwy ddatgan bod holl addewidion Duw yn hynod o "werthfawr yn y byd". Pwyso ar y "geiriau mawr eu gwerth" a wna credinwyr drwy gydol eu pererindod ddaearol. Ond wrth feddwl yn benodol am gynulliadau'r saint o Sul i Sul ac ar achlysuron eraill, mae'r emynydd yn ymwybodol fod "cwmni'r ffyddlon rai wedi mynd yn llai a llai". Ei hyder a'i gysur yw'r ffaith ddiymwad fod Duw ei hun wedi addo ei gwmni "lle y mae dau neu dri wedi dod ynghyd" yn enw ei Fab.

Mae'r ail bennill yn ein hatgoffa bod "addewid Duw yr un" hyd yn oed pan fo'r ddaear yn cilio a nerth dyn yn pallu. "Y nef a'r ddaear, ânt heibio, ond fy ngeiriau i, nid ânt heibio ddim" medd Crist (Mth. 24:35). Mewn cyfnodau o newid ac ansicrwydd y mae teulu'r ffydd yn profi gwir werth addewidion tebyg i'r un a welir ym mhroffwydoliaeth Sechareia: "Nid trwy lu ac nid trwy nerth, ond trwy fy ysbryd, medd Arglwydd y Lluoedd" (Sech. 4:6). Ysbryd y Duw byw sy'n gweithio'n rymus trwy gyfrwng ei eglwys yn y byd; a "gwenau Duw" sy'n goleuo pererindod pawb sy'n ymddiried ynddo gan bwyso'n hyderus ar werth a pherthnasedd ei addewidion ar bob achlysur. Amlygir hyder y credinwr yn y ddwy linell olaf: "Ffyddlon yw ein Harglwydd ni, Mae lle byddo dau neu dri". Diolch iddo!

Gweddi:

> Canaf am yr addewidion;
> ar fy nhaith
> lawer gwaith
> troesant yn fendithion.
> (WATCYN WYN)

Diolch i ti am y sicrwydd sydd gennym nad wyt wedi torri'r un addewid a roddaist i'th blant. Cynorthwya ni i bwyso'n hyderus arnynt hyd nes y cyrhaeddwn ben ein taith yn ddihangol. AMEN.

EMYNAU FFYDD

Y mae Un uwchlaw pawb eraill

Y Caniedydd: Rhif 736

Y mae Un uwchlaw pawb eraill
   Drwy'r greadigaeth fawr i gyd,
Sydd yn haeddu ei alw'n Gyfaill,
   Ac a bery'r un o hyd:
Brawd a anwyd inni yw
Erbyn cledi o bob rhyw.

Ym mha le y ceir, er chwilio,
   Neb yn caru fel Efe?
P'le mae'r cyfaill, er ein hachub,
   A rôi'i fywyd yn ein lle?
Nid oes debyg iddo Ef
Drwy y ddaear faith a'r nef!

Ni all meithder ffordd nac amser
   Oeri dim o'i gariad Ef;
Mae ei fynwes byth yn dyner,
   A'i gymdeithas byth yn gref:
Ni all dyfroedd angau llym
Ddiffodd ei angerddol rym.

Pan fo pawb yn cefnu arnom
   Yn y dyffryn tywyll du;
Pan fo pob daearol undeb
   Yn ymddatod o bob tu;
Saif E'n ffyddlon y pryd hyn,
Ac a'n dwg yn iach drwy'r glyn.

A phan ymddangoso eilwaith
   Yng ngogoniant pur ei Dad,
Gyda'i holl angylion sanctaidd,
   Mewn anrhydedd a mawrhad,
Fe geir gweld mai'r un fydd Ef
Er mynd heibio'r byd a'r nef.

JOHN NEWTON (*efel.* I. GLAN GEIRIONYDD)

Diflas, a dweud y lleiaf, fyddai taith bywyd pawb ohonom heb gwmnïaeth a chymdeithas cyfeillion da. Ac un o'r profiadau mwyaf chwerw yw sylweddoli, ar dro, nad yw rhywun gystal cyfaill ag yr oeddech wedi tybio. Ar adegau o'r fath daw geiriau awdur Llyfr y Diarhebion yn hynod o fyw i'r cof: "Honni eu bod yn gyfeillion a wna rhai" (Diar. 18:24a). Â'r awdur yn ei flaen i ychwanegu: "ond ceir hefyd gyfaill sy'n glynu'n well na brawd" (Diar. 18:24b). Diolch am gael adnabod cyfeillion o'r fath: cyfeillion sy'n driw, cyfeillion y gellir dibynnu arnynt, cyfeillion sy'n glynu.

    Wrth i awdur yr emyn hwn fyfyrio ar eiriau cyfarwydd Llyfr y Diarhebion, sylweddolodd y gellid yn hawdd iawn briodoli'r geiriau cysurlon – "ceir hefyd gyfaill sy'n glynu'n well na brawd" i'w Waredwr digymar yn yr Arglwydd Iesu Grist. Dyna yn syml a wna o bennill i bennill: canmol amrywiol rinweddau y Cyfaill a lŷn. Ef yw'r unig Un, mewn gwirionedd, sy'n "haeddu ei alw'n Gyfaill". Cyfnewidiol yw'r cyfeillion gorau a geir o blith meibion a merched dynion, tra bod yr Iesu'n para'r "un o hyd".

Ni ellir cyfyngu ar ei gyfeillgarwch gan bethau megis "meithder ffordd" ac "amser". Dyma'r Cyfaill sy'n fythol agos atom o dan bob amgylchiad. Dyma'r Cyfaill a fu farw o'i wirfodd drosom. Wrth gofio hyn fe ddywed yr emynydd wrthym yn llawn afiaith: "Nid oes debyg iddo Ef drwy y ddaear faith a'r nef!"

Dywedir yn y pedwerydd pennill mai dyma'r Un fydd yn glynu wrthym pan fydd pawb arall wedi cefnu arnom. Ef hefyd fydd yn ein tywys "yn iach drwy'r glyn".

Wrth i Luc, awdur Actau'r Apostolion, gofnodi hanes union amgylchiadau esgyniad Iesu, fe gofnodir y geiriau hyderus hyn: "Bydd yr Iesu hwn, sydd wedi ei gymryd i fyny oddi wrthych i'r nef, yn dod yn yr un modd ag y gwelsoch ef yn mynd i'r nef" (Act. 1:11). Ategu hyn a wneir ym mhennill olaf yr emyn, oherwydd pwysig iawn yw cofio, wrth ddisgwyl yn eiddgar amdano, mai'r "Iesu hwn" – nid un arall – a ddaw "eilwaith yng ngogoniant pur ei Dad", a phan ddaw fe welwn "mai'r un fydd Ef er mynd heibio'r byd a'r nef". "Marana tha", tyrd, Arglwydd!" (1 Cor. 16:22).

Gweddi:

Derbyn ein diolch cywiraf am brofi gwir gyfeillgarwch ar ddyrys lwybrau'r llawr. Gwna ninnau hefyd yn gyfeillion triw a dibynadwy. Wrth feddwl am holl rinweddau'r "Cyfaill a lŷn", diolch am fedru tystio o waelod calon gyda'r emynydd:

> Un a gefais imi'n gyfaill;
>   pwy fel efe!?
> hwn a gâr yn fwy nag eraill;
>   pwy fel efe!
> Cyfnewidiol ydyw dynion,
> a siomedig yw cyfeillion;
> hwn a bery byth yn ffyddlon;
>   pwy fel efe!

AMEN.

EMYNAU FFYDD

Pan fo lleisiau'r byd yn galw

Y Caniedydd: Rhif 754

Pan fo lleisiau'r byd yn galw
O'r anialwch arnom ni,
Clywn dyner lais yr Iesu
Yn ein cymell "Dilyn fi."

Cadw ni, O! Dduw, rhag gwrando,
Ar dwyllodrus lais y byd;
Nid oes dim i'n henaid ganddo
Yn ei goffrau gwych i gyd.

Derbyn gawn, o wrando'r Iesu,
Holl drysorau gras y nef,
A mwynhau tragwyddol wynfyd
Dim ond in ei ddilyn Ef.

J. J. WILLIAMS

Geiriau o eiddo'r Arglwydd Iesu Grist sy'n sylfaen i'r emyn hwn o waith y diweddar Barchedig J. J. Williams, Treforys. Cofnodir y geiriau yn y ddegfed bennod o'r Efengyl yn ôl Ioan, lle y sonia'r Iesu amdano'i hun fel y Bugail Da. Wrth sôn am y berthynas arbennig sy'n bodoli rhwng y bugail a'i ddefaid, fe ddywed yr Iesu yn gwbl eglur a phendant: "fe wrandawant ar fy llais" (In. 10:16). Gomer yn un o'i emynau sy'n tystio:

Llais mwyn y Bugail Da
A rydd im hedd di-lyth;
'Does delyn yn y nef all wneud
Peroriaeth gystal fyth.

Cyfansoddwyd emyn J. J. Williams mewn cyfnod gwahanol iawn i'r un y cyfansoddwyd emyn Gomer ynddo. Mae Williams yn ymwybodol fod llawer iawn o'r rhai sy'n honni perthyn i braidd y Bugail Da ar dro yn cael eu blino a'u denu gan apêl amrywiol leisiau'r byd. Canys anodd yng nghanol holl ferw a sŵn y byd o'n cwmpas yw canolbwyntio'n feunyddiol ar "dyner lais yr Iesu, Yn ein cymell 'Dilyn Fi". O'r herwydd, rhaid gweddïo'n daearach nag erioed am ras a fydd yn ein cadw rhag gwrando "ar dwyllodrus lais y byd". Go brin y gall yr un ohonom osgoi ei glywed, ond rhaid derbyn nerth a gras gan Dduw i'n cadw rhag gwrando'n astud ar y llais twyllodrus sy'n awyddus i'n hudo o glydwch "cysgod y gorlan". Wedi'r cwbl, nid oes gan y byd a'r bywyd hwn ddim a all ddigoni angen dyfnaf yr enaid yn ei "goffrau gwych i gyd". O am fedru cofio hyn, fel y dywed Elfed, "pan demtir ein henaid gan ofal am fyw, a'r byd yn ein denu i adael ein Duw".

Mae'r pennill olaf yn ein hatgoffa o wir werth y bendithion ysbrydol a gaiff pob Cristion sy'n gwrando ar yr Iesu yn hytrach nag ar y byd. Wrth wrando ar ei lais ef fe dderbyniwn yn hael o "holl drysorau gras y nef". At hynny, cawn y mwynhad bythol ryw ddydd o brofi'r "tragwyddol wynfyd" os dilynwn ef.

Gweddi:

    Mae llais yr Iesu'n galw'n glir,
        Dilyn Fi;
    Draw dros y môr a thros y tir, –
        Dilyn Fi.
    Pan fyddo'r storm yn duo'r nen,
    Neu pan fo heulwen deg uwchben,
    Daw'r llais i lawr o'r nefoedd wen –
        Dilyn Fi.

    Beth yw y pêr hyfrydlais mwyn,
        Dilyn Fi?
    Y Bugail Da sy'n galw'r ŵyn,
        Dilyn Fi.
    Mor felys, wedi gorffen gwaith,
    Fydd moli fry, mewn nefol iaith,
    Y llais fu'n cymell ar y daith,
        Dilyn Fi!
            (ELFED)

AMEN.

EMYNAU FFYDD

Hedd, perffaith hedd!

Y Caniedydd: Rhif 772

Hedd, perffaith hedd! mewn byd o bechod du?
Mae gwaed yr Oen yn sibrwd hedd i ni.

Hedd, perffaith hedd! dan groesau o bob rhyw?
Tangnefedd sydd o hyd ar fynwes Duw.

Hedd, perffaith hedd! a cheraint hoff ymhell?
Mae gofal Iesu'n ddiogelwch gwell.

Hedd, perffaith hedd! heb un dyfodol fraw?
Mae Iesu'n eistedd ar yr orsedd draw.

Hedd, perffaith hedd! yn ŵyneb angau du?
Diddymwyd angau gan yr Iesu cu.

Mae'n ddigon byth, yn ŵyneb byd a bedd,
Fod Iesu'n galw i'w dragwyddol hedd.

E. H. BICKERSTETH. (*efel.* DYFED)

Wrth fyfyrio ar gynnwys a neges yr emyn hwn daw geiriau o broffwydoliaeth Eseia i'm cof: "Yr wyt yn cadw mewn heddwch perffaith y sawl sydd â'i feddylfryd arnat, am ei fod yn ymddiried ynot" (Eseia 26:3). Mynegir gwirionedd y geiriau yn effeithiol iawn yn efelychiad Dyfed o emyn Saesneg E. H. Bickersteth, "Peace, perfect peace!"

Yn yr efelychiad Cymraeg mae pob pennill, ac eithrio'r olaf, yn agor gyda geiriau na all neb ond perchen ffydd eu hyngan, sef "Hedd, perffaith hedd!" Yna dilynir yr un drefn o gwestiwn ac ateb yn y penillion i gyd ac eithrio'r olaf. Llais amheugar y dyn naturiol a glywir yng nghwestiynau'r emyn, tra bod llais sicr ffydd i'w glywed yn yr atebion. Deialog yw'r emyn rhwng y ddau lais sy'n bresennol ym mhrofiad pawb o deulu'r ffydd. Wrth i'r Cristion lunio atebion i'r llu cwestiynau sy'n codi yn ei feddwl ac sy'n cael eu hyrddio tuag ato gan eraill, mae ei hyder yn narpariaeth rasol Duw ar ei gyfer yn graddol ymgryfhau.

EMYNAU FFYDD

A yw'n bosibl bod yn feddiannol ar "heddwch perffaith" mewn byd o bechod du? Dyna'r cwestiwn a ofynnir yn y pennill agoriadol. Rhaid cofio mai'r hyn a olygir yw "heddwch perffaith" yn nyfnder calon ac enaid y sawl sy'n credu yn Nuw ac yn ymddiried yn yr Arglwydd Iesu Grist. Yna fe ddaw'r ateb cadarn, cysurlon: "Mae gwaed yr Oen yn sibrwd hedd i ni". Gwelir, wrth i'r emyn fynd rhagddo, na all "croesau" byd, unigrwydd, na gofid am y dyfodol leihau dim ar ansawdd yr "heddwch perffaith" sy'n eiddo i'r sawl sy'n ymddiried yn yr Un a'i carodd â chariad tragwyddol. Yn bersonol, rwy'n hoff iawn o gadernid yr ateb a roddir i'r pumed cwestiwn ynghylch heddwch perffaith "yn wyneb angau du". "Diddymwyd angau gan yr Iesu cu." Dyna fynegiant cryno a chroyw o'r gobaith Cristnogol sy'n rhoi hyder yn wyneb y gelyn olaf. Yn sicr mae'r ffaith fod Duw yng Nghrist yn cynnig y fath dangnefedd mewnol i'r sawl sy'n credu ynddo yn fwy na digon yn wyneb holl broblemau a chwestiynau'r byd, ac yn ddiamau mae'n ddigon yn wyneb realiti angau a'r bedd.

Gweddi:
    Rho im yr hedd, na ŵyr y byd amdano,
        Hedd, nefol hedd, ddaeth trwy anfeidrol loes,
    Pan fyddo'r don ar f'enaid gwan yn curo,
        Mae'n dawel gyda'r Iesu wrth y groes.

    O! rho yr hedd, na all y stormydd garwaf
        Ei flino byth, na chwerwi ei fwynhad;
    Pan fyddo'r enaid, ar y noson dduaf,
        Yn gwneud ei nyth ym mynwes Duw ein Tad.

    Rho brofi'r hedd, a wna im weithio'n dawel
        Yng ngwaith y nef, dan siomedigaeth flin;
    Heb ofni dim, ond aros byth yn ddiogel
        Yng nghariad Duw, er garwed fyddo'r hin.

    O! am yr hedd, sy'n llifo megis afon
        Trwy ddinas Duw, dan gangau'r bywiol bren:
    Hedd, wedi'r loes, i dyrfa'r pererinion;
        Heb gwmwl byth na nos – tu hwnt i'r llen.
                (ELFED)
AMEN.

EMYNAU FFYDD

At bwy yr af yn nydd y ddrycin gref

Y Caniedydd: Rhif 777

At bwy yr af yn nydd y ddrycin gref
   Â'm tristwch mawr,
Ond at yr Un sy'n hoff o wrando'r llef
   Ar gyfyng awr?
Mae Ef yn aros pan yw pawb yn ffoi,
A chaiff pechadur ato le i droi.

At bwy yr af, yn nydd fy mri a'm llwydd,
   Rhag nerth y lli?
Pan yw anghofio'i ofal imi'n rhwydd
   Fe'm cynnal i;
Efe yn unig yw fy noddfa glyd
Yn ŵyneb oriog wên a gwg y byd.

At bwy yr af? Mi wn nad oes ond Un
   Yn ddigon mawr
I'm hangen i a grewyd ar ei lun,
   Wyf dlawd yn awr;
Ac am y ddelw hardd a gollais i
Fe dalodd Ef yn llawn ar Galfari.

Mi garwn aros yn ei gwmni mwy
   Hyd derfyn oes,
A chuddio mhechod yn ei farwol glwy',
   O! Ŵr y Groes:
Gwaredwr yw sy'n galw'r euog rai
I gael maddeuant rhad heb gyfrif bai.

                     W. J. RICHARDS

"Y Gwaredwr Digonol" oedd y pennawd uwchben yr emyn hwn yn *Y Caniedydd* gynt. Cawn ein dwyn wyneb yn wyneb â dyfnder profiad un a brofodd, yng nghanol amrywiol amgylchiadau ei fywyd, fod yr Iesu'n ddigon ar gyfer pob angen. O na fydded i bawb ohonom gael ein gwefreiddio drachefn gan ddigonolrwydd yr Iesu! Fel y canodd y diweddar Barchedig Elwyn P. Howells yn un o'i emynau: "Iesu, Iesu, sydd yn hollddigonol im!" Ef yw'r Un sy'n ddigonol "yn nydd y ddrycin gref". Ef hefyd sy'n cynnal ei annwyl rai pan brofant fri a llwyddiant, ac "anghofio'i ofal imi'n rhwydd". Pwy ond Iesu a all gynnig cysur inni "yn ŵyneb oriog wên a gwg y byd"? Wrth bwyso fwyfwy ar ddigonolrwydd yr iachawdwriaeth yng Nghrist, fe ddaw'r crediniwr i weld "nad oes ond Un" a all ddiwallu anghenion dyfnaf y rhai a grëwyd yn wreiddiol ar lun a delw'r Creawdwr. Ac ni ddylem byth golli golwg ar y ffaith ryfeddol mai ef, ac ef yn unig, a dalodd yn llawn am adfer y ddelw hardd a gollwyd yn Eden, drwy farw yn ein lle ar Galfari. Dymuniad cyson a chynyddol pawb sydd wedi profi'r pethau hyn yw cael gras "i aros yn ei gwmni" a gorfoleddu beunydd-beunos mai "Gwaredwr yw sy'n galw'r euog rai i gael maddeuant rhad heb gyfrif bai".

Gwyliwn rhag ei gadael yn rhy hwyr cyn prysuro ato!

Gweddi:

Dof fel yr wyf, ni thâl parhau
I geisio cuddio unrhyw fai;
Ond gwaed y groes all fy nglanhau:
'Rwy'n dod, Oen Duw, 'rwy'n dod.

AMEN.

EMYNAU FFYDD

Cais y colledig, Cod y Syrthiedig

Y Caniedydd: Rhif 821

Cais y colledig,
Cod y syrthiedig,
Cipia'r truenus rhag pechod a gwae;
Wyled dy galon
Dros yr annuwiol,
Dwed am yr Iesu sydd gryf i iachau.

Os ŷnt yn gwrthod
Iesu a'r cymod,
Disgwyl mae'r Ceidwad a'i freichiau ar led;
Cais hwy o ddifrif,
Na ro i fyny,
Duw sydd yn cadw pwy bynnag a gred.

Taer fo dy weddi,
Dwys fo dy gyngor,
Dwys a difrifol bob awr fo dy oes;
Ennill trwy gariad,
Dena yn dyner,
Tyn bechaduriaid at Iesu a'i groes.

Cais y colledig,
Dyled sydd arnat,
Cei gan yr Arglwydd bob gallu yn rhad;
Deffro'r diofal,
Galw'r afradlon,
Dwed i'r colledig am Iesu a'i waed.

Byrdwn:
Cais y colledig,
Cod y syrthiedig,
Iesu trugarog sydd gryf i iachau.

F. J. VAN ALSTYNE (*efel.* IEUAN GWYLLT)

Un o emynau *Sŵn y Juwbili* (1874) oedd yr emyn hwn yn wreiddiol. Bu gwerthiant mawr ar gyfrolau yn cynnwys cyfieithiadau ac efelychiadau o emynau Ira D. Sankey ac eraill a genid yn ymgyrchoedd efengylu'r enwog D. L. Moody, ond go brin fod yr un casgliad yn fwy poblogaidd na *Swn y Juwbili* yma yng Nghymru. Adnod o ddameg y Wledd Fawr a welir uwchben yr emyn yng nghyfrol Saesneg Sankey: "Dos allan i'r ffyrdd ac i'r cloddiau, a myn ganddynt hwy ddod i mewn, fel y llenwir fy nhŷ" (Luc 14:23). Ond y geiriau sy'n dod i'm meddwl innau bob tro wrth ddarllen neu ganu'r emyn hwn yw'r rhain: "Daeth Mab y Dyn i geisio ac i achub y colledig" (Luc 19:10). Aeth y geiriau "cadwedig" a "colledig" yn rhai dieithr iawn mewn cylchoedd crefyddol swyddogol ers tro byd. Drwy wgu'n ffroenuchel ar eiriau o'r fath, collodd yr eglwysi yr awydd i genhadu mewn byd anghenus a cholledig gan droi yn gymdeithasau hynod o fewnblyg. Erbyn hyn, fe glywir mwy a mwy o sôn am yr angen i genhadu, ac i apelio mewn cariad a chonsyrn at gymdeithas a byd sy'n suddo'n is ac yn is i gors anobaith a cholledigaeth. Pwysir ar yr eglwysi i fynd ati ar fyrder i lunio strategaeth genhadol i adennill y tir a gollwyd ar ôl iddynt droi clust fyddar i'r alwad i "ddweud wrth eraill am werth y groes". Wel, ni ellir cael hyd i ragorach ffordd o gyflawni'r genhadaeth Gristnogol na'r hyn a gymhellir yn syml a didwyll yn yr emyn hwn. Mae cenhadu go iawn yn waith anodd a thorcalonnus, yn waith na ddylai'r un ohonom fentro arno gan ddisgwyl llwyddiant sydyn, dros nos. Sonia'r emynydd am "yr annuwiol" a phwysigrwydd dyfalbarhau i'w hargyhoeddi. Pwysleisir yn ogystal bwysigrwydd gweddïo'n gyson dros y Gwaith. Talasom yn hallt iawn am gefnu ar y Cyfarfod Gweddi Cenhadol. Gwrandewch ar apêl yr emynydd: "Taer fo dy weddi, Dwys fo dy gyngor".

Yn ogystal â gweddïo rhaid gweithredu'n ymarferol gan roi yn hael o'n doniau a'n hamser er mwyn y rhai sydd eto heb gofleidio ein hannwyl Waredwr: "Ennill trwy gariad, Dena yn dyner" yw cyngor yr emynydd. Er mor anodd y gall y gwaith hwn fod, ni ddylem anghofio y cawn gan yr Arglwydd "bob gallu yn rhad". Ei waith ef yw'r gwaith pwysicaf, a'n braint ninnau yw cael rhan mewn gwaith mor dyngedfennol. Yng nghanol yr holl gynlluniau cenhadol amrywiol sy'n cael eu cynnig i ni bellach o bob cyfeiriad, peidiwn ag anwybyddu'r cynllun cwbl ysgrythurol a welir ym myrdwn yr emyn bach syml hwn:

Cais y colledig,
Cod y syrthiedig,
Iesu trugarog sydd gryf i iachau.

Gweddi:
Daeth Mab y Dyn i geisio ac i achub y colledig" (Luc 19:10).
Iesu ddaeth o'r nef i'm ceisio,
A mi'n crwydro 'mhell o dre;
Ac i'm gwared o'm peryglon
Rhoes ei fywyd yn fy lle.

Diolch i ti am y rhai a'm ceisiodd innau, pan oeddwn yn ifanc, y rhai a'm dygodd trwy air a gweithred a gweddi ddirgel atat ti.

Os gweli'n dda, defnyddia fi, a phawb arall sy'n dy garu, i ddwyn rhai eraill atat. Gofynnwn y cyfan yn enw'r Iesu. AMEN.

EMYNAU FFYDD

Rwy'n canu fel cana'r aderyn

Y Caniedydd: Rhif 905

Rwy'n canu fel cana'r aderyn
Yn hapus yn ymyl y lli,
A dyna sy'n llonni fy nodyn
Fod Iesu yn Geidwad i mi.

Byrdwn:
Mae'r Iesu yn Geidwad i mi,
Mae'r Iesu yn Geidwad i mi,
Rwy'n canu, yn canu wrth feddwl
Fod Iesu yn Geidwad i mi.

Rwy'n gwenu fel gwena y seren
O'r nefoedd, yn loyw ei bri;
A dyna paham rwyf mor llawen,
Mae'r Iesu yn Geidwad i mi.

Rwy'n wyn fel y lili fach, dyner,
Rwy'n gwynnu yng ngwawl Calfari;
Gofalu amdanaf bob amser
Mae'r Iesu sy'n Geidwad i mi.

ALFA

Ni all y sawl sy'n adnabod yr Arglwydd Iesu Grist fel Gwaredwr personol beidio â llawenychu ynddo o hyd ac o hyd. Yn wir, gall dystio i'r ffaith fod "meddwl am Iesu bob dydd yn fwynhad". Mae'r mwynhad ysbrydol hwnnw'n esgor ar ymdeimlad o lawenydd a diolchgarwch pan sylweddolir yr hyn a wnaeth yr Iesu drosto. Pan drown ein golwg i gyfeiriad byd natur, fe welwn mai un o'r creaduriaid mwyaf llawen yw'r aderyn sy'n pyncio'n llon yn y coed, y cloddiau a'r llwyni; ac ni ddylid anghofio'r aderyn sy'n pyncio'i gân o fawl i'r Creawdwr "yn hapus yn ymyl y lli". Mae'r emynydd yn awyddus i gymharu llawenydd y sawl sy'n credu yng Nghrist â'r llawenydd a glywir yng nghân yr aderyn. Ac yn yr un modd cymhara wên plentyn

Duw â gwên y seren sydd "mor loyw ei bri". Ffynhonnell yr holl lawenydd yw'r ffaith fod "Iesu yn Geidwad i mi".

Mae'n siŵr mai'r blodyn gwynnaf a phuraf ei liw yw'r "lili fach dyner", ac wrth i blant, ieuenctid, ac oedolion pechadurus roi eu ffydd a'u hymddiriedaeth yng ngwaed Iesu, "sy'n ein glanhau ni o bob pechod" (In. 1:7), dônt i sylweddoli ymhen amser fod byw yn gyson "yng ngwawl Calfari" yn mynd i'w glanhau a'u puro. Cloir pennill olaf yr emyn hwyliog hwn drwy bwysleisio gwerth gofal cyson a manwl yr "Iesu sy'n Geidwad" i bawb sy'n ei geisio.

Mae'r gytgan lawen, hyderus yn adnabyddus i bawb a faged mewn ysgol Sul a Gobeithlu. Braint pob Cristion, beth bynnag ei oed, yw "canu wrth feddwl fod Iesu yn Geidwad" iddo.

Gweddi:
Diolch am Geidwad sy'n llonni'r sawl sy'n ei adnabod. Diolch am Geidwad sy'n golchi'n wyn y rhai aflanaf. Diolch am Geidwad sy'n maddau pob bai. Diolch am Geidwad sy'n eiriol drosom ar ddeheulaw'r Tad. Diolch am Geidwad ag enw sydd goruwch pob enw arall, sef Iesu. AMEN.

EMYNAU FFYDD

Hoff yw'r Iesu o blant bychain

Y Caniedydd: Rhif 913

Hoff yw'r Iesu o blant bychain,
   Llawn o gariad ydyw Ef,
Mae yn gwylio drostynt beunydd,
   Ar ei orsedd yn y nef.

Os gofynnwch pam rwy'n hapus,
   Iesu sy'n ein caru ni
Ac yn galw'n dirion arnom
   "Dewch blant bychain ataf fi."

Felly deuthum at yr Iesu,
   Fel y gwna pob plentyn da,
Gan weddïo am fy nghannu
   Yn y gwaed a'm llwyr lanha.

Gwybod rwyf y gwrendy'r Iesu
   Weddi plant o Orsedd Nef,
Deuwch, deuwch oll dan ganu
   Gyda'n gilydd ato Ef.

Cytgan:
Mae'n fy ngharu, rwyf yn gwybod
   Mai ei eiddo byth wyf fi,
Mae'n fy ngharu, diolch Iddo!
   Prynodd fi ar Galfari.
      D. THOMAS (*Pabellwyson*)

Buaswn yn tybio mai dyma un o'r emynau mwyaf cyfarwydd i blant ac eithrio cyfieithiad W. O. Evans o un o emynau Charles Wesley, "Iesu tirion, gwêl yn awr". Dyma sydd gan y diweddar Barchedig John Thickens i'w ddweud amdano: "Y mae hanes diddorol i 'Hoff yw'r Iesu o blant bychain'. Awdur y gwreiddiol Saesneg oedd H. A. Voke, efengylydd a weithiai yn Abertawe am gyfnod. Yr oedd Taliesin Rhys, mab-yng-nghyfraith Pabellwyson, yn gyfaill mawr iddo. Un noson dywedodd ei gyfaill wrtho fod angen emyn syml i blant arno ar gyfer penblwydd cyntaf y genhadaeth efengylaidd yn Heol y Gors. 'Wrth fynd tua thre – yr oeddem yn byw yn yr un heol', meddai M. Voke, 'cefais y syniad, ac wrth fwyta pryd o fwyd cyn mynd i ryw gyfarfod, ysgrifennais y geiriau yn Saesneg, a gelwais yn y tŷ wrth fynd heibio a gofyn iddo a wnâi'r tro. Atebodd yntau mai dyna'r union beth oedd angen arno. Ar ôl y cwrdd gelwais eto, ac aethom dros y geiriau, gan awgrymu alaw a gwneud y cytgan. Cyn ymadael gorffennwyd yr emyn fel y mae yn Saesneg. Yn yr un mis, gyda chymorth ei dad-yng-nghyfraith, troswyd ef i'r Gymraeg. Bu farw

EMYNAU FFYDD

Taliesin Rhys ychydig ar ôl hyn, ac am rai blynyddoedd cadwyd yr emyn ar y bwrdd-du yn Neuadd Genhadol y Gors yn ei lawysgrif" (*Emynau a'u Hawduriaid*, 1961).

Sail yr emyn yw hoffter yr Iesu o blant yn ystod dyddiau ei gnawd. Mae Mathew, Marc a Luc yn cofnodi'r digwyddiad canlynol: "Yr oeddent yn dod â phlant ato, iddo gyffwrdd â hwy. Ceryddodd y disgyblion hwy, ond pan welodd Iesu hyn aeth yn ddig, a dywedodd wrthynt, 'Gadewch i'r plant ddod ataf fi: peidiwch â'u rhwystro, oherwydd i rai fel hwy y mae teyrnas Dduw yn perthyn. Yn wir, rwy'n dweud wrthych, pwy bynnag nad yw'n derbyn teyrnas Dduw yn null plentyn, nid â byth i mewn iddi.' A chymerodd hwy yn ei freichiau a'u bendithio, gan roi ei ddwylo arnynt" (Mc. 10:13-16). Ar ôl cyhoeddi mai "hoff yw'r Iesu o blant bychain", aiff yr emynydd yn ei flaen i'n hatgoffa bod yr Iesu'n parhau i alw'n dirion ar blant i'w gofleidio a'i ddilyn. Erbyn y trydydd pennill mae'r plentyn wedi ymateb yn gadarnhaol i'r alwad rasol, a gweddïa am gael ei gannu yn y gwaed a'i "llwyr lanha". Bellach, fe ŵyr fod Cyfaill y plant wedi gwrando ar ei weddi seml a diffuant. Mae'r gytgan yn gorfoleddu yn y ffaith ryfeddol fod Duw yng Nghrist yn caru plant o bob oed. Nid ydym byth yn rhy hen i brofi'r wefr ysbrydol a ddaw o fedru dweud o brofiad personol, "Mae'n fy ngharu, diolch Iddo! Prynodd fi ar Galfari".

Gweddi:
Diolch i ti, O Dad trugarog am i ti gadarnhau'r ffaith syfrdanol nad oes
> neb rhy fach i'th garu,
> neb rhy fach i ganu'th glod;
> neb rhy fach i'th wasanaethu,
> neb rhy fach i'th winllan ddod.

Maddau i ni am esgeuluso'r ddyletswydd sydd arnom i arwain plant yn ifanc at dy Fab. Dyro dy fendith ar bob ymdrech a wneir ar aelwydydd ac ysgolion Sul ein gwlad i gyflwyno'r "Gwaredwr ieuanc, gwrol" i'r to ifanc sy'n codi yn ein plith. Bendithia lafur ac ymdrechion pob Cristion sy'n dysgu yn yr ysgolion cynradd ac uwchradd. Ymwêl â'n gwlad yng ngrym dy Ysbryd a galw'r plant a'r ieuenctid atat mewn modd effeithiol. Hyn a erfyniwn yn enw'r Iesu. AMEN.

EMYNAU FFYDD

Dysg im' weddio'n iawn

Caniedydd newydd yr Ysgol Sul: Rhif 4

Dysg im' weddïo'n iawn,
   A dysg fi'r ffordd i fyw;
Gwna fi yn well, yn well bob dydd –
   Fy mywyd, D'eiddo yw.

Dy blentyn garwn fod,
   O rho i mi fy nghais;
Bydd Di yn Dad i mi, O Dduw;
   Mae D'eisiau Di'n barhaus.

O gwrando 'ngweddi daer,
   Bendithia, nodda fi;
Gwna 'nghalon fach i lawenhau,
   O Dduw, 'n Dy gariad Di.

I'm tywys ar fy nhaith
   D'oleuni geisiaf fi;
Rho im' Dy law, yr wyf yn wan, -
   Am byth, arweinia Di.

Ti'n orau garaf fi,
   O Iesu Grist y Groes;
Fy Nefol Dad, ga'i gydag Ef
   Fyw drwy'r dragwyddol oes?

        Gwilym R. Jones (*cyf.* D. Morgan Davies)

"Gweddi Plentyn" yw'r pennawd uwchben yr emyn hwn yn *Caniedydd Newydd yr Ysgol Sul*. Er mai ar gyfer plant y'i hysgrifennwyd, mae'r weddi yn un addas i bob un ohonom. Wrth fyfyrio ryw dro ar gynnwys llyfr o emynau Saesneg, fe'm trawyd gan eiriau agoriadol un o'r emynau: "I often say my prayers, / But do I ever pray?" Daeth llinell gyntaf yr emyn uchod i'm cof yn syth: "Dysg im weddio'n iawn". Mor hawdd ydyw i'r hen, yr ifanc a'r canol oed yn ein plith ymfodloni ar offrymu gweddi yn unig. Rhaid i'r hyn a ddeisyfwn â'n genau wrth weddïo gyd-fynd â'r hyn a deimlwn yn nyfnder ein calonnau. Mae'r emynydd yn cysylltu'r deisyfiad i fedru "gweddïo'n iawn" â'n dymuniad i fyw yn well, "yn well bob dydd".

EMYNAU FFYDD

Mor aml yr anghofiwn am y cysylltiad hollbwysig rhwng gweddi a gwaith, rhwng gair a gweithred. Rhagrithwyr ydym oni lwyddwn i "weddïo'n iawn" gan adael i'r Iesu ein dysgu beunydd yn y grefft o fyw yn dda o awr i awr.

Mae'r sawl sy'n gweddïo'r emyn hwn yn awyddus i fod, trwy ras, yn blentyn i Dduw. Canlyniad hynny fydd llawenhau yng ngrym ei gariad. Mae'r sawl sy'n cael ei aileni, drwy ffydd, yn blentyn i Dduw yn ymwybodol o'i wendid bob amser, felly rhaid cyfaddef yn onest: "Rho im' Dy law, yr wyf yn wan, Am byth, arweinia Di". Penllanw profiad ysbrydol pawb o blant Duw yw cael ymdeimlo â grym ei gariad ef yn llenwi eu calonnau, a mwy o gariad tuag at ei Fab ef, Iesu Grist. Mae hynny'n esgor ar barodrwydd i dystio'n llawen: "Ti'n orau garaf fi, O Iesu Grist y Groes". Nid ar chwarae bach y mae meddu ar brofiad o'r fath, ond wrth ddyfalbarhau yn ein cais i gael ein dysgu "i weddïo'n iawn" a'n dysgu hefyd y "ffordd i fyw", fe brofwn mai Tad trugarog sydd gennym, Tad sy'n hynod o awyddus i'n gwneud yn feibion a merched iddo'i hun.

Gweddi:

> Arglwydd, dysg i mi weddïo,
> priod waith pob duwiol yw;
> treulio 'nyddiau oll i'th geisio,
> a mawrygu d'enw gwiw:
> dedwydd ydyw
> a ddisgwylio wrthyt Ti.
>
> (R S ROGERS)

Arglwydd, dysg i mi hefyd "y ffordd i fyw". Yn dy ras, gwna fi'n debyg i'r Iesu. Cadw fi rhag pob arlliw o ragrith. Yn wir, "ar fy ngeiriau a'm gweithredoedd bydded delw lân y nefoedd." AMEN.

EMYNAU FFYDD

Ym mywyd pur ein Iesu da

Caniedydd newydd yr Ysgol Sul: Rhif 12

Ym mywyd pur ein Iesu da,
　Esiampl berffaith gaed;
Ni ellir colli'r ffordd i'r nef
　Wrth ddilyn ôl Ei draed.

Yn fanwl iawn cyflawnodd Ef
　Ofynion cyfraith Duw:
Ufudd-dod llawn a ddysgodd, drwy
　Ddioddefaint gwaetha'i ryw.

Ewyllys fawr Ei Dad a wnaeth,
　Ac nid Ei eiddo'i hun:
Llwyr anrhydeddodd fwriad Duw
　Yn iachawdwriaeth dyn.

Fel Oen yr aeth i ben y bryn,
　Dan wawd y safai'n fud:
Ei hunan nis gwaredodd Ef,
　Er gwared euog fyd.

　　　　　　　　　D. Lewis.

Mae'r emyn hwn yn tynnu ein sylw at ddioddefaint Crist fel esiampl, yn union fel y gwna'r Apostol Pedr yn yr ail bennod o'i epistol cyntaf: "oherwydd dioddefodd Crist yntau er eich mwyn chwi, gan adael ichwi esiampl, ichwi ganlyn yn ôl ei draed ef" (1 Pedr 2:21). Nid oes raid i'r un credinwr ymbalfalu am y ffordd i'r nefoedd. Cawn ein galw, yn hytrach, drwy gymorth ffydd i "ganlyn yn ôl ei draed ef". Ef yw'r Arweinydd anffaeledig, oherwydd ef yw'r unig Un erioed a lwyddodd, yn ystod dyddiau ei gnawd, i gyflawni holl "ofynion cyfraith Duw". Rhaid cofio a sylweddoli'n gyson mai llwybr dioddefaint oedd llwybr ei ufudd-dod perffaith. Mae'r ail bennill yn adleisio'n gryf yr hyn a ddywedir gan awdur yr epistol at yr Hebreaid: "Er mai Mab ydoedd, dysgodd ufudd-dod drwy'r hyn a ddioddefodd" (Heb. 5:8). Nid dioddefaint arwynebol oedd dioddefaint ein Prynwr, ond y "dioddefaint gwaetha'i ryw". Gwae'r sawl sy'n cael ei demtio i drin dioddefaint Mab Duw yn ysgafn. Mae'r trydydd pennill yn ein hatgoffa

EMYNAU FFYDD

mai bod "yn ufudd hyd angau" oedd yr Iesu wrth blygu i ewyllys "Ei Dad" er mwyn anrhydeddu bwriad tragwyddol Duw o ddwyn iachawdwriaeth i bechaduriaid.

Yn y pennill olaf clywn adlais o eiriau cyfarwydd y proffwyd Eseia: "Fe'i gorthrymwyd a'i ddarostwng, ond nid agorai ei enau; arweiniwyd ef fel oen i'r lladdfa, ac fel y bydd dafad yn ddistaw yn llaw'r cneifiwr, felly nid agorai yntau ei enau" (Eseia 53:7).

Gweddi:

Diolchaf am yr Oen,
a'i boen, i'm gwneud yn bur."
(BEN DAVIES)

Oen Duw dan ystormydd o frad,
  Orffennodd y gwaith ar y Bryn;

O'i gleisiau daw inni iachâd,
  Ei waed a wna'n gynau yn wyn:
Ein hachub yw coron ein creu,
  Uchelfan yr arfaeth yw'r groes;
Ni all myrdd o oesau ddileu
  Hawddgarwch yr Iesu'n ei loes.
(ELFED)

"Ond archollwyd ef am ein troseddau ni, a'i ddryllio am ein camweddau ni; roedd pris ein heddwch ni arno ef, a thrwy ei gleisiau ef y cawsom ni iachâd" (Eseia 53:5).
Diolch i ti, Iesu. AMEN.

EMYNAU FFYDD

Mae arnaf eisiau'r Iesu

Caniedydd newydd yr Ysgol Sul: Rhif 33

Mae arnaf eisiau'r Iesu
   Yn fugail ac yn frawd;
I'm harwain a'm cynghori,
   Amddifad bach tylawd;
Mae arnaf eisiau'i gariad,
   I gynneu 'nghariad i;
A'm gwneud yn ufudd iddo
   Dan faner Calfari.

Mae arnaf eisiau'r Iesu,
   I'm dysgu yn Ei waith;
I'm llenwi â'i gyflawnder,
   A'm llonni ar fy nhaith;
Yn Gyfaill a Gwaredwr,
   I'm cynnal pan wyf wan;
Yn Geidwad llawn tosturi,
   I'm cadw ymhob man.

Mae arnaf eisiau'r Iesu,
   Efe yn unig wna
Iachâu fy nghalon aflan
   O bob rhyw enbyd bla;
Mae arnaf eisiau'r Iesu,
   Fy ngobaith ydyw Ef;
A'i farwol glwy yw 'mywyd,
   A'i gwmni fydd y nef.
              T. Lodwick

Pan â'r blynyddoedd rhagddynt, a ninnau'n gorfod dygymod â chynifer o newidiadau mewn byd ac eglwys, cri cyson pob sant yw, "Mae arnaf eisiau'r Iesu", yr Iesu a ddatguddiodd ei hun "yn fugail ac yn frawd". Bugail sy'n arwain ei ddefaid ydyw, ac yn ôl yr emyn hwn mae'n frawd sy'n "cynghori" hefyd. Cyn y gall yr un ohonom brofi gwir werth y ddeubeth hyn, mae arnom "eisiau'i gariad i gynneu" ein cariad ninnau tuag ato. Profi o'i gariad tuag atom sy'n ein "gwneud yn ufudd iddo dan faner Calfari".

Mae'r ail bennill yn ychwanegu bod angen yr Iesu ar bob Cristion i'w ddysgu yng ngwaith y nef. Oni fyddai'n wyrthiol pe bai'r ddynoliaeth gyfan yn barod i gael ei dysgu ganddo ef? Onid y diwygiwr enwog John Calfin, wrth sôn am ei drõedigaeth, a ddywedodd "I became teachable"? Sawl un ohonom, tybed, sy'n fodlon cyfaddef gyda'r emynydd, "Mae arnaf eisiau'r Iesu i'm dysgu yn Ei waith"? Wrth inni gael ein dysgu ganddo fe'n llenwir â'r cyflawnder o fendithion sydd i'w cael yng Nghrist. Y pethau bach, distaw sy'n "llonni" teulu'r ffydd ar y daith. Mae'r cyflawnder hwn o fendithion yn cynnwys cael adnabod yr Un sy'n "Gyfaill a Gwaredwr", ac "yn Geidwad llawn tosturi" sy'n cadw'i blant yn ddiogel ymhob man. Wrth geisio'r Iesu o ddifrif fe ddaw pobl yn fwyfwy ymwybodol o gyflwr pechadurus a thwyllodrus y galon ddynol. Hyfryd yw cyhoeddi, felly, mai'r Iesu'n unig a all iacháu fy nghalon aflan o bob rhyw enbyd bla". Unig obaith pechaduriaid yw'r Iesu atgyfodedig a byw. Yn wir, "ei farwol glwy yw 'mywyd, a'i gwmni fydd y nef".

Gweddi:
Cynorthwya fi, O Dad, ym mhob sefyllfa i lefain mewn ffydd: "Mae arnaf eisiau'r Iesu". Tywys di fi un cam ymhellach, hyd nes fy mod yn medru cyffesu, "Mae arnaf eisiau'r Iesu'n unig." AMEN.

EMYNAU FFYDD

Feibl gwerthfawr, caiff dy eiriau

Caniedydd newydd yr Ysgol Sul: Rhif 40

Feibl gwerthfawr, caiff dy eiriau
   Gartref yn fy mynwes i;
Mae bendithion fyrdd myrddiynau
   Yn Dy addewidion Di;
Dwed, fy nghalon dlawd, fel crwydraist
   Trwy anialwch sych a gwyw,
Nes y daeth Ei eiriau Dwyfol
   I'th wneud di o farw'n fyw.

Cuddiaf D'eiriau yn fy nghalon,
   Gwnaf, yn ddyfnach nag erioed;
Llewyrch fyddi Di i'm llwybrau,
   Llusern fyddi Di i'm troed;
Cyfaill fyddi ar y ddaear,
   Ac yn angau glynu wnai,
Yn y nef am dragwyddoldeb
   Bydd dy drysor yn parhau.
           T. Levi

Ymhlith arwyr mawr y ffydd mae meibion a merched sydd wedi cymryd Duw ar ei Air, ac wedi pwyso ar ei addewidion am eu bod yn llwyr gredu mai gair "y di-gelwyddog Dduw" (Tit. 1:2) yw'r Beibl. Dyma unig reol eu ffydd a'u buchedd. I bawb sy'n meddu ar gywir ffydd a chred, gelwir y gyfrol sanctaidd yn "Feibl gwerthfawr". Geiriau'r Beibl yw sylfaen neges ganolog y ffydd, sef efengyl yr Arglwydd Iesu Grist. Dyma'r "newyddion da" sy'n "gorchymyn i bawb, ymhob man i edifarhau" (Act. 17:30) a chredu ym Mab Duw. Trwy eiriau ei efengyl y mae Duw yn galw pechaduriaid yn effeithiol at ei fab. Yng ngoleuni hyn, nid rhyfedd fod yr emynydd wrth gyfarch y "Beibl gwerthfawr" yn dweud, "caiff dy eiriau gartref yn fy mynwes i". Mae'n gwbl argyhoeddiedig fod "bendithion fyrdd myrddiynau" yn addewidion Duw i'w blant. Crwydro'n dlawd a diamcan mewn anialwch ysbrydol yw hanes pawb ohonom yn naturiol. Ond am fod "gair Duw yn fyw a grymus" ac yn "llymach na'r un cleddyf daufiniog"

EMYNAU FFYDD

(Heb. 4:12) gall y Cristion gyhoeddi'n hyderus tu hwnt i'r Iesu ddod a'i wneud "o farw'n fyw". Y fath wyrth! Pennaf dymuniad y disgybl i Grist yw cael gras bob awr i ddweud:

> Cuddiaf D'eiriau yn fy nghalon,
> Gwnaf, yn ddyfnach nag erioed;
> Llewyrch fyddi Di i'm llwybrau,
> Llusern fyddi Di i'm troed.

Geiriau yw'r rhain sy'n adleisio'n gryf brofiad y Salmydd yn y Salm Fawr, "Trysorais dy eiriau yn fy nghalon" (Salm 119:11). "Y mae dy air yn llusern i'm troed, ac yn oleuni i'm llwybr" (Salm 119:105). Am mai "hanfod" gair Duw "yw gwirionedd" (Salm 119:160) mae ei Air yn drysor a fydd yn para hyd dragwyddoldeb. Peth ffôl iawn yw anwybyddu ac wfftio geiriau gwerthfawr y Beibl. Bydd amryw yn talu'n hallt yn nhragwyddoldeb am fynnu gwneud y fath beth.

Gweddi:

O! am nerth i rodio beunydd
    Wrth air ein Duw;
Harddu'n llwybrau, pwyso'n crefydd
    Wrth air ein Duw;
Yna, pan fo'r byd yn cilio,
A'r greadigaeth oll yn gwywo,
Mewn anfarwol fyd cawn rodio
    Wrth air ein Duw.

Rho d'oleuni, Sanctaidd Ysbryd,
    Ar Air ein Duw;
Dangos inni ffordd y bywyd,
    Trwy air ein Duw:
Ysgrifenna ar ein calon
Ddeddf yr Iesu, a'i orchmynion,
Nes i'r gwir ein gwneud yn rhyddion,
    Trwy air ein Duw.
                (AN., 1; ELFED, 2)

AMEN.

EMYNAU FFYDD

Na, nid fy ffordd fy hun

Emyn Rhif 95

Na, nid fy ffordd fy hun;
Mae'th ffordd Di'n well i mi:
Dy law i'm tywys rho,
Y llwybyr, dewis Di!
Ai blin, ai esmwyth fydd,
Ti ŵyr y ffordd i'r nef;
Gwnei Di i'w throeon chwith
Fy nwyn i'n nes i dref.

Ni feiddiaf ddewis dim;
Ni fynnwn chwaith, pe cawn:
Na, dewis Di, a'r ffordd
Bob cam fydd felly'n iawn.
Ai blodau gaf, neu ddrain,
Ai'r gawod neu y gwres,
Gad i mi drwyddynt oll
Dy deimlo Di yn nes.

Fy nghwpan llanw Di
O drallod, neu fwynhad;
Y chwerw'n felys fydd,
O'i roi gan gariad Tad.
Na, nid fy newis i,
Mewn pethau mawr na bach:
Dy ddewis Di a'm dwg
I'm cartre'n gwbwl iach.

H. BONAR, *efel.*ELFED

Dywedir wrthym mai Llyfr y Salmau yw'r llyfr y bydd pobl yn troi ato amlaf o blith holl lyfrau'r Beibl. Ynddo cawn hyd i brofiadau amrywiol y sawl sy'n "cael ei hyfrydwch yng nghyfraith yr Arglwydd ac yn myfyrio yn ei gyfraith ef ddydd a nos" (Salm 1:2). Mae'n amlwg fod y sawl sy'n mynegi ei brofiad trwy gyfrwng amryw o'r Salmau yn awyddus i ddysgu'r grefft o fyw mewn ffordd a fydd yn dwyn clod a gogoniant i Dduw. Yn Salm 25, er enghraifft, ceir y dymuniadau canlynol: "Gwna imi wybod dy ffyrdd, O Arglwydd, hyffordda fi yn dy lwybrau. Arwain fi yn dy wirionedd a dysg fi, oherwydd ti yw Duw fy iachawdwriaeth" (Salm 25:4-5).

Dyma'r math o eiriau sy'n cyd-fynd yn hollol â'r dymuniadau a fynegir yn yr efelychiad gan Elfed o un o emynau Horatius Bonar, "Thy way, not mine, O! Lord". Gelwir y Cristion, ymhob oes, i ymwrthod â'r ffordd lydan, boblogaidd, sy'n arwain i ddistryw, ac i ddewis yn ei lle y ffordd gul sy'n arwain i'r bywyd. Mae pawb sydd â phrofiad o waith grasol Duw yn eu bywydau yn ymwybodol o'r tyndra sy'n bodoli bob awr rhwng ffordd Duw a ffordd dyn. Dim ond gras hollddigonol Duw ei hun a all gyfrannu'r nerth i ddyfalbarhau ar hyd y llwybr cywir. Cefais gymorth, droeon, i ddewis y ffordd sydd gan Dduw ar fy nghyfer wrth fyfyrio'n hir a gweddïgar ar eiriau'r emyn hwn. Emyn dwys ydyw sy'n addas ar gyfer yr ystafell ddirgel, "heb neb ond Duw a minnau 'nghyd yn y gyfrinach fwyn". Neges yr emyn yw mai ffordd Duw yw'r ffordd orau i'w blant bob amser. Er bod y llwybr y'n gelwir i'w gerdded ar brydiau yn anodd a blin, tystiolaeth y gwir grediniwr yw, "Gwnei Di i'w throeon chwith, fy nwyn i'n nes i dref". Dysgwn yn yr ail bennill fod angen i'r Cristion ymddiried yn Nuw, i adael iddo ef ddewis y ffordd sydd orau i'w blentyn. Unig gais yr emynydd yw cael teimlo, drwy'r llon a'r lleddf, ei Dduw yn nes. Erbyn y pennill olaf mae'r emynydd yn ildio awenau ei fywyd daearol yn llwyr i'r Un sydd yn ei garu â chariad angerddol. Am mai Tad sydd wrth y llyw gall ddweud wrtho'n ffyddiog:

> Na, nid fy newis i,
> Mewn pethau mawr na bach:
> Dy ddewis Di a'm dwg
> I'm cartre'n gwbwl iach.

Gweddi:
Yng nghanol y llu dewisiadau sy'n ein wynebu bob dydd, ymhob man, cynorthwya ni i fod yn ffyddiog mai ti sy'n trefnu ein dyddiau i gyd, a phâr i ni dy ddewis di o flaen pawb a phopeth arall. Yn enw Iesu Grist, AMEN.

EMYNAU FFYDD

Er mor faith yw'r anial

Emyn Rhif 96

Er mor faith yw'r anial,
Er mor arw'r hin;
Er cael weithiau'm hatal
Gan y stormydd blin;-
Ond im' brofi'r manna
Llawn o ddwyfol flas,
Canaf Haleliwia –
Digon yw Dy ras!

Heibio hirnos angeu
Gwelaf oleu'r Farn,
Pan y bydd mynyddau
Daear oll yn sarn; -
Nerth i sefyll yno
Roddi Di i'th was,
Minnau ganaf eto –
Digon yw Dy ras!

Ben Davies.

Un o addewidion mwyaf cysurlon y Beibl yw'r addewid a roddwyd gan yr Arglwydd i'r Apostol Paul, wrth iddo ymbil arno i symud y "ddraenen" neu'r "swmbwl" yn y cnawd oedd yn ei flino'n gyson. "Ynglŷn â hyn deisyfais ar yr Arglwydd dair gwaith ar iddo'i symud oddi wrthyf. Ond dywedodd wrthyf, 'Digon i ti fy ngras i; mewn gwendid y daw fy nerth i'w anterth'" (2 Cor. 12:8-9). Mae pawb o aelodau teulu'r ffydd yn brofiadol o rym a gwerth yr addewid hon wrth wynebu pob math o boenau a phroblemau ar daith bywyd. Tystiolaeth seml pawb o'r cyfryw rai yw bod gras Duw yn ddigon at bob achlysur, boed lawen neu drallodus. Rwy'n hynod hoff o un o benillion emyn Saesneg sy'n ein cysuro fel hyn:

> He giveth more grace when the burdens grow greater,
> He sendeth more strength when the labours increase;
> To added affliction He addeth His mercy,
> To multiplied trials, His multiplied peace.

Canmol digonolrwydd gras Duw ar gyfer holl anghenion ei bobl a wna'r diweddar Barchedig Ben Davies, Pant-teg, yn yr emyn hwn.

EMYNAU FFYDD

Er i ni orfod cerdded trwy ganol anialwch pechod, trallod, anghrediniaeth a seciwlariaeth, mae gras Duw yn ddigonol i'n cynnal a'n nerthu. Er inni brofi'n gyson o stormydd a chroeswyntoedd profedigaeth a phoen yn curo i'n herbyn ac yn bygwth difa fflam egwan ein ffydd, gallwn ddatgan:
> Ond im' brofi'r manna
> Llawn o ddwyfol flas,
> Canaf Haleliwia –
> Digon yw Dy ras!

Yn yr ail bennill, gwelir yn hyderus "heibio i hirnos angau" hyd yn oed. Er ei fod yn pwyso'n ddyddiol ar ddigonolrwydd gras addewid Duw, mae'r Cristion yn ffyddiog y bydd yr un gras a'i cynhaliodd cyhyd yn estyn iddo'r nerth i sefyll o flaen y Barnwr cyfiawn, ac wrth dderbyn y fraint o fwynhau tragwyddoldeb mewn gwynfyd pur, di-boen, gall ddweud:

> Minnau ganaf eto –
> Digon yw Dy ras!

Gweddi:
> Yng nghanol pob trallodion maith,
> A ni'n diffygio ar ein taith,
> O! Arglwydd doeth, amlyga Di
> Mai digon yw Dy ras i ni.
>
> Pan fyddo ffydd ymron llesgáu,
> Ac ofnau lu o'n cylch yn cau;
> Dal ni i'r lan, a dangos Di
> Mai digon yw Dy ras i ni.
>
> Pan fyddo'n calon ynfyd, wan
> Yn hyn o fyd yn ceisio rhan,
> Dwg ni yn ôl, a dangos Di
> Mai digon yw Dy ras i ni.
>
> A phan ddaw arnom angau du,
> Bydd inni'n gymorth o bob tu;
> Drwy'r dyffryn tywyll dangos Di
> Mai digon yw Dy ras i ni.

AMEN.

EMYNAU FFYDD

Pwy sydd gennyf yn y nefoedd

Emyn Rhif 97

Pwy sydd gennyf yn y nefoedd
  Ond Tydi, Waredwr cun?
A phwy hefyd ar y ddaear
  Ond Tydi'r anwylaf Un?
Pwy a'm tywys yn yr anial?
  Pwy yn angau ddeil fy mhen?
Pwy a'm cymer i ogoniant
  Ond Tydi, Dywysog nen?

Diolch byth am it fy nghofio
  Yn fy ngwaeledd ar y llawr,
Pryd o ganol nos anobaith
  Troist fy ŵyneb tua'r wawr;
Codaist f'enaid o'r dyfnderoedd,
  Yn fy ngenau rhoddaist gân,
A chyfeiriaist fy ngherddediad
  Tua'th gartref dedwydd, glân.

Paid â gadael imi farw
  Heb dy heddwch, O! fy Nuw;
A heb wedd dy ŵyneb grasol
  Paid â gadael imi fyw;
O! am olwg newydd arnat,
  Bob rhyw fore, bob rhyw hwyr,
Nes im ddyfod adref atat,
  Lle caf fyth fodlonrwydd llwyr.

                C.D.

Dyma emyn sy'n mynegi'n hyfryd brofiad ysbrydol y sawl a ddaeth, drwy ras, yn aelod o deulu Duw. Gall ofyn gyda'r Salmydd mewn rhyfeddod bob dydd, "Pwy sydd gennyf yn y nefoedd ond ti?" gan ychwanegu "nid wyf yn dymuno ond tydi ar y ddaear" (Salm 73:25). Mae pennill cyntaf yr emyn wedi'i seilio ar adnodau o'r un Salm. Iesu Grist yw'r "Gwaredwr cun", "yr anwylaf Un", ac ef hefyd yw "Tywysog [y] nen". Mae'r profiad Cristnogol wedi'i wreiddio'n llwyr ym Mherson a gwaith y Gwaredwr. Rhaid bod yn wyliadwrus o unrhyw ddysgeidiaeth grefyddol sy'n ceisio disodli'r Arglwydd Iesu

EMYNAU FFYDD

Grist o ganol bywydau ei ddilynwyr. Hebddo ef nid oes iachawdwriaeth i'w chael. Cyn gynted ag y gwêl rhywun drosto'i hun "ogoniant person Iesu" ac arwyddocâd ei waith, ei ddymuniad pennaf yw diolch iddo am ei gariad a'i ras. Dyna'n union a wneir yn yr ail bennill: "Diolch byth am it fy nghofio yn fy ngwaeledd ar y llawr". Rhestrir y gwahanol bethau a wnaeth Duw yng Nghrist ym mywyd pob unigolyn sy'n credu ynddo ac yn ei garu. Troir ei wyneb "o ganol nos anobaith" i gyfeiriad y "wawr". Caiff ei godi "o'r dyfnderoedd", rhoddir cân newydd yn ei enau, a chyfeirir ei gamre tua'r "cartref dedwydd, glân".

Gweddi ddwys a difrifol a geir yn y pennill olaf. Peth gwir ofnadwy yw marw heb fwynhau heddwch â Duw ar sail gwaith gorffenedig Crist. Yn yr un modd, profiad ofnadwy i unrhyw Gristion fyddai gorfod byw heb fwynhau gwedd wyneb grasol ei Waredwr o ddydd i ddydd. Yn wir, â'r Pêr Ganiedydd mor bell â thystio mai "gwedd Dy wyneb yw fy mywyd yn y byd".

Mae'r emyn yn cloi gyda'r deisyfiad diffuant hwn:

O! am olwg newydd arnat,
   Bob rhyw fore, bob rhyw hwyr,
Nes im ddyfod adref atat,
   Lle caf fyth fodlonrwydd llwyr.

Gweddi:

Dyma'r tlawd a gyfoethogwyd,
   A'r carcharor wnaed yn rhydd,
Ddoe oedd yn y pydew obry,
   Heddiw yma'n canu sydd;
     Nid oes gennyf
Ddim ond diolch tra fwyf byw.

AMEN.

EMYNAU FFYDD

Arglwydd, melys ydyw cerdded

Emyn Rhif 98

Arglwydd, melys ydyw cerdded
Ar y ffordd tua Seion fryn,
Teithio hon y bu ein tadau
Yn finteioedd heirdd cyn hyn:
    Hapus ydym
O gael rhodio yn ôl eu traed.

Tebyg iddynt ydym ninnau –
Hen ac ieuainc o un fryd:
Rhai yn ochain dan eu beichiau,
Rhai yn canu'n wyn eu byd,
    Cyd-ymbiliwn
Am dy nawdd ar hyd y daith.

Ofni'r ydym, Dduw ein tadau,
Mai rhy rwydd yw'n llwybyr ni;
Ac y dichon inni golli
Awydd am dy gwmni Di;
    Gwna ni'n debyg
I'r ffyddloniaid dewrion gynt.

                DAVID DAVIES

Mae'r emyn hwn o waith y diweddar Barchedig David Davies, Penarth, yn un o'r emynau gorau i'w canu ar ddechrau oedfa. Wrth ei ganu caiff yr addolwr y teimlad ei fod yn perthyn i linach hynod o anrhydeddus, a hynny'n peri ei fod yn ailddarganfod mai rhywbeth "melys" yw addoli yn null holl saint yr oesau, ac nid rhywbeth diflas a di-fudd fel y myn yr oes bresennol. Mae'r Hen Destament a'r Newydd yn pwysleisio pa mor bwysig ydyw fod credinwyr yn ymdeimlo â chyfoeth tra gwerthfawr eu hetifeddiaeth ysbrydol. Mae awdur yr epistol at yr Hebreaid, er enghraifft, yn annog ei ddarllenwyr i gadw "mewn cof eich arweinwyr, y rhai a lefarodd air Duw wrthych; myfyriwch ar ganlyniad eu buchedd, ac efelychwch eu ffydd" (Heb. 13:7). Wrth ufuddhau i'r cyngor hwnnw gall y gwir addolwr, gwresog ei ysbryd, dystio ymhob oedfa mai "Hapus ydym o gael rhodio yn ôl eu traed". Yn bresennol mewn oedfaon o addoliad Cristnogol, fel arfer, mae yna bobl "hen ac ieuainc" sy'n ymroi i gyflawni'r un gwaith o addoli mewn ysbryd a gwirionedd. Nid yr un yw amgylchiadau pob addolwr, fodd bynnag. Cawn ein hatgoffa bod rhai "yn ochain dan eu beichiau", tra bod eraill "yn canu'n wyn eu byd". Er hyn, maent yn gwbl unedig yn cydymbilio am nawdd Duw'r nefoedd drostynt "ar hyd y daith".

Erbyn y pennill olaf mae hyder a hapusrwydd y penillion blaenorol wedi troi'n bryder ynglŷn â chyflwr ysbrydol y genhedlaeth bresennol. O'i gymharu â llwybr y tadau a gerddai ymhob tywydd i'r cysegr yn ffyddlon a disgwylgar, mae ein llwybr cyfforddus ni yn ymddangos yn "rhwydd". Mae hawddfyd gan amlaf yn esgor ar agwedd ddi-hid tuag at Dduw a'i ddeddfau. Pen draw agwedd o'r fath yw colli unrhyw awydd am gael profi o gwmni Duw. Dymuniad taer yr emynydd, felly, yw: "Gwna ni'n debyg i'r ffyddloniaid dewrion gynt".

Gweddi:

> Rho gymorth imi lynu
> Lle na bo ond dau neu dri;
> Na'm dener byth i gefnu
> Ar sanctaidd byrth Dy dŷ;
> Rho'r ffydd i mi a'm cynnal
> Hyd drothwy'r byd a ddaw;
> Drwy demtasiynau'r anial
> O! cadw fi'n Dy law.
>
> R. S. ROGERS.

AMEN.

EMYNAU FFYDD

O! Ryfeddol, ddwyfol gariad

Emyn Rhif 99

O! Ryfeddol, ddwyfol gariad
  Sy'n fy arwain drwy fy oes,
Cariad o dragwyddol darddiad
  A ddatguddiwyd ar y Groes;
Cariad yw heb ffin na mesur,
  Fel y Duwdod yn ei faint;
Cariad erys yn oes oesoedd
  Yn brif destun mawl y saint.

Dyma sylfaen fy ngobeithion,
  Dyma 'ngobaith, dyma nghân,
Dyma 'nghymorth yn y dyfroedd
  A'm diogelwch yn y tân;
Nid oes im o fewn y cread,
  Nid oes im yn nef y nef,
Nid oes im wrth fyw, wrth farw,
  Ond ei ryfedd gariad Ef.

                    DAVID DAVIES

Ped aem ati i wneud astudiaeth o'r gwahanol themâu sydd wedi cymell emynwyr i gyfansoddi emynau ar hyd y blynyddoedd, ni fuasem yn synnu pe byddem yn darganfod mai'r thema fawr o gariad Duw a symbylodd y mwyafrif ohonynt. Mae holl drefn yr iachawdwriaeth wedi'i gwreiddio yn ffaith cariad Duw yng Nghrist.

    Mae'r emyn cyfoethog hwn yn canu'n hyderus am wahanol rinweddau cariad Duw. Cawn ein hatgoffa bod cariad Duw yn "rhyfeddol". Dyma'r grym sy'n arwain y Cristion ar hyd ei oes. Mae tarddiad y fath gariad yn "dragwyddol", ac fe'i "datguddiwyd" yn llawn, heb ddim yn eisiau, "ar y groes". Nid oes "ffin na mesur" arno am ei fod "fel y Duwdod yn ei faint". Dyma'r cariad fydd yn para am byth yn "brif destun mawl y saint". Am fod yr emynydd yn brofiadol o'r cariad "rhyfeddol" a "dwyfol" hwn, gall dystio'n huawdl iawn yn y pennill olaf i'r hyn a olyga'r fath gariad iddo ef a'i debyg. Cariad Duw yng Nghrist yw "sylfaen" ei obeithion. Cariad Duw yng Nghrist yw ei gân, ei gymorth a'i ddiogelwch. Mewn gair, dyma'r unig beth sicr,

EMYNAU FFYDD

cadarn sydd ganddo yn y greadigaeth oll a hyd yn oed yn y nef: "Nid oes im wrth fyw, wrth farw, ond ei ryfedd gariad Ef".

Mae sicrwydd a chadernid neges yr emyn hwn yn tanlinellu'r gwirionedd a gyhoeddir gan yr Apostol Paul ar derfyn yr wythfed bennod o'i epistol at y Rhufeiniaid: "Yr wyf yn gwbl sicr na all nac angau nac einioes, nac angylion na thywysogaethau, na'r presennol na'r dyfodol, na grymusterau nac uchelderau na dyfnderau, na dim arall a grëwyd, ein gwahanu ni oddi wrth gariad Duw yng Nghrist Iesu ein Harglwydd" (Rhuf. 8:38-39).

Gweddi:

Ymhlith plant dynion, ni cheir un
    Yn ffyddlon fyth fel Iesu ei Hun;
Nid yw ei gariad, megis dyn,
    Yn gwyro yma a thraw.

Wel, dyma'r cariad sydd yn awr
    Yn curo pob cariadau i lawr,
Yn llyncu enwau gwael y llawr
    Oll yn ei enw'i hun.

O! fflam angerddol gadarn, gref
    O dân enynnwyd yn y nef;
Tragwyddol gariad ydyw ef
    Wnaeth Dduw a minnau'n un.

Nid yw y ddaear faith i gyd
    Yn deilwng mwy o'm serch a'm bryd,
Nac unrhyw wrthrych yn y byd,
    'Rwy'n caru gwrthrych mwy.

                W. M. WILLIAMS

AMEN.

EMYNAU FFYDD

Pwysaf arnat, addfwyn Iesu

Emyn Rhif 100

Pwysaf arnat, addfwyn Iesu,
   Pwyso arnat Ti;
Mae dy ras di-drai, digeulan
   Fel y lli.

Pwyso arnat am faddeuant,
   Pwyso am dy hedd;
Y mae gwawr i'r truenusaf
   Yn dy wedd.

Pwyso arnat am sancteiddrwydd,
   Plygu wrth dy draed;
Y mae llwyr lanhad i'r aflan
   Yn dy waed.

Pwyso arnat am arweiniad,
   Ti yw'r Bugail mawr;
Gwrando d'awgrymiadau grasol
   Ar bob awr.

Pwyso arnat am gadernid,
   Nid wyf fi ond gwan;
Y mae nerth yn dy ddeheulaw:
   Dal fi i'r lan.

Pwyso arnat, Arglwydd Iesu,
   Digon wyt i mi;
Pwyso'n llwyr am dragwyddoldeb
   Arnat Ti.

         F. R. Havergal, *cyf.* Nantlais.

Dywedir am ambell i gyfieithiad ei fod yn rhagori ar y gwreiddiol. Buaswn yn barod i ddadlau bod hyn yn wir am y cyfieithiad hwn o eiddo'r diweddar Barchedig W. Nantlais Williams, Rhydaman. Cyfieithiad ydyw o un o emynau'r emynyddes enwog Frances Ridley Havergal a dreuliodd ran o'i hoes ym Mro Gŵyr. Emyn ydyw sy'n pwysleisio'r angen i ymddiried yng Nghrist am bopeth. Mae'r emyn

EMYNAU FFYDD

Saesneg gwreiddiol yn agor gyda'r geiriau: "I am trusting Thee, Lord Jesus, Trusting only Thee".

Defnyddiodd Nantlais yn ei gyfieithiad y ferf "pwyso" i gyfleu'r "trust" sydd yn y gwreiddiol. Wrth bwyso mewn ffydd ar ddigonolrwydd Iesu Grist, fe gaiff y Cristion dderbyn "maddeuant" a "hedd". Wrth bwyso'n hyderus drachefn ar yr un Person dwyfol, fe gaiff y Cristion ei sancteiddio a'i buro. Wrth bwyso ar Grist ceir hyd i "arweiniad" diogel ar lwybr troellog y bywyd hwn, a phwyso mewn ffydd ar gryfder uniganedig fab Duw sy'n nerthu'r crediniwr egwan yn ei wendid. Ni ellir rhagori byth ar ddigonolrwydd Iesu Grist. Dyna paham y mae'r emyn yn cyrraedd ei uchafbwynt yn y pennill olaf:

> Pwyso arnat, Arglwydd Iesu,
>   Digon wyt i mi;
> Pwyso'n llwyr am dragwyddoldeb
>   Arnat Ti.

Gweddi:
O Dad trugarog, estyn i mi gymorth cyson dy Lân Ysbryd i'm galluogi i bwyso mewn ffydd ar yr Arglwydd Iesu Grist am bob peth, bob amser. AMEN.